V&R

Meinen Studenten,
den früheren und den gegenwärtigen,
und dem Gedenken an meine Lehrerin
Annemarie Schimmel

لأستاذتي آن ماري شمل

meiner Professorin ĀnMārī ŠML

رحمها الله

möge sich Gott ihrer erbarmen

Carl W. Ernst

Mohammed folgen

Der Islam in der modernen Welt

Aus dem Englischen
von Kurt Maier

Vandenhoeck & Ruprecht

Übersetzung von Carl W. Ernst, *Following Muhammad. Rethinking Islam in the Contemporary World*, Chapel Hill, NC/London: The University of North Carolina Press 2003

Bibliografische Information der Deutschen Nationalbibliothek
Die Deutsche Nationalbibliothek verzeichnet diese Publikation in der Deutschen Nationalbibliografie; detaillierte bibliografische Daten sind im Internet über http://dnb.d-nb.de abrufbar.

ISBN 978-3-525-54124-1

Satz: OLD-Media OHG, Neckarsteinach.
Druck und Bindung: ⊛ Hubert & Co, Göttingen.
Gedruckt auf alterungsbeständigem Papier.

Inhalt

Vorwort des Übersetzers

Die Graphie *Mohammed* (statt Muhammad) für den Namen des arabischen Propheten wurde gewählt, weil diese Form im Deutschen geläufig ist.

Auf die Verwendung detaillierter diakritischer Zeichen wurde bewusst verzichtet. Verwendet werden durchgängig ' (*hamza*, Knacklaut, wie in dt. be'arbeiten, außer im Anlaut vor Vokalen) und ' (*'ain*, gutturaler Presslaut, ggf. vor anlautenden Vokalen, sowie im In- und Auslaut); für die alphabetische Reihenfolge werden diese nicht berücksichtigt. Der Einfachheit halber werden für die langen Vokale (ā, ī, ū) bei Namen und Begriffen nur im Register Längenzeichen verwendet. Eingedeutschte Formen wie Schah werden der Umschrift *Shāh* vorgezogen. *Sh* steht für dt. *sch*, der Reibelaut *ch* (wie in „Dach") wird mit *kh* wiedergegeben. In arabischen und persischen Wörtern steht *z* für stimmhaftes *s*: *Dschingiz Khan*.

Die Übersetzung der Koransuren folgt der Übersetzung von Rudi Paret (s. „Weiterführende Literatur").

Da das Original keine deutschsprachigen Titel enthält, habe ich der Rubrik „Weiterführende Literatur", natürlich ohne Anspruch auf Vollständigkeit, einige wichtige deutschsprachige Publikationen hinzugefügt.

Frankfurt am Main, im Juni 2007 Kurt Maier

Vorwort

Welche Bilder werden in unseren Tagen durch das Wort „Islam" heraufbeschworen? Gehen Sie in irgendeine Buchhandlung, und Sie werden unweigerlich angezogen von einem Stoß atemberaubender Titel, die einen das Fürchten lehren können. Diese journalistischen *Exposees* enthüllen Welten terroristischer Intrigen und Verschwörungen gegen die Vereinigten Staaten von Amerika. Neben diesen dem Tagesinteresse dienenden, unfertigen Lohnarbeiten finden sich Bücher, deren Tenor etwas nüchterner ist, die mit gekonnter Herablassung das Verdikt des Scheiterns über die islamische Zivilisation aussprechen und einen apokalyptischen Zusammenprall von Islam und Westen prophezeien. In einer Ecke versteckt findet man vielleicht einige wenige akademische Werke mit Übersichten über die islamische Theologie und Geschichte, die aber in einer für Lehrbücher typischen weitschweifigen, schauderhaften Sprache geschrieben sind. Vielleicht finden sich dort auch noch ein paar von Muslimen verfasste Apologien, in denen versucht wird, den Islam gegen Anfeindungen aller Art in Schutz zu nehmen. Schließlich und am unzugänglichsten von allen werden Sie dort zwei oder drei Übersetzungen des Korans finden, eines fremdartigen Textes, der immer eine rätselhafte und unlesbare Ziffer bleibt. Wie kann man dem allem einen Sinn geben?

Dieses Buch wurde geschrieben, um der gegenwärtig verfügbaren Literatur über den Islam eine völlig anders geartete Konzeption gegenüberzustellen. Was hier vorgelegt wird, ist eine einfühlsame, verständnisvolle, jedoch wohl durchdachte und analysierende Darstellung der religiösen Tradition des Islams und der aktuellen Themen, mit denen sich die Muslime heute konfrontiert sehen. Meine radikalste Abkehr von der herkömmlichen Weisheit besteht darin, dass ich ein nichtfundamentalistisches Verständnis des Islams propagieren möchte.

Sowohl die mit dieser Aufgabe verbundenen Schwierigkeiten als auch ihre Dringlichkeit werden durch zwei Ereignisse aus dem Jahre 2002 erhellt: Zum einen habe ich im Sommer jenes Jahres das abgeschlossene Manuskript des vorliegenden Buches dem Verlag eingereicht, der es ursprünglich in Auftrag gegeben hatte. Zu meiner größten Überraschung hat mich der Verleger dann mit beträchtlicher Verzögerung darüber informiert, dass er sich außerstande sehe, das Buch zu publizieren. Dabei ging es indes nicht um die Qualität des Manuskripts, sondern um persönliche Einstellungen innerhalb des Herausgebergremiums infolge der Terrorrangriffe vom 11. September 2001 gegen amerikanische Ziele. Man beschied mir, einige der Herausgeber seien inzwischen persönlich unangenehm berührt, wenn es darum gehe, dass man sie mit einem Buch über ein Thema in Verbindung bringe, das der Rechtfertigung des Terrorismus dienen könnte. Die Identität des Verlegers ist hier unerheblich. Von entscheidender Wichtigkeit ist in diesem Zusammenhang jedoch, dass uns dieses Vorkommnis deutlich vor Augen führt, wie sehr das Thema Islam inzwischen sogar in der Medienwelt so kontrovers diskutiert wird, dass einige Leute nicht mehr in der Lage sind, sich damit auseinanderzusetzen.

Das zweite Beispiel war das „Summer Reading Program" an der Universität von North Carolina in Chapel Hill (UNC), wo ich lehre. Normalerweise erwecken Veranstaltungen dieser Art in der Öffentlichkeit nur wenig Interesse und werden allenfalls als unwillkommene Einmischung in die Ferien der Studenten betrachtet. In besagtem Jahr jedoch wollte das mit der Themenwahl beauftragte Gremium ein Buch auswählen, das einige der durch die Angriffe des 11. September aufgekommenen Themen anspricht. Nachdem mehrere gewichtige Titel über die Geschichte des Mittleren Ostens, den Terrorismus und verwandte Themen aussortiert worden waren, wurde ich gefragt, ob ich es für angebracht hielte, unseren Erstsemestrigen die Lektüre einer Koranübersetzung aufzutragen. Ich war begeistert und empfahl Michael Sells, *Appproaching the*

Qur'an: The Early Revelations, eine brillante Multimedia-Übersetzung, die als Einführung in diesen herausfordernden Text bestens geeignet ist. Das Buch von Sells will den Lesern nicht die Mentalität von Terroristen erklären; es bot unseren Studenten jedoch eine erste Begegnung mit einem der einflussreichsten Bücher der Weltgeschichte. Diese Entscheidung erregte auf nationaler wie auf internationaler Ebene großes Aufsehen, zumal eine konservative christliche Gruppe mit Sitz in Virginia die Universität von North Carolina verklagte, mit dem Argument, wir würden in die Religionsfreiheit unserer Studenten eingreifen und versuchen, sie zum Islam zu bekehren. Auch einige Mitglieder der Gesetz gebenden Körperschaft des Staates North Carolina reagierten verärgert auf unsere Entscheidung, da sie diese als einen Akt der Unterstützung muslimischer Terroristen betrachteten. Obwohl Bundesgerichte diese Klage abwiesen – was zur Folge hatte, dass mehr als 2000 Studenten die Diskussion über dieses Buch ohne weitere Zwischenfälle fortsetzen konnten –, förderte die Verärgerung über die Universität, die ein Buch über den Islam auf den Lehrplan setzte, erneut die tief sitzende Angst und feindselige Haltung zu Tage, die sich gegen die bloße Lektüre eines Buches zu diesem Thema stellte.

Unter derartigen Umständen, wenn sich Verleger, religiöse Gruppen und Politiker einer unparteiischen und aufrichtigen Diskussion über den Islam verweigern, wird uns schmerzlich bewusst, wie dringend geboten gerade eine solche Diskussion ist. Die aktuelle Debatte über den Islam in Amerika und Europa hat sich bisher vorwiegend auf der Ebene des Sensations-Journalismus und der ideologischen Attacken abgespielt. Es gibt zwar hervorragende Veröffentlichungen zum Thema Islam, diese bedienen sich jedoch nur allzu oft einer schwerverständlichen Sprache und verstecken sich häufig in obskuren akademischen Journalen. Das vorliegende Buch will den Nebel der Verdächtigungen und der Falschinformation durchdringen. Es gibt dem Leser das Rüstzeug an die Hand, mit dessen Hilfe er zu einem unabhängigen Verständnis jener Schlüsselthemen und historischen Zusammenhänge und Hintergründe kommen kann, die heute weltweit Muslime und Nichtmuslime beschäftigen.

Dieses Buch ist das Resultat jahrelangen Nachdenkens, Lehrens und Schreibens über den Islam als Religion und seine Kultur. Am Anfang meiner Beschäftigung mit dem Islam stand meine persönliche Begegnung mit der Poesie großer persischer Sufis (Mystiker) wie etwa eines Dschalal al-Din Rumi. Gerade weil Unwissen und Missverstehen in Bezug auf den Islam weit verbreitet sind, kam mir der Gedanke, dass die Beschäftigung mit der großen geistigen und humanistischen Tradition des Sufismus als eines bedeutenden Aspekts islamischen Denkens und Handelns ein geeigneter Weg wäre, den Graben zwischen unseren beiden Kulturen zu überbrücken, und ich halte dies immer noch für eine gute Idee. Jahre später habe ich dann zu meinem großen Erstaunen festgestellt, dass Dschalal al-Din dank der Bemühungen von Dichtern und Übersetzern wie COLEMAN BARKS und ROBERT BLY in Amerika erstaunlich populär geworden ist.

Im Laufe meines Studiums habe ich Arabisch, Persisch und Urdu gelernt und habe mit einem Ph.D. in Islamwissenschaften abgeschlossen. Ich habe einige Zeit in Übersee, vor allem in orientalischen, nichtarabischen Ländern, verbracht, insbesondere in Indien und Pakistan; hinzukommen Forschungsreisen in den Iran und die Türkei.

Wie alle andern Angehörigen der kleinen Gruppe amerikanischer Gelehrter, die sich mit dem Islam beschäftigen, habe ich immer wieder erlebt, dass meinen humanistischen Zielsetzungen politische Ereignisse in die Quere kamen: Im Herbst 1978 hatte ich einen Flug nach Teheran gebucht, wo ich Forschungsarbeiten im Zusammenhang mit meiner Dissertation durchführen wollte. Der Ausbruch der Iranischen Revolution zwang mich jedoch, meinen Flug nach Indien umzubuchen. 1985 hatte ich ein Fulbright Islamic Research Stipendium für einen Studienaufenthalt in Indien erhalten. Irgendjemand in der indischen Regierung hielt jedoch meine Forschungen über mittelalterliche Mystiker für zu umstritten, als dass die Erteilung eines Visums gerechtfertigt gewesen wäre. So haben also meine Familie und ich ein wundervolles Jahr in Pakistan verbracht. Zur Abwechslung hatte ich 1990 soeben meine Forschungsarbeiten in Istanbul beendet, als die irakische Armee Kuwait überfiel. Im Herbst 1998 war ich dann gezwungen, eine Forschungsreise nach Pakistan zu verschieben, da die USA damals als Vergeltung für Bombenanschläge gegen US-Botschaften in Ostafrika Raketen auf den Sudan und auf Afghanistan abfeuerten. So begann ich in der wunderschönen Stadt Sevilla, einem einstigen Zentrum maurischer Kultur im mittelalterlichen Spanien, im Schatten der Terrorattacken des 11. September 2001 mit der Niederschrift dieses Textes.

Der Umfang der Aufklärungarbeit, mit der sich Islam-Experten konfrontiert sehen, ist enorm: Auf der einen Seite haben wir es in weiten Teilen Europas und der Vereinigten Staaten mit einem unglaublichen Unwissen über und Misstrauen gegen den Islam zu tun, einem Tatbestand, der durch die jüngsten tragischen Ereignisse noch deutlicher hervorgetreten ist. Auf der anderen Seite gibt es Extremisten aus islamischen Ländern, die sich zur Legitimierung ihrer abscheulichen massiven Gewalttaten der Sprache des Islams bedienen. Und zwischen diesen beiden Fronten wurden Millionen Muslime in der Welt alleine gelassen, die man generell als Außenseiter gegenüber der westlichen Zivilisation eingestuft hat, die aber den apokalyptischen Fanatismus eines Usama bin Ladin in keiner Weise billigen. Diejenigen unter uns, die sich mit dem Koran, den Werken der großen Dichter und der Geschichte der islamischen Zivilisation beschäftigt haben, sind sich der Verzerrung und Pervertierung islamischer Symbole und islamischer Autorität, die von diesen modernen Extremisten betrieben wird, unmittelbar bewusst. Wie viel stärker muss die Angst der großen Mehrheit der Muslime sein, die terroristische Akte ablehnen, während sie gleichzeitig über die weiterhin spürbaren Belastung neokolonialistischer Einflussnahme auf ihre Länder sehr wütend sind.

Ungeachtet dieser außergewöhnlichen Herausforderungen könnte man die Aufgabe der Islamstudien ebenso gut als minimal beschreiben. 1992 habe ich an einem Workshop teilgenommen, in dem über die in Amerika vertretenen Vorstellungen vom Islam diskutiert wurde. Das pädagogische Ziel, auf das wir uns schließlich geeinigt haben, war ganz grundlegender Natur: Wir wollten die Amerikaner davon überzeugen, dass die Muslime menschliche Wesen sind. Dies mag manchen wie ein absurd einfacher Standpunkt vorkommen, aber die Religion des Islams ist vielleicht das einzige noch übrig gebliebene Thema, über das auch gebildete Menschen ausgeprägte Vorurteile und tendenziöse Ansichten zu vertreten bereit sind. Zehn Jahre später kam ein Workshop über kritische islamkundliche Themen erneut zu derselben, ja zu einer noch schärferen Schlussfolgerung: Die eigentliche Aufgabe sei es, die Muslime in den Augen der Nichtmuslime als menschliche Wesen darzustellen. In Kapitel 1 werde ich die Beschaffenheit antiislamischer Vorurteile ausführlich diskutieren. Es erstaunt mich indes immer noch, dass intelligente Menschen die Meinung vertreten können, alle Muslime seien gewalttätig, oder alle muslimischen Frauen würden unterdrückt, während dieselben Leute nicht im Traum daran dächten, durch derart stereotype Äußerungen andere, weitaus kleinere Gruppen wie etwa Juden oder Schwarze zu verunglimpfen. Das Beharrungsvermögen dieser negativen Bilder von der muslimischen Welt ist bemerkenswert, auch wenn sie nicht auf persönlichen Erfahrungen oder eigenen Nachforschungen beruhen, sondern tagtäglich aus den Nachrichtenmedien und der Volkskultur ihre Bestätigung erfahren.

Die Argumente, die in diesem Buch vorgetragen werden, sollen dem Leser ein neues Verständnis des Islams vermitteln, indem sie ihm einen kritischen und unabhängigen Zugang zu Schlüsselinformationen an die Hand geben. In meinen früheren Büchern habe ich eine Methode entwickelt, wie man ohne Rückgriff auf den Jargon der Fachexperten unvertraute religiöse Themen vermitteln kann. Ich glaube, dass es möglich ist, durch klare und direkte Aussagen die Leser für die jeweilige Themenstellung zu interessieren, und zwar nicht durch apodiktische Feststellungen, sondern indem man die Debatten durchsichtig und verständlich macht und dadurch aufzeigt, worum es geht. Ich stütze mich insbesondere auf religiöse Studien und auf historische Zusammenhänge, um so zu detaillierten Inhalten und Vergleichen zu gelangen. Indem ich das Thema von religiösen Fragestellungen her angehe, lenke ich die Aufmerksamkeit auf die wichtige Rolle des modernen Christentums, insbesondere des protestantischen Denkens, für die Herausbildung moderner Interpretationen des Islams. Diese Interpretationen finden sich in den Schriften nichtmuslimischer europäischer und amerikanischer Islam-Experten (der so genannten Orientalisten), und wir begegnen ihnen auch in den Werken moderner muslimischer Autoren und Kritiker. Indem ich mein Augenmerk auf historische Zusammenhänge richte, kann ich die politischen, ökonomischen und sozialen Triebkräfte hinter Phänomenen deutlich machen, die in den Augen mancher ausschließlich religiöser Natur sind.

Ursprünglich war es meine Absicht, unter Anwendung dieser Methoden ein Buch über zentrale religiöse Themen aus dem Bereich des Islams zu schreiben, wobei es mir vor allem um die wenig verstandene Rolle des Propheten Mohammed als der zentralen Figur für die Definition der islamischen Religiosität ging. Dies bleibt nach wie vor die wichtigste Aussage meines Buches. Die Auswirkungen der Terroranschläge vom 11. September haben jedoch ein Umfeld entstehen lassen, in dem wir es uns nicht länger leisten können, das oben angesprochene Problem der Konfrontation von Religion und Zivilisation zu vernachlässigen. Für viele Menschen ist diese Konfrontation der einzige Zusammenhang, in dem sie jemals vom Islam gehört haben. Die wichtigste Konsequenz, die sich daraus für dieses Buch ergibt, ist das Bemühen des Autors, herauszuarbeiten, in welcher Weise wir in der jüngeren Geschichte den Begriff „Religion" um die Ideen von Wettbewerb und Konfrontation herum aufgebaut haben, denn dieses moderne religiöse Weltbeherrschungs-Konzept konnte sich bisher in Verbindung mit der Religion nur allzu oft einer kritischen Prüfung entziehen.

Die einprägsame Darstellung des Zusammenspiels von Religion und Geschichte ist von besonderer Bedeutung, weil die Kultur der modernen Massenmedien dazu tendiert, uns glauben zu machen, die Gegenwart sei die einzige Epoche, mit der eine Beschäftigung lohne. Die Flut von Werbung und Unterhaltung, der wir alle tagtäglich ausgesetzt sind, fördert das Vergessen der Vergangenheit und begünstigt zeitgenössische Ideologien, ganz so, als ob diese ewig dauerten. Wissen um die Vergangenheit kann indes ein wichtiges Werkzeug in unserem Bestreben sein, uns von der Tyrannei des gegenwärtig herrschenden Klimas der Meinungsmache zu befreien. Wörter und Konzepte wachsen nicht einfach auf den Bäumen. Sie wurden vielmehr in jeweils ganz bestimmter Absicht geschaffen, und die Geschichte ihrer wechselnden Bedeutung führt uns die wichtigsten Themen vor Augen, die unsere Welt prägen. Nur wenn wir die Ursprünge und die sich verändernden Bedeutungen von Wörtern kennen, sind wir in der Lage, zu entscheiden, welche ihrer jeweiligen Begriffsfelder wir uns zueigen machen wollen, und welche der von unseren Vorfahren vertretenen Ansichten wir noch gut heißen können. Wenn wir uns der Religion aus der historischen Perspektive nähern, entdecken wir außerdem, dass hinter der vermeintlich nahtlosen Einheitlichkeit religiöser Begriffe ernsthafte Debatten und erhebliche Meinungsverschiedenheiten, also Zeichen eines unumkehrbaren Pluralismus, und vielfältige Perspektiven innerhalb der individuellen religiösen Traditionen verborgen sind. So verlockend es auch sein mag, auf Stimmen zu hören, die widerspruchsloses Einverständnis mit ihrer apodiktischen Blanko-Zustimmung zu bzw. Verurteilung von Themen aller Art fordern, so muss sich diese Verlockung doch den Vorwurf gefallen lassen, von Vorurteilen und Einseitigkeit geprägt zu sein. Ich lade meine Leser ein, sich stattdessen auf die aufregende Erfahrung einzulassen, welche die Entdeckung der tatsächlichen Reichhaltigkeit und Vielfältigkeit der wechselvollen Geschichte des Islams in sich birgt.

Dieses Buch soll keine apologetische Verteidigungsschrift für den Islam gegen seine Kritiker sein. Ich selbst bin kein Muslim, und ich lasse keinem Muslim eine bevorzugte Behandlung zukommen. Ich vertrete aber die Auffassung, dass Muslime menschliche Wesen sind, was soviel heißt, dass sie ihre Geschichte haben und dass sie unter vielfältigen sozialen und historischen Bedingungen leben, welche definiert sind durch wirtschaftliche Verhältnisse, ethnische Zugehörigkeit, Geschlecht und all die anderen Faktoren, mit denen sich normale menschliche Wesen auseinanderzusetzen haben. Ganz grundsätzlich ist es mir ein persönliches Anliegen, diese Grundüberzeugung zu äußern, und zwar auf Grund der tiefen menschlichen Beziehungen, die ich im Laufe der Jahre mit Muslimen aufgebaut habe: mit Menschen, die mich zu sich nach Hause eingeladen und mich im Kreise ihrer Familien willkommen geheißen haben. War es vor vielen Jahren einmal mein Berufsziel gewesen, Nichtmuslime in einer ihnen fremden Kultur zu unterrichten, so hat die wachsende Zahl von Muslimen in Amerika und Europa eine neue Zielgruppe entstehen lassen, die dringend aufgefordert ist, zu überdenken, was es heute bedeutet, Muslim zu sein. Die Muslime stellen nahezu ein Viertel der Weltbevölkerung, und an diesem zahlenmäßigen Verhältnis wird sich in absehbarer Zeit wohl nichts ändern. Es ist also ganz einfach eine Tatsache, dass Nichtmuslime notwendigerweise gehalten sind, sich mit dem Islam als einem Teil unserer Menschheit zu beschäftigen. Tatsache ist indes auch, dass Muslime, die sich nicht mit autoritativen Verkündigungen abfinden wollen, sich mit der Geschichte sowohl ihrer Vorfahren als auch der modernen Welt werden auseinandersetzen müssen. An diese beiden Arten von Lesern wendet sich dieses Buch, und nicht an Gelehrte, und es will eher erläuternd und provokant als umfassend oder gar erschöpfend sein.

Die diesem Buch zugrunde liegende Methode ist daher eine erklärende und interpretierende. Das Buch will dem Leser die Grundkonzepte und -fragen des Islams an die Hand geben, die für ein Verständnis der in unserer Zeit stattfindenden Debatten über den Islam unverzichtbar sind. Dabei möchte ich keine individuelle Position bevorzugt behandeln, aber eine Stellungnahme, die auf religiösen Fragestellungen und historischen Zusammenhängen basiert, ist zwangsläufig verpflichtet, die einzelnen Themen einer kritischen Untersuchung zu unterziehen. Dies bedeutet, wie ich oben ausgeführt habe, dass religiös begründete Ansprüche nicht grundsätzlich ohne weiteres hingenommen werden, und dass Ansprüche auf Autorität weder rationale Argumente zertrampeln noch historische Entwicklungen missachten dürfen. Vielmehr wird jeder einzelne Punkt unter Berücksichtigung der jeweils herrschenden historischen Bedingungen, die von jedermann, gleichgültig ob Muslim oder Nichtmuslim, diskutiert werden können, bewertet, und zwar ohne Rücksicht auf den jeweiligen Hintergrund oder im voraus getroffene Festlegungen.

In der Absicht, mein Buch einem breiteren Leserpublikum zugänglich zu machen, habe ich es in Form eines Essays geschrieben, in dem Fußnoten nur insofern eine Rolle spielen, als sie in gebührender Weise auf weitere Quellen hinweisen, wozu auch über das Internet erreichbare Materialien gehören. In den letzten paar Jahren habe ich festgestellt, dass über das Internet in zunehmendem Maße eine erstaunliche Bandbreite von den Islam betreffenden Materialien zugänglich gemacht wird, die zuvor für den durchschnittlichen Leser so gut wie unauffindbar waren. Zur Unterstützung der Leser habe ich eine Website eingerichtet (http://www.unc.edu/~cernst/islam.htm), auf der alle in diesem Buch vorkommenden Internetreferenzen aufgeführt sind. Diese Website werde ich regelmäßig auf den neuesten Stand bringen und erweitern, in dem Bestreben, mit der Entwicklung dieser neuen Art von Quellen Schritt zu halten. Beiträge und Anregungen von Seiten der Leser sind sehr willkommen.

Zielt dieses Buch primär darauf ab, das menschliche Gesicht des Islams aufzuzeigen, so ist dies nur dadurch möglich, dass die Schleier der Unwissenheit, die dieses Thema im Bewusstsein der Europäer und Amerikaner jahrhundertelang vernebelt haben, beseitigt werden. Die Wiederherstellung von so etwas wie einem ehrlichen Bild setzt zwei Arten von Denkvorgängen voraus: zum einen die Verflechtung entwurfartiger Stereotypen, die derzeit noch unsere Wahrnehmung dominieren, um so den Muslimen eine volle dreidimensionale menschliche Komplexität zu geben. Zum andern das Wiederaufleben der Erinnerung, um so die selektive Amnesie, die Themen wie den Kolonialismus aus unserer gemeinsamen Erinnerung an die jüngste Vergangenheit gelöscht hat, zu beseitigen. Die Methode, deren ich mich dabei bediene, besteht darin, dass ich reale menschliche Beispiele vorführe, die den Leser auffordern, einen Bericht zu erstellen, der ihm bei der Klärung der Frage helfen soll, wie sich die Dinge entwickelt haben. Auf diese Weise nimmt der Leser teil an dem kreativen Akt der erneuten Einstufung einer riesigen Bevölkerungsgruppe als Teil der Menschheit, der bisher dämonisiert worden ist. Die einzelnen Leser sollten jedoch nicht den Eindruck gewinnen, dass sie wegen der Vorurteile getadelt würden, die wir ererbt haben. Bei verschiedenen Anlässen haben Zuhörer, denen ich diese Analyse vorgetragen habe, mit Überraschung reagiert, und oft haben mir Leute eingestanden, dass sie vom Islam keinerlei Vorstellung haben, dass der Islam für ihn oder sie vielmehr ein großer weißer Fleck in ihrem Bewusstsein sei. Die Aufrichtigkeit dieser Reaktionen erkenne ich zwar an, ich möchte aber trotzdem die überraschende Art und Weise aufzeigen, wie das vorherrschende Selbstverständnis von Europäern und Amerikanern im Gegensatz steht zu der realen Geschichte der Auseinandersetzung unserer Vorfahren mit dem Islam. Dem Islam sein menschliches Antlitz zurückzugeben, bedeutet auch, dass wir andern dadurch zu einem besseren Verständnis unserer selbst gelangen.

Ein abschließendes Eingeständnis muss schließlich sein: Ich hasse Lehrbücher. In den letzten zwanzig Jahren habe ich versucht, in meinen Unterrichtsveranstaltungen zum Thema Religionsstudien keine regulären Lehrbücher zu verwenden, da diese den Studenten im Allgemeinen den trügerischen Eindruck vermitteln, es gebe zu diesem Themenkreis leichte und allgemeinverbindliche Schlussfolgerungen. Religion ist jedoch ein sehr komplexer Begriff, und mir ist es viel lieber, dass Studenten die Erfahrung des kreativen Zweifels und der Hinterfragung machen als dass sie eine einfache Antwort auswendig lernen, in der Hoffnung, damit eine Prüfung zu bestehen. Besonders missfallen haben mir Lehrbücher über den Islam, angefangen bei H. A. R. Gibbs Buch mit dem unglücklichen Titel *Mohammedanism* (Erstpublikation 1947. Das Buch ist immer noch im Handel; in nachfolgenden Auflagen wurde der Titel schließlich in *Islam* umgeändert). Dieses Werk ist zwar in mehrfacher Hinsicht eine meisterhafte Darstellung, es hat jedoch späteren Lehrbüchern über den Islam insofern als Vorbild gedient, als dort eine thematische Aufteilung gewählt wurde, die dem scholastischen *curriculum* der mittelalterlichen sunnitischen muslimischen Theologen entnommen ist. Dieser Übersicht, welche die klassische Tendenz orientalistischen Gelehrtentums widerspiegelt, wurde ein kurzes Kapitel über die zeitgenössische islamische Geschichte hinzugefügt. Der wichtigste Unterschied zu diesem Muster besteht darin, dass der Autor gewissen zeitgenössischen reformistischen und fundamentalistischen Interpretationen des Islams Gewicht verleiht, indem er sie als die richtungweisenden Hauptströmungen anerkennt.

Was ich stattdessen hier anbiete, ist ein interpretierender Essay, in dem ich versuche, die religiöse Geschichte des Islams als eine Quelle der gegenwärtigen Situation darzustellen. Dabei sollen wichtige Debatten Beachtung finden, die ein breites Spektrum religiöser Ausdrucksmöglichkeiten und Meinungen einschließen. Zugleich möchte ich den Einfluss europäischer und amerikanischer Haltungen gegenüber den Muslimen in der Kolonialzeit und der Epoche danach hervorheben. Kurzum, dieses Buch wurde geschrieben, um die Kommunikation zwischen Muslimen und Nichtmuslimen in der Welt anzuregen, die sie gemeinsam geerbt haben.

Das erste Kapitel des Buches gibt einen Überblick über den Islam als Teil der modernen Welt während der letzten etwa 200 Jahre, einschließlich antiislamischer Haltungen zwischen Mittelalter und Gegenwart. Kapitel 2 behandelt die Geschichte des Begriffs „Religion“ und seiner Veränderungen von der Zeit des frühen Christentums bis zu den Anfängen der Kolonialzeit. Dies erlaubt eine erneute Untersuchung der Frage, wie der Islam von Gelehrten verstanden wird, wie ihn Nationalstaat und Regierungsbürokraten beurteilen, und wie er schließlich von Muslimen selbst ausgelegt wurde.

Kapitel 3, „Die heiligen Quellen des Islams“, setzt ein mit dem Leben des Propheten Mohammed und führt den Leser dann zu einem Überblick über den Koran, seine Struktur und seine Inhalte. Ohne dass hier versucht werden soll, jede Tatsache und jede Einzelheit abzuhandeln, legt diese Interpretation den Schwerpunkt auf die zentrale Rolle des Propheten Mohammed für das religiöse Bewusstsein der Muslime. Dieses Kapitel bietet auch die Gelegenheit, die wichtigsten internationalen Debatten, die in jüngster Zeit in Fiktion und Journalismus über den Koran hinweggefegt sind, einer erneuten Prüfung zu unterziehen. Kapitel 4, „Ethik und Leben in der Welt", beginnt mit dem Überbegriff der religiösen Ethik des Islams, die sich sowohl von autoritativen Texten als auch von philosophischen Untersuchungen herleitet. Zuerst wird die Bedeutung der philosophischen Ethik der Griechen für das islamische Denken dargelegt, dann schreitet es fort zu den Veränderungen im ethischen Denken während der Periode der europäischen Kolonialherrschaft. Darauf folgt die Erörterung einer ganzen Reihe wichtiger Probleme der religiösen Ethik, wie etwa des Konzepts des islamischen Staates, des liberalen Denkens im Islam, geschlechtsbezogener Themen und der Frage des Schleiergebots sowie des Verhältnisses von Islam und Wissenschaft.

Kapitel 5 trägt den Titel „Praktizierte Spiritualität" und untersucht Spiritualität und Mystik in den Traditionen der Sufis und der Schia, unter besonderer Berücksichtigung der Rolle der Sufi-Heiligen und der schiitischen Imame als geistliche Führer und Vermittler. In diese Diskussion werden auch Kontroversen wie etwa die Ablehnung der Heiligkeit durch die Wahhabiten einbezogen. Darüber hinaus wird in diesem Kapitel die Frage nach der Natur der islamischen Kunst inklusive der Sakralkunst, der säkularen Kunst zu religiösen Themen, der islamischen Kunst für Nichtmuslime und der Bedeutung von Phantasien über die muslimische Kunst in der europäischen Maler-Gruppe der so genannten „Orientalisten" gestellt. Das Buch schließt mit einer Betrachtung zum Thema „Das neue Bild des Islams im 21. Jahrhundert", wobei es um die Frage geht, wie Ideologie und Technologie permanent den Blick von Muslimen und Nichtmuslimen auf diese religiöse Tradition verändern. Durchgehend wird die Rolle des Propheten Mohammed als der entscheidenden Gestalt für die charakteristische Ausprägung der islamischen Erfahrung hervorgehoben.

Dieses Buch hätte nicht geschrieben werden können ohne die fortwährende Zusammenarbeit mit meinen Studentinnen und Studenten in Veranstaltungen über die Islamstudien auf allen Ebenen im Laufe der letzten zwanzig Jahre. Ihnen widme ich dieses Buch zu einem Teil: Ihre Aufgabe wird es in Zukunft sein, unser Wissen um diese Themen zu vertiefen. Anerkennend hervorheben möchte ich insbesondere die Studierenden zweier Anfänger-Seminare über den Islam an der University of North Carolina in Chapel Hill, sowie die post graduate student assistants Philip Hassett, Karen Ruffle und Peter Wright. Sie haben mir in den Jahren 2000–2002 bei der Bearbeitung vieler der Themen geholfen, die in diesem Buch diskutiert werden.

Besonderen Dank schulde ich Elaine Maisner und dem Personal der University of North Carolina Press, denn sie hatten die Vision, dieses Buch sei sowohl ein Beitrag zur wissenschaftlichen Forschung als auch zur öffentlichen Debatte. Für mich persönlich ist es außerdem sehr wichtig, dass UNC Press im Jahre 1975 ein Buch herausgebracht hat, das zu den wichtigsten Veröffentlichungen gehört, die jemals in den Vereinigten Staaten auf dem Gebiet der Islamstudien erschienen sind: Das Werk *Mystical Dimensions of Islam* meiner früheren Lehrerin Annemarie Schimmel. Auch ihr ist dieses Buch gewidmet, und ich bedauere sehr, dass sie sein Erscheinen nicht mehr erlebt hat.

Außerdem möchte ich meinen Kolleginnen und Kollegen in den Bereichen der Islamstudien und verwandter Gebiete danken, die mich ständig gefordert haben und mit deren Hilfe ich zu neuen Einsichten gekommen bin, da wir über Jahre hinweg mit dieser Thematik gerungen haben. Mein besonderer Dank geht an die Menschen, mit denen ich hier in North Carolina sehr eng zusammenarbeite: am UNC Edward Curtis, Bart Ehrman, Charles Kurzman, James Peacock, Shantanu Phukan, Sarah Shields und Thomas Tweed; an der Duke University miriam cooke, Katherine Ewing, Bruce Lawrence und Ebrahim Moosa; und an der North Carolina State University David Gilmartin, Akram Khater und Tony Stewart. Außerdem Richard Martin (Emory University), Brannon Wheeler (University of Washington), Muhammad Qasim Zaman (Brown University), F. Canguzel Zulfikar und Tahir Andrabi (Pomona College). Mehrere anonyme Rezensenten des Manuskripts dieses Buches, sowie Michael Sells (Haverford College) und Francis Robinson (Royal Holloway, University of

London) haben wertvolle Vorschläge beigesteuert. Eine besondere Dankesschuld gilt dem pakistanischen Meisterkalligraphen Rasheed Butt (http://www.RasheedButt.com), der mir großzügigerweise angeboten hat, für jedes Kapitel arabische Überschriften beizusteuern. Wie immer danke ich meiner Frau, Judith Ernst, für ihre Toleranz, ihre Ermutigung und ihre kritisches Engagement.

Kapitel 1

Der Islam in den Augen des Westens

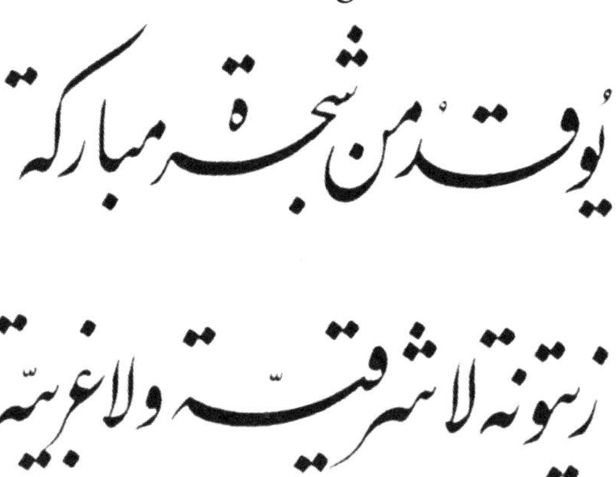

Der Islam als Teil unserer Welt

Seit mehr als dreißig Jahren vertrete ich die Überzeugung, dass der tiefste Graben in Sachen Verständigung in unserer Zeit jener ist, der sich auftut zwischen der Mehrheit der Amerikaner und Europäer, dem so genannten Westen, auf der einen und dem Rest der Welt auf der anderen Seite. Als Amerikaner, der schon früh internationale Erfahrungen gesammelt hat (im Alter von 16 Jahren verbrachte ich ein Jahr als Austauschstudent in Chile), bin ich zu der Überzeugung gekommen, dass die Amerikaner zwar viele Tugenden besitzen, aber dennoch andere Kulturen nicht besonders gut verstehen. Dieser Graben ist eine ziemlich einseitige Angelegenheit. Das heißt: In dem Prozess, den wir heute Globalisierung nennen, werden die Produkte der amerikanischen und der europäischen Kultur in alle Länder der Erde verteilt. Als Resultat der Ära des europäischen Kolonialismus sind Sprachen wie Französisch, Spanisch, Englisch, Portugiesisch und Russisch die bedeutendsten Vehikel zur Vermittlung von Erziehung und Massenkommunikation in ganz Afrika, dem Mittleren Osten und Asien. Andererseits können es sich gebildete Amerikaner oder Europäer leisten, Chinesisch, Urdu, Arabisch, Bengali oder Malay-Indonesisch zu missachten, ohne dabei Gewissensbisse zu bekommen. Und dies, obwohl heute die Zahl der Sprecher dieser nichteuropäischen Sprachen höher ist als jene der Sprecher der europäischen Sprachen.[1] Während amerikanische und europäische Autoren, Künstler und Schauspieler in der ganzen Welt bekannt sind, haben es nur wenige Asiaten, Orientalen oder Afrikaner geschafft, diesen Status zu erreichen.

Obwohl man die Globalisierung als *den* charakteristischen Prozess unserer Zeit bezeichnet hat, ist uns offenbar unwohl und sind wir verunsichert über den Zustand der Welt, in der wir leben. Bis vor kurzem pflegten wir von drei Welten zu sprechen: Zur Ersten Welt gehörten ökonomisch und technologisch hoch entwickelte Nationen, vor allem die Vereinigten Staaten, Europa und Japan. Die Zweite Welt bestand im Wesentlichen aus der früheren Sowjetunion und ihren kommunistischen Verbündeten. Die Dritte Welt schließlich bildeten die armen und unterentwickelten Länder in Asien, Afrika und den beiden Amerikas. Seit dem Fall der Berliner Mauer und dem Zerfall des Sowjet-Imperiums sind mehr als zehn Jahre vergangen, was bedeutet, dass es die so genannte Zweite Welt inzwischen nicht mehr gibt. Wie viele Welten sind also übrig?

Herkömmlicherweise spricht man davon, dass es trotz des Verschwindens der UdSSR immer noch eine Konfrontation zwischen dem Westen und dem Rest der Welt gebe. Prominentester Vertreter dieser Ansicht war in den letzten Jahren SAMUEL HUNTINGTON, dessen provokantes Buch *The Clash of Civilizations* weite Verbreitung fand.[2] Seine auf einem oberflächlichen und tendenziösen Geschichtsbegriff basierende These besagt, dass es eine bestimmte Anzahl von Kulturen gebe (theoretisch bis zu acht an der Zahl), deren bevorstehender Zusammenprall unvermeidbar sei, und zwar so lange, bis eine von ihnen als Sieger aus diesem Kampf hervorgehe. Seine Schlussfolgerung lautet: Nach Aussonderung der unbedeutendsten unter diesen Kulturen werde es schließlich zwischen dem fortschrittlichen Westen und der rückständigen islamischen Welt zu einem Kampf auf Leben und Tod kommen.

Diese Argumentationsweise löste unter den Intellektuellen und den politischen Führern in Staaten mit mehrheitlich muslimischer Bevölkerung Entsetzen und Betroffenheit aus. Bis vor wenigen Jahren standen die meisten dieser Länder in Folge einer in den Tagen Napoleons einsetzenden aggressiven europäischen militärischen Expansion nach Afrika, in den Mittleren Osten und nach Asien noch unter europäischer Kolonialherrschaft. Sollte diese Argumentationsweise etwa dazu dienen, neue militärische Abenteuer gegen die Feinde des „Westens“ vom Zaum zu brechen? Bedeutende Persönlichkeiten meldeten sich zu Wort und wiesen diese auf Konfrontation abzielende Position zurück. Der damalige iranische Präsident Khatami reagierte, indem er einen Gegenstandpunkt in die Diskussion einbrachte, den er „Dialog der Kulturen“ nannte. Die Vereinten Nationen machten diese Formulierung im Jahre 2001 zum Thema einer weltweiten Diskussion.

Der amerikanische Islam-Experte Marshall Hodgson hat vor vielen Jahren mit vollem Recht darauf hingewiesen, dass es seit mehr als 200 Jahren keine separate „islamische Welt“ mehr gebe. Politisch, wirtschaftlich, kulturell und natürlich militärisch war das Schicksal der Mehrheit der islamischen Länder während dieser ganzen Zeit eng an Europa und Amerika gebunden. International agierende finanzielle Netzwerke, multinationale Konzerne, Zusammenschlüsse von Medienunternehmen und das Internet haben inzwischen eine Welt geschaffen, in der es unmöglich geworden ist, eine einzelne Kultur von den anderen isoliert zu halten. Wenn man die mehr als fünfzig Nationen betrachtet, deren Bevölkerung heute mehrheitlich muslimisch ist, sieht man sich unweigerlich einer verwirrenden Vielzahl von Sprachen, ethnischen Gruppen und unterschiedlichen ideologischen und sektiererischen Positionen gegenüber (wenn auch der Strom der Informationen nach wie vor überwiegend nur in eine Richtung fließen kann). Im Herzen des „Westens“ leben heute mindestens

5 Millionen amerikanische und 10 Millionen europäische Muslime. Weshalb reden wir also weiterhin von „der islamischen Welt“ als Gegensatz zu „dem Westen“, wenn ein derartiges Konzept nicht mehr mit der Wirklichkeit übereinstimmt? Wollen wir tatsächlich die Vorstellung zulassen, es gebe zwei in heftigem Kampf um die Weltherrschaft einander gegenüberstehende Welten? Die außerordentlich große Diskrepanz zwischen europäischen bzw. amerikanischen Vorstellungen über den Islam und dem gelebten Alltag der Muslime wird ein in diesem Buch ständig wiederkehrendes Thema sein. Dabei gibt es keine einfache oder leicht umzusetzende Erklärung, doch muss man, will man die größeren Zusammenhänge erkennen, dabei immer sowohl die Geschichte als auch die jeweils bestimmenden politischen Interessen im Auge behalten.[3]

Als Einstieg mag es hilfreich sein, dass wir uns fragen, wie wir „den Westen“ oder „die westliche Zivilisation“ definieren, denn diese Formel hat offensichtlich keine erkennbare geographische Bedeutung, da sie weit auseinander liegende Gebiete einschließt, die von Nordamerika und Europa möglicherweise bis nach Japan reichen. Zur Erklärung möchte ich ein akademisches Ritual erwähnen, an dem ich vor etwa zwanzig Jahren beteiligt war. Damals wurde ich als junger Professor in meinem ersten Jahr am Pomona College in Claremont, Kalifornien, gebeten, an der Ceremony of the Flame teilzunehmen. Die Grundidee dieser Zeremonie ist ganz einfach: Eine Gruppe von Menschen, angefangen bei dem Vorsitzenden des Kuratoriums, inszenierte eine Art Fackel-Stafette, in deren Verlauf die Flamme des Wissens und der Aufklärung an den Universitätspräsidenten, dann an ein langjähriges Mitglied der Fakultät, dann an ein neues Mitglied der Fakultät und schließlich an einen bescheidenen Anfängerstudenten weitergereicht wurde. (Diese Zeremonie wurde ursprünglich mit Kerzen durchgeführt, aus Sicherheitsgründen benutzt man jedoch inzwischen batteriebetriebene, kerzenförmige Lichter.) Zwischenzeitlich verlas ein Sprecher einen kurzen Text zur Erklärung der Zeremonie, der mit den Worten „am Anfang war das Licht“ begann. Mit unüberhörbaren religiösen Obertönen, die sich sowohl auf die Genesis als auch auf das Johannesevangelium bezogen, beschrieb die Erzählung sodann, wie sich dieses Licht des Wissens allmählich in Richtung Westen bewegte, bis es schließlich seinen Zielort in den Vorbergen des südlichen Kalifornien erreichte. Gleichzeitig reichten Universitätsbeamte dieses Wissen symbolisch an Studenten weiter.

Dieses Beispiel mag zwar exzentrisch anmuten, es enthält jedoch die wesentlichen Umrisse des Begriffs „westliche Zivilisation", wie sie in Geschichtsbüchern Millionen amerikanischen Schülern und Studenten vermittelt werden, und von denen viele glauben, dass diese das Wesen unserer Zivilisation und unserer Gesellschaft ausmachten. Die charakteristische Abfolge der Entwicklung dieser Zivilisation beginnt, kurz zusammengefasst, in Mesopotamien und Ägypten, bevor sie nach Griechenland hin fortschreitet, wo alles begann. Hier ist die Feststellung von Bedeutung, dass, indem die Zivilisation westwärts fortschreitet, ihre vorigen Schauplätze aus der Vorstellung vieler Menschen verschwinden und unbedeutend werden. Nach dem Niedergang Griechenlands folgt Rom, danach der allmähliche Aufstieg Frankreichs, Deutschlands und möglicherweise Spaniens. Zumindest in den amerikanischen Lehrbüchern folgt dann aber als nächstes eindeutig England, und schließlich Amerika als das eigentliche Ziel. Die regionale Verschrobenheit, die Kalifornien zum Höhepunkt der westlichen Zivilisation machen will, wird indes an Orten wie etwa New York in Zweifel gezogen.

Auf diese Weise präsentiert, mag uns der Begriff „westliche Zivilisation" lächerlich erscheinen. Wenn man etwas ernsthafter an die Sache herangeht, könnte man es so formulieren, dass sich die prägenden Charakterzüge der westlichen Zivilisation aus zwei Quellen herleiten lassen: Auf der einen Seite das israelitische Prophetenbuch und die Offenbarung als Quelle von Ethik und Religion, und auf der anderen Seite die griechische Philosophie und Argumentationskunst als Grundlage sowohl der Wissenschaften als auch der Demokratie. Als ehrliche historische Beschreibung scheint diese Darstellung der Anfänge der europäischen Zivilisation ziemlich präzise zu sein. Dennoch: Wenn wir versuchen, auf diese Weise zu einer Definition der islamischen Zivilisation zu gelangen, kommen wir in Verlegenheit, denn auch die islamische Tradition beansprucht für sich diese beiden Quellen als Basis: die Propheten Israels und die griechischen Philosophen. Der Koran anerkennt eine lange Reihe von Propheten, zu denen auch Abraham, Moses und Jesus gehören. Darüber hinaus waren die griechische Philosophie und die griechischen Wissenschaften zu einer Zeit, da sie im christlichen Europa so gut wie unbekannt waren, in den Ländern, die den muslimischen Kalifen unterstanden, Gegenstand intensiver Forschung. Erst dank der Übersetzungen aus dem Arabischen ins Lateinische konnte Aristoteles in Paris und Oxford wieder entdeckt werden. Auf dem Gebiet der Philosophie kam es, auch wenn dies außerhalb von Expertenkreisen weitgehend unbemerkt geblieben ist, insbesondere im Iran und in Indien bis in die Moderne hinein weiterhin zu signifikanten Veränderungen. Der von Europa und Amerika vertretene Anspruch auf das ausschließliche Besitzrecht an diesen beiden Hauptquellen ihrer Zivilisation ist daher aus historischer Sicht falsch. Bei den Symbolen der Zivilisation gab es auch bedeutende Gegenströmungen, die sich nicht westwärts, sondern ostwärts bewegten. Nachdem Rom dem Ansturm der Barbaren erlegen war, wurde Konstantinopel-Byzanz Hauptstadt des fortbestehenden Römischen Reiches. Als die Osmanen im Jahre 1453 Konstantinopel eroberten, übernahmen sie selbstbewusst die Schutzfunktion im Römischen Reich. Während sie den Westeuropäern als Türken bekannt waren, wurden sie von ihren arabischen Untertanen im Nahen Osten einfach als Rumi (Pl. Arwam), „Römer“, bezeichnet.

Diese Art von kultureller Kurzsichtigkeit und des Chauvinismus ist natürlich nicht auf die Europäer beschränkt. Im Nordafrika des späten 14. Jh. hatte der große arabische Historiker und Philosoph Ibn Khaldun geschrieben, er habe von Gerüchten gehört, dass es unter den nördlichen fränkischen Barbaren (d.h. den europäischen Christen) einige gebe, die sich für die Philosophie interessierten, einen Beweis dafür habe er aber nie gesehen. Für europäische Philosophen jener Tage wäre diese Bemerkung, wären sie in der Lage gewesen, sie zu lesen, sicherlich in höchstem Maße verletzend gewesen. Heute ist es jedenfalls völlig ausgeschlossen, unter dem Vorwand angeblicher eigener Unwissenheit Ausschließlichkeitsansprüche auf Zivilization zu erheben. Indem sie die Muslime aus der westlichen Zivilisation ausgrenzen, nehmen Europäer wie Amerikaner für sich eine fragwürdige Identität in Anspruch. Die Muslime aus der europäischen Kultur allgemein auszugrenzen, widerspricht überdies der historischen Entwicklung. Trotz der Vertreibung der Mauren und Juden aus dem islamischen Spanien und trotz der nationalistisch begründeten Überwindung des „Türkenjochs" im Südosteuropa des 19. Jh. ist der Islam im Rahmen der europäischen Kultur mehr als tausend Jahre lang ein bestimmender Faktor gewesen.[4]

Letztendlich sollte man Huntingtons „clash of civilizations" als eine Umkehrung der Kolonialdoktrinen über die europäische Überlegenheit betrachten. Es fehlt dort die offen eingestandene Abhängigkeit von der Rassentheorie, die im 19. Jh. in Mode war; Huntington teilt aber das grundsätzliche Vorurteil, dass wahre Kultur, die sich dem überall sonst anzutreffenden Barbarentum entgegen stelle, den Europäern vorbehalten sei. Der Vorsprung im technischen Bereich, der den Europäern zu militärischer Überlegenheit gegenüber dem Rest der Welt verholfen hat, wird als kulturelle Überlegenheit missverstanden. Der von einem britischen Kolonialbeamten geschriebene Artikel über Asien in der *Encyclopaedia Britannica* von 1910 fasst diese Haltung in perfekter Weise wie folgt zusammen:

> Asiaten stehen auf einem höheren Niveau als die Eingeborenen in Afrika oder Amerika, sie besitzen jedoch nicht die ausgeprägte materielle Kultur Westeuropas. Falls irgendwelche gemeinsamen die Mentalität betreffenden Eigentümlichkeiten zugeteilt werden können, sind auch diese in gewisser Weise negativer Natur: insofern nämlich, als den Asiaten nicht dasselbe Gefühl von Unabhängigkeit und Freiheit eigen ist wie den Europäern. Einzelpersonen werden eher als Angehörige einer Familie, eines Staates oder einer Religion betrachtet denn als Wesen mit eigenem Schicksal und eigenen Rechten. Dies führt zu Autokratie in der Politik, zu Fatalismus in religiösen Dingen und zu Konservativismus in diesen beiden Bereichen.

Es ist zwar richtig, dass die meisten Religionen in Asien entstanden sind, dem christlichen Europa ist es jedoch gelungen, sich von diesen Anfängen zu lösen:

> Das Christentum ist zwar asiatisch hinsichtlich seines Ursprungs und fundamentaler Ideen, es hat jedoch seine gegenwärtige Form in hohem Maße auf europäischem Boden erhalten, und einige seiner bedeutendsten Erscheinungsformen, insbesondere die Römische Kirche, sind europäische Umbauten, in denen von den asiatischen Elementen nur wenig übrig geblieben ist. (…) Der Buddhismus hat westlich von Indien nie viel Eindruck hinterlassen, und der Islam ist den Europäern eindeutig widerwärtig. (…) Es gibt also zweifellos tief greifende Unterschiede zwischen den religiösen Gefühlen der [Menschen auf den] beiden Kontinente[n].[5]

Damals diente diese koloniale Rhetorik europäischer Überlegenheit als Rechtfertigung für die Eroberung und Beherrschung der übrigen Welt. Es ist verständlich, dass HUNTINGTONS ähnlich lautende These unter jenen Unruhe auslösen musste, die an dieser Vision des Westens nicht Teil haben können.

Indes kann man nicht leugnen, dass es in letzter Zeit in der islamischen Welt unbestreitbar mächtige Stimmen gegeben hat, die lautstark der permanenten Gegnerschaft von Islam und dem Westen das Wort geredet haben. Worin liegt nun der Grund für diese Ansprüche, und weshalb sollte man ihnen nicht Glauben schenken? Meine Haltung, die sich in diesem Buch durchgehend bemerkbar macht, ist, dass jeder die Religion tangierende Anspruch unbedingt kritisch auf seine politischen Implikationen hin untersucht werden muss. Die Religion ist kein Reich der Fakten, sondern ein Feld, in dem um jede Äußerung gestritten und jeder Anspruch angefochten wird. In der Öffentlichkeit gebraucht, soll die religiöse Sprache nicht Fakten vermitteln, sondern durch Bejahung und Überzeugung Autorität und Legitimierung schaffen. Das eurozentrische Vorurteil gegen den Islam muss als eine historisch motivierte Rechtfertigung des Kolonialismus verstanden werden. In gleicher Weise sollten wir den in jüngster Zeit vermehrt zu beobachtenden Gebrauch islamischer religiöser Argumente gegenüber dem Westen als eine ideologische Antwort auf den Kolonialismus verstehen, der sich seinerzeit derselben Sprache bedient hat.

Die an die Massen gerichtete religiöse Sprache ist in ihrem Kern rhetorischer Natur. Mitreißende Auslassungen extrem oppositioneller Provenienz sollten vor allem deshalb nicht ohne weiteres für bare Münze genommen werden, weil sie im Allgemeinen unmittelbare politische Konsequenzen haben. Wir müssen uns stets die entscheidende Frage über diese Art von Sprache stellen: Wem nützt sie (*cui bono*)? Bei Äußerungen, die politische Meinungsverschiedenheiten fundamentalreligiösen Positionen zuschreiben, schwingt immer zugleich die Schlussfolgerung mit, dass Verhandlungen ausgeschlossen seien, weil religiöse Auffassungen ewiger Natur seien und mit vergänglichen Vorkommnissen nichts zu tun hätten. Diese Argumentationsweise wird bei heftigen Streitereien gegebenenfalls von beiden Seiten in Anspruch genommen. Einerseits können extremistisch ausgerichtete Oppositionsbewegungen ihren Kampf als einen ihnen von Gott erteilten Auftrag definieren. Und selbst wenn die Zahl dieser Extremisten nur klein ist, können in derartiger Absolutheit vorgebrachte Ansprüche jegliche Art von Aktionen rechtfertigen, egal wie gewalttätig diese auch sein mögen, da ihr Kampf angeblich auf Wahrheit beruht und der Beseitigung des Bösen dient. Andererseits ist es für Regierungen, die jegliche abweichende Meinung ausradieren wollen, bequem, ihre Gegner als religiöse Fanatiker hinzustellen: Denn dies entbindet sie von der Pflicht, sich mit gerechtfertigen Beschwerden abzugeben, indem sie ihre Widersacher als irrational Handelnde abweisen, die rationalen Argumenten nicht zugänglich seien. Beispiele dieser Art religiös motivierter Rhetorik kennen wir aus vielen Vorkommnissen zwischen Israel, Ägypten und Waco.[6] Wer der Religion Konfliktpotenzial zuschreibt, gleichgültig ob aus der Position oppositioneller Kreise oder staatlicher Autorität heraus, spricht nie für die große Mehrheit religiös orientierter Menschen, und er widerspricht der Religionsgeschichte. Die Macht der Massenmedien ist jedoch so groß, dass durch sie Nachrichten über Gewalttätigkeiten im Zusammenhang mit religiösen Auseinandersetzungen überzeugend dargebracht und mit nachhaltiger Wirkung in jeden Winkel der Welt getragen werden können.

Es gibt historische Gründe, weshalb die religiöse Sprache des Islams zum Vehikel für politische Oppositionsbewegungen werden konnte. Unter jahrhundertelanger Kolonialherrschaft wurden die Bewohner zahlreicher fernöstlicher Länder zu glühenden Anhängern europäischer Lehren, ob nun des Katholizismus auf den Philippinen unter spanischer Herrschaft, des Protestantismus in Korea, des Marxismus in China, oder anderer Fortschritt und Modernisierung versprechender Doktrinen in Japan. Die hinduistische Tradition in Indien befand sich im 19. Jh. in einer Verteidgungshaltung und stand in der Kritik von Seiten der britischen Kolonialverwaltung wie auch der christlichen Missionare. Mohandas Gandhis gewaltloser Nationalismus hat sich zwar auf hinduistische Lehren berufen, hat aber gleichzeitig den religiösen Pluralismus und die Einführung einer säkular orientierten indischen Regierung propagiert. Erst in jüngster Zeit ist in Indien, als gezielte Reaktion auf den muslimischen Fundamentalismus wie auch auf die christlichen Missionare, eine fundamentalistisch geprägte hinduistische Identität ans Licht der Öffentlichkeit getreten. Der Buddhismus ist zwar stark im Rahmen gewisser nationaler Gruppen wie etwa Sri Lanka und Tibet; er lässt sich aber nicht ohne weiteres an politische Massenbewegungen anpassen. Abgesehen von der islamischen Tradition werden wir in Asien und Afrika vergebens nach einer indigenen symbolischen Einrichtung suchen, die über eine ohne weiteres anpassungsfähige Ideologie des Widerstands verfügt.

In gewisser Weise ist die in jüngster Zeit zu beobachtende herausragende Bedeutung des Begriffs „Islam" ein Hinweis darauf, dass gegenwärtig innerhalb des religiösen Denkens Verschiebungen stattfinden, deren Anfänge in das frühe 19. Jh. zurückreichen. Auf der Werteskala der traditionellen Theologie spielte der arabische Terminus *islam* eine untergeordnete Rolle. Er bedeutet „Unterwerfung (unter Gott)" und bezeichnet tatsächlich die Durchführung der grundlegenden Handlungen, welche von der Gemeinde verlangt werden. Bei diesen handelt es sich, allgemein gesprochen, um das Glaubensbekenntnis, das Gebet, das Fasten während des Monats Ramadan, das Almosengeben und die Pilgerfahrt nach Mekka. Für die religiöse Identität viel wichtiger war der Glaube (*iman*), definiert als Glaube an Gott, an alles, was die Propheten geoffenbart haben, sowie alle Debatten der Theologen über die Frage, wie man den ergebenen Gläubigen (*mu'min*) definieren solle. Aber der arabische Terminus *muslim*, der soviel bedeutet wie „der sich (Gott) unterworfen hat", hatte immer auch eine körperschaftliche und soziale Bedeutung, indem er die Mitgliedschaft in einer religiösen Gemeinschaft bezeichnete. Das Wort „Islam" wurde daher praktisch nutzbar als politischer Begriff sowohl für Außenseiter als auch für Insider, die um sich herum Grenzlinien zu ziehen wünschten.

Aus historischer Sicht hatten die Europäer der Begriff „Mohammedaner" etc. benutzt, wenn es um die Religion der Anhänger Mohammeds ging, obwohl die Muslime diese Bezeichnung als unpassend ablehnen.[7] Der Begriff „Islam" wurde zu Beginn des 19. Jh. durch Orientalisten wie EDWARD LANE in die europäischen Sprachen eingeführt, und zwar ausdrücklich in Analogie zu dem christlichen Religionsbegriff. So gesehen, war das Wort „Islam" ebenso ein neu geprägter Begriff wie „Hinduismus" oder „Buddhismus".[8] Der Gebrauch des Begriffs „Islam" durch nichtmuslimische Gelehrte fällt zusammen mit seinem zunehmend häufiger werdenden Gebrauch in religiösen Debatten unter den Menschen, die wir Muslime nennen. Das heißt: Der Begriff „Islam" wurde in reformistischen und protofundamentalistischen Kreisen etwa um dieselbe Zeit, bzw. kurz danach, zunehmend prominent, als er von europäischen Orientalisten populär gemacht wurde. So ist also das Konzept „Islam" als Gegensatz zum „Westen" in gewissem Sinne ebenso sehr ein Produkt des europäischen Kolonialismus wie eine Antwort der Muslime auf eben diesen europäischen Expansionismus. Ungeachtet aller Hinweise auf die mittelalterliche Geschichte sind daher die Grundlagen für die Debatten, die wir heute über den Islam führen, in Wirklichkeit im Laufe der letzten zweihundert Jahre geschaffen worden. Diesen Prozess verstehen zu lernen, der zu dieser Sprache des Widerstandes geführt hat, ist eine wesentliche Voraussetzung für das Verstehen dieser einen Welt, die wir alle miteinander teilen.

Antiislamische Haltungen vom Mittelalter bis heute

Man kann mit Sicherheit sagen, dass keine Religion in den Augen des Westens ein derart negatives Image hat wie der Islam. Wenn es auch in unserem Zusammenhang sinnlos wäre, einen Wettbewerb der religiösen Stereotype zu beginnen, so kann man doch Gandhi und sein Eintreten für Gewaltlosigkeit als ein positives Bild des Hinduismus bezeichnen. In gleicher Weise genießt der Dalai Lama als Repräsentant des Buddhismus eine verblüffende Anerkennung. Europa und Amerika haben im Laufe der letzten hundert Jahre im Hinblick auf das Judentum einen dramatischen Meinungswechsel vollzogen. War der Antisemitismus zu Beginn des 20. Jh. noch weit verbreitet und sogar in Mode, so haben die Schrecken des Holocaust und die Gründung des Staates Israel diese Haltung verändert. Auch wenn der Antisemitismus in bestimmten hasserfüllten Sektoren der Bevölkerung immer noch virulent ist, gibt es doch sehr viele Menschen, die das Judentum aufmerksam gegen diese Gruppen verteidigen. Im überwiegenden Teil sowohl Europas als auch Amerikas bleibt das Christentum natürlich die größte religiöse Komponente, und diese Position ist in keiner Weise gefährdet. Unter den größeren Religionsgemeinschaften bleibt nur der Islam übrig, den die Medien fast durchweg negativ darstellen. Wie ist nun dieses negative Bild entstanden, und wie steht es mit seinem Verhältnis zu den tatsächlichen Lebensbedingungen der Muslime in Vergangenheit und Gegenwart?[9]

Dieses Problem der antiislamischen Stereotypen ragt, in bloßen Zahlen betrachtet, in diesen Tagen besonders drohend in unser Leben hinein. Es gibt unter den angesehenen Persönlichkeiten niemanden mehr, der den Antisemitismus verteidigt, es gibt jedoch einen breiten Konsens darüber, dass beleidigende Äußerungen und Stereotype die über Juden gleichermaßen den Tatsachen widersprechend und moralisch verwerflich sind, gleichgültig, ob sie ihr physisches Erscheinungsbild oder ihr Verhalten betreffen. Gleichzeitig ist es jedoch unter gebildeten Menschen allgemein akzeptiert, dass der Islam eine Religion sei, die die Frauen unterdrücke und die zur Gewalt aufrufe. Es ist interessant, diese beiden Beispiele zahlenmäßig einander gegenüberzustellen. Die jüdische Weltbevölkerung wird gemeinhin auf etwa 17 Millionen Menschen geschätzt, etwas weniger als die Zahl der auf der Welt lebenden Sikhs. Es wäre natürlich lächerlich anzunehmen, dass eine derart große Zahl von Menschen generell mit den durch die soeben erwähnten Stereotype unterstellten Eigenschaften ausgestattet sei. Die muslimische Weltbevölkerung indes zählt weit über eine Milliarde. Somit wäre es ein noch viel größerer Trugschluss, wollte man diese viel größere Gruppe über denselben Kamm scheren. In mehr als fünfzig Ländern mit einer großen Bandbreite an Sprachen, ethnischer Zusammensetzung, natürlichen Ressourcen und technologischem Niveau stellen Muslime die Mehrheit der Bevölkerung. Und in vielen anderen Ländern sind sie als bedeutende Minderheiten präsent. Weshalb sollte es also für Nichtmuslime selbstverständlich sein, anzunehmen, dass alle Muslime, unabhängig von den Verhältnissen, in welchen sie leben, gleich sind und gleich handeln? Ist es überhaupt vorstellbar, dass alle Muslime auf die gleiche Weise handeln und dass sie keinen Platz in Zeit und Raum und örtlicher Gebundenheit haben? Die Geschichte der christlichen Einstellungen gegenüber dem Islam ist auf weite Strecken, wenn auch nicht durchweg, negativ geprägt. In der Zeit des ersten Auftretens der muslimischen Gemeinde hatte Mohammed eine kleine Schar von Anhängern angewiesen, Mekka zu verlassen, um Verfolgungen durch die heidnischen Herren der Stadt zu entgehen. Der christliche König von Abessinien nahm sie auf und gewährte ihnen Zuflucht, da er von ihrer Aufrichtigkeit in religiösen Dingen überzeugt war. In Biographien des Propheten wird häufig erwähnt, dass er auf seinen Reisen als Kaufmann einem christlichen Mönch namens Bahira begegnet sei. Dieser soll bei Mohammed die Zeichen des Prophetentums festgestellt haben, wie sie in christlichen Schriften vorausgesagt würden. Später jedoch ist diese Geschichte in den

Händen christlicher Schriftsteller in ihr genaues Gegenteil verkehrt worden indem der Mönch als Renegat und Häretiker dargestellt wurde, der den Propheten dabei unterstützt habe, in betrügerischer Weise für sich das Prophetentum zu beanspruchen.

Die nachfolgenden kurzen Ausführungen betreffen vorwiegend christliche Einstellungen gegenüber dem Islam, da diese für das gegenwärtige Meinungsklima von weit größerer Bedeutung waren als die Meinungen über die Juden. Juden und Muslime hatten in der Vormoderne sehr viel positivere Beziehungen zu einander als jede dieser beiden Gruppen zu den Christen unterhielt. Antagonistische Haltungen zwischen Juden und Muslimen entstanden in der Tat erst mit der Gründung des Staates Israel. Aus religiöser Perspektive ist bemerkenswert, dass christliche Theologen erst in jüngster Zeit versucht haben, zu einer positiveren Einstellung gegenüber dem Islam zu kommen. Die lange Reihe von Beratungen in den 60er Jahren, die als das Zweite Vatikanische Konzil bekannt geworden sind, haben zu einer bedeutenden Neuorientierung innerhalb der kirchlichen Doktrin geführt. Hierher gehört auch, dass erstmals die Möglichkeit der Erlösung außerhalb der christlichen Kirche eingeräumt wurde. Die veröffentlichten Dokumente gestehen jedoch dem Islam nur sehr zögernd positive Bemerkungen zu. Dabei werden diejenigen Muslime gepriesen, die ein spirituelles Leben führen, und es wird betont, dass die Muslime die Jungfrau Maria verehren. Über den Propheten Mohammed fällt jedoch nicht ein einziges Wort.[10] Der Schweizer ökumenische Theologe Hans Küng war wohl der erste Katholik, der den ehrlichen Versuch unternommen hat, Mohammed ernst zu nehmen.[11]

Während des ganzen Mittelalters haben christliche Autoren sämtliche Eigenschaften des Propheten Mohammed, die in den Augen der Muslime dessen Authentizität bestätigen, in ihr Gegenteil verkehrt und zu Mängeln erklärt. Sie konnten es ganz einfach nicht ertragen, die Existenz eines weiteren Propheten nach Christus anerkennen zu sollen. Die herkömmliche Behauptung, Mohammed sei Analphabet gewesen, was den Muslimen als Beweis für den göttlichen Ursprung der von ihm übermittelten Heiligen Schrift galt, war für die Christen ein Zeichen dafür, dass es sich dabei um einen Betrug handeln müsse. Mohammeds Abstammung von Abrahams Sohn Ismael (arab. Isma'il) war Bestandteil der traditionellen arabischen Genealogie und galt den Muslimen als weitere Bestätigung seines Status. Die Christen indes wiesen diesen Anspruch als völlig unzulässig zurück. Von den heidnischen Mekkanern aufgefordert, Wunder zu tun, antwortete Mohammed, der Koran sei sein einziges Wunder. Während die Muslime dies als Beweis für die Spiritualität seiner Botschaft betrachteten, war dieses Fehlen von Wundern für seine Gegenspieler auf Seiten der Christen ein überzeugender Beleg dafür, dass er kein Prophet war.

Die beiden nach christlicher Auffassung schwerwiegendsten Kritikpunkte gegen Mohammed standen zweifellos im Zusammenhang mit seinen militärischen Unternehmungen und seinen Heiraten. Für Christen gelten das Zölibat und das gewaltlose Verhalten Jesu allgemein als unverzichtbare Merkmale wahrer Spiritualität. Die Tatsache, dass Mohammed Schlachten geschlagen hat und mit mehreren Frauen verheiratet war, ist für viele Christen ein klarer Beweis dafür, dass er nicht auf demselben herausgehobenen Niveau stehen konnte wie Jesus. Christliche Kritiker Mohammeds beschreiben ihn im Allgemeinen als durch eine Kombination von politischem Ehrgeiz und Sinnenlust motivierten Menschen, mit Eigenschaften also, die man bei einem Propheten kaum erwartet. Die Muslime gehen diese Frage aus einer ganz anderen Richtung an: Für sie ist Mohammed der Idealtyp eines Propheten, der durch sein eigenes Vorbild sein Volk führt und durch seine Person demonstriert, wie die Menschen in dieser Welt ihr Leben gestalten sollten. Da das Leben auf dieser Erde immer von Konflikten bestimmt sein wird, ist es sehr wichtig, für die beste ethische Verhaltensweise in Krieg und Politik ein Vorbild zu haben. Da das menschliche Leben Fortpflanzung und Familie braucht, muss es in gleicher Weise auch auf diesen Gebieten ein religiöses Vorbild geben. Folglich scheint die Betonung von Jesu Zölibat und Gewaltlosigkeit für die Muslime ein völlig unrealistisches Modell zu sein, dem niemand folgen kann und das letzten Endes scheinheilig ist, da es Verhaltensweisen propagiert, die von niemandem befolgt werden. Nach Meinung einiger muslimischer Traditionen wird Jesus (der nicht am Kreuz gestorben ist, sondern im Himmel lebt) in der Tat am Jüngsten Tage wiederkehren und seine prophetische Mission erfüllen, während der er heiraten und in Übereinstimmung mit dem Gesetz Recht sprechen wird.

Die Diskrepanz zwischen diesen Aspekten des arabischen Propheten Mohammed könnte größer kaum sein. Historisch betrachtet, ist es verständlich, dass es für christliche Theologen inakzeptabel ist, die Existenz eines nicht durch die Kirche oder durch eindeutige Erwartungen in der Heiligen Schrift sanktionierten Propheten einzugestehen. In gleicher Weise haben muslimische Gelehrte die Ansicht vertreten, die christlichen Kirchen seien mit ihrer Interpretation Jesu, insbesondere was die Trinitäts-Lehre und die Versicherung der Gottessohnschaft Jesu angehe, völlig in die Irre gegangen. Für sie war die Einheit Gottes von absoluter Wichtigkeit, und ein menschliches Wesen als göttlich zu bezeichnen, bedeutete eine Art Idolatrie, die in die Nähe des Polytheismus geriet. Nichtsdestoweniger ist hinsichtlich des Kontrasts zwischen muslimischen und christlichen Perspektiven ein seltsam anmutender Mangel an Symmetrie festzustellen. Die Muslime verehren Jesus als einen Propheten Gottes, sicherlich als menschliches Wesen, das jedoch mit dem erhabenen geistigen Status des Messias und des Wortes Gottes ausgestattet ist und das von Maria durch eine Jungferngeburt in die Welt gebracht wurde. Wenn Christen für Mohammed den Ausdruck Schwindler und Schlimmeres gebrauchen, ist dies für Muslime wegen der tiefen Liebe und Verehrung, die sie diesem entgegenbringen, äußerst kränkend. Für die Muslime ist Mohammed der Mitfühlendste, der Prophet, der am Jüngsten Tag alleine vor Gott treten und ihn um Vergebung bitten wird, und zwar nicht nur für die Muslime, sondern für alle Menschen. Muslime sind häufig verwirrt über die extreme Gegnerschaft, die Christen ihrem geliebten Propheten entgegenbringen, und sie fragen sich, was sie getan hätten, dass sie solche Ablehnung erfahren, wo sie selbst doch Jesus die höchste Ehrerbietung entgegenbringen. Was bringt die Christen dazu, die Spiritualität eines Mannes zurückzuweisen, der ein Liebender und ein Kämpfender ist?

Wenn es auch einige christliche Autoren gegeben hat, die uns akkurate und vorurteilslose Nachrichten über das Leben Mohammeds geliefert haben, so lief die Tendenz dennoch meist auf das negative Extrem hinaus, indem uns Phantasieberichte und sogar ausgesprochene Lügen aufgetischt wurden. So haben christliche Schriftsteller, obwohl sie wussten, dass Schweinefleisch und Alkohol nach dem islamischen Gesetz verboten sind, in empörender Weise falsche Berichte über Mohammeds Tod in Umlauf gesetzt: Sie haben entweder versichert, er sei in betrunkenem Zustand gestorben oder behauptet, er sei von Schweinen umgebracht worden. Es fällt schwer, derartige Geschichten anders denn als böswillig zu bezeichnen. Ähnlich wird Mohammed in romantischen Epen wie etwa dem altfranzösischen *Rolandslied* als heidnische Gottheit dargestellt, die ähnlich verehrt wird wie die griechischen Götter. In anderen Berichten lesen wir, er sei ein von der katholischen Kirche abgefallener Kardinal gewesen, der beschlossen habe, eine eigene falsche Religion ins Leben zu rufen. Dieses Bild von Mohammed als einem prinzipienlosen christlichen Renegaten liegt auch seiner Beschreibung in DANTES *Inferno* (*Canto* 28:31–36) zu Grunde, wo Mohammed und sein Vetter und Schwiegersohn ʿAli in der Hölle in der Gesellschaft von Verbreitern von Skandalen und Spaltung auftreten. Dabei spalten ihnen Dämonen zur Strafe die Schädel. Seltsamerweise hat DANTE den muslimischen Philosophen AVICENNA (IBN SINA) und AVERROES (IBN RUSHD) zusammen mit den ehrenhaften heidnischen Griechen und Römern (4:143 f) einen Platz im Limbus, der Vorhölle, eingeräumt, offenbar ohne dass ihn diese inkonsequente Darstellung gestört hätte. Der protestantische Reformator MARTIN LUTHER nannte Mohammed unter anderem des Teufels Sohn, und für andere Autoren war es bezeichnend, dass sie sich auf ihn als den Antichristen bezogen haben.[12]

Der wichtigste Anlass für antiislamische Schriften aus der Feder christlicher Europäer waren während des Mittelalters ohne Zweifel die Kreuzzüge. Die mit dem Segen der Römischen Kirche ausgestatteten Versuche, das Heilige Land, das von Arabern und Türken besetzt war, zu erobern, gehören zu den eigentümlichsten Episoden der europäischen Geschichte. Als militärische und religiöse Bewegung, die sich über mehrere Jahrhunderte hinzog, zeitigten die Kreuzzüge viele unerwartete Resultate, wie etwa regelmäßig wiederkehrende Massaker an Juden und die Plünderung der christlich-orthodoxen Stadt Konstantinopel. Obwohl sie auf Westeuropa enorme Auswirkungen hatten, waren die Folgen der letzten Endes erfolglosen Angriffe der Kreuzfahrer im Nahen Osten, wo man sie häufig als eine weitere Serie von Beutezügen durch Barbaren aus dem Norden ansah, weit weniger bedeutsam. Ihre höchste Intensität erreichte die Kreuzfahrer-Mentalität an den Gestaden des westlichen Mittelmeers und in Spanien. Die spanische Reconquista war eine allmählich fortschreitende Rückeroberung von Grenzgebieten, die sich über Jahrhunderte hinzog und vom Vatikan voll unterstützt wurde. Sie fand ihren Höhepunkt in der Eroberung Granadas im Jahre 1492 und der nachfolgenden Vertreibung oder Zwangsbekehrung der „Mauren“ (d.h. der andalusischen Muslime) und der Juden. Die antiislamische Politik der spanischen Könige war zugleich die Basis für die Unterstützung der im selben Jahr stattfindenden Reise des Columbus nach Amerika, die dazu dienen sollte, die Kontrolle des ostindischen Gewürzhandels durch die Muslime zu umgehen. Unterdessen hatten die osmanischen Türken in Südosteuropa im Jahre 1453 Konstantinopel erobert und begannen von dort aus ihre aggressiven Eroberungsfeldzüge gegen die Länder auf dem Balkan. Im 17. Jh. bedrohten sie schließlich auch Europa. Englische Autoren betrachteten in der Zeit nach 1600 die Osmanen voller Angst und Bestürzung; sie sahen in ihnen eine Großmacht, die ganze Europa zu überwältigen drohte.[13]

Obwohl der mittelalterlich-christliche Hintergrund der Kreuzfahrerzeit weiterhin präsent ist, liefert dies allein keine hinreichende Erklärung für noch heute virulente antiislamische Vorurteile. Um dies zu klären, müssen wir uns mit der modernen Kolonialzeit befassen. Für die Amerikaner ist es besonders wichtig, das Augenmerk auf den Kolonialismus als ein charakteristisches Ereignis der Moderne zu richten. Amerikas eigene koloniale Periode liegt lange zurück, und man erinnert sich ihrer nicht als einer besonders aufregenden Zeit. Für die meisten Amerikaner beschwört das Wort „kolonial" seltsame Bilder von rekonstruierten Themen-Parks wie etwa Williamsburg herauf. Weitaus leistungsfähigere Systeme kolonialer Herrschaft, wie sie im 19. Jh. von Franzosen und Briten ausgearbeitet wurden, die wirksame Unterstützung in Sachen Technologie sowie Verwaltungsbehörden und Rassenideologie einschlossen, sind ihnen nicht vertraut. Um die Auswirkungen des Kolonialismus ins richtige Licht zu setzen, möge hier der Hinweis auf ein Einzelbeispiel genügen: Algerien, das die Franzosen 1830 überfallen und erobert haben. Man schätzt, dass während des letzten Endes erfolgreichen algerischen Unabhängigkeitskrieges (1954–1962) weit mehr als eine Million Algerier und wahrscheinlich 30 000 Franzosen ums Leben kamen. Dieser Kolonialismus basierte, kurz gesagt, auf einer brutalen aber nachhaltigen militärischen Eroberung.

Indessen hatte auch Amerika seine ersten Begegnungen mit dem Islam, und zwar größtenteils kolonialem Rahmen. Ein Aspekt betraf den Handel mit afrikanischen Sklaven. Denn nicht weniger als 15 % der Westafrikaner, die als Sklaven in die Vereinigten Staaten verkauft worden sind, waren Muslime. Unter ihnen gab es eine ganze Reihe von Menschen, die ihre Kultur nicht aufgaben und sogar arabische Texte verfassten, während man sie in den Südstaaten versklavte. Ein weiteres bedeutsames Ereignis war die Besetzung der Philippinen durch die Amerikaner, die vom Anfang des Spanisch-Amerikanischen Krieges im Jahre 1898 bis zum Ende des Zweiten Weltkrieges andauerte. Die militärischen Aktivitäten der Amerikaner auf den Philippinen während des Spanisch-Amerikanischen Krieges richteten sich mehrheitlich gegen den Widerstand muslimischer Stämme. Diese Intervention der Amerikaner auf den Philippinen hat RUDYARD KIPLING zur Abfassung seiner berühmten Ode an den Kolonialismus m.d.T. *The White Man's Burden* (*Die Bürde des weißen Mannes*) angeregt. Während die meisten heute lebenden Amerikaner diese Episode ihrer Geschichte vergessen haben, haben sich führende zeitgenössische Persönlichkeiten wie etwa MARK TWAIN und ANDREW CARNEGIE vehement gegen dieses militärische Abenteuer und seine kolonialen Folgen gewandt.[14] In Fällen wie diesem war Amerika tief in den modernen Kolonialismus und die Konfrontation mit dem Islam verstrickt. Dies gilt insbesondere für Länder wie der Iran und Ägypten, wo die Vereinigten Staaten in die Fußstapfen der Briten getreten sind.

Als die Macht des Osmanischen Reiches im Schwinden begriffen war und dieses daher nicht mehr als ernsthafte Bedrohung betrachtet wurde, verstärkte sich die koloniale Expansion der Europäer in Richtung Asien und Afrika. Als Napoleon 1798 Ägypten besetzte, spielte er kurze Zeit mit dem Gedanken, zum Islam überzutreten und Asien zu erobern, um so ein zweiter Alexander zu werden. Da er jedoch seinen französischen Lebensgewohnheiten treu bleiben wollte, verwarf er diese Laune, als er erfuhr, dass er in diesem Falle auf den Weingenuss werde verzichten müssen. Während der Aufklärung, als religiöse Autorität nichts galt, brauchte man für weitere Eroberungen Rechtfertigungsargumente, die über den Begriff eines religiös motivierten Kreuzzuges hinausgingen. Wissenschaft und Rationalität lieferten die neue Basis für die Errichtung neuer Reiche. Die militärische Technologie, in der Europa eindeutig die Führung übernommen hatte, erlaubte nun die gewaltsame Eroberung der übrigen Welt. Vor allem die wissenschaftliche Rassendoktrin führte zu einer vernunftgestützten Begründung für Europas Weltherrschaft. Denker wie Auguste Comte verkündeten, fünf europäische Nationen, nämlich England, Frankreich, Italien, Spanien und Deutschland, stünden an der Spitze der Menschheit. Charles Darwins Evolutionstheorie wurde so ausgelegt, dass daraus hervorging, die weißen Europäer seien höher entwickelt als der Rest der Menschheit und folglich zur Herrschaft gezwungen. Für die Briten war „The White Man's Burden" das, was für die Franzosen ihr zivilisatorisches Sendungsbewusstsein war. Karl Marx und Friedrich Engels formulierten die Theorie von der orientalischen Produktionsmethode, und postulierten, dass die Völker des Ostens von Natur aus dem „orientalischen Despotismus" zugänglich seien.

Die damals feststellbare bemerkenswerte Kraft der Rassentheorie kann anhand eines außergewöhnlichen Gedankenaustauschs zwischen einem der damals führenden Gelehrten auf dem Gebiet der Islamstudien und einem muslimischen Reformer aufgezeigt werden: Ernest Renan, ein führender französischer Orientalist und Autor bedeutender Werke zur mittelalterlichen Philosophie, hielt im Jahre 1883 an der Sorbonne in Paris eine Vorlesung, in der er ausführte, der Islam sei mit Wissenschaft und Philosophie unvereinbar. Er begründete seine Ansicht mit der Behauptung, der Islam sei eine im Wesentlichen arabische Religion und die Araber seien, da sie zur semitischen Rasse gehörten, wegen ihrer atomistischen Mentalität zur philosophischen Synthese unfähig. Durch einen Zufall weilte damals der muslimische Reformer Dschamal al-Din al-Afghani in Paris, wo er von seiner bewegten politischen Karriere Erholung suchte. Afghani widersprach Renans Schlussfolgerungen, akzeptierte aber dessen Feststellung, alle Religionen seien im Grunde genommen von Natur aus autoritär und wissenschaftsfeindlich. Er argumentierte, da der Islam eine jüngere Tradition habe als das Christentum, werde es eben etwas länger dauern, bis sein wissenschaftlicher Geist zum Vorschein komme. In seiner Antwort an Afghani stellte Renan herablassend fest, sein Kritiker sei ohne Zweifel fähig, in philosophischen Kategorien zu denken, da er als Afghane der arischen Rasse angehöre. Nichtsdestoweniger blieb Renan fest davon überzeugt, dass den Semiten (er meinte damit die Araber und die Juden) diese Fähigkeit abgehe. Antisemitismus und Rassendoktrinen dieser Art waren im 19. Jh. nicht nur weit verbreitet, sondern geradezu in Mode.[15]

Damit soll indes nicht gesagt werden, dass die Tätigkeit christlicher Missionare während der Kolonialzeit nachgelassen habe. Ganz im Gegenteil: Das 19. Jh. war wohl der Höhepunkt der systematischen Organisation christlicher Missionstätigkeit in aller Welt. Christliche Missionare haben ihre Talente in unzähligen lokalen Sprachen geschliffen, einerseits um die Bibel in jene Sprachen zu übersetzen, andererseits aber auch, um über die Wahrheit des Christentums und deren Nichtvorhandensein in anderen Religionen zu streiten. Stil, Vokabular und Argumente dieser Missionare sollten überwältigenden Einfluss auf die Entstehung jener

Wege haben, auf denen die Angehörigen vieler nichtchristlicher Religionen, die Muslime inbegriffen, ihre jeweiligen Glaubensinhalte verteidigten.

Wenn auch christliche religiöse Konzepte zweifellos weiterhin in das Denken der Kolonialbeamten hineingewirkt haben, so lag dort die Betonung doch vielmehr auf der europäischen Kultur und Wissenschaft als dem Gipfel des menschlichen Fortschritts. Ein in diesem Zusammenhang vielsagendes Dokument ist der berühmte Vortrag „Minute on Indian Education", den THOMAS BABINGTON MACAULAY im Jahre 1835 als Rechtfertigung für die Verwendung des Englischen als Standardsprache auf dem Gebiet des Erziehung in ganz Britisch-Indien gehalten hat. Zu den von den Muslimen bzw. den Hindus gebrauchten klassischen Sprachen Arabisch bzw. Sanskrit hat er sich dabei folgendermaßen geäußert:

> „Ich kann weder Sanskrit noch Arabisch. Aber ich habe alles in meiner Macht stehende getan, um zu einer gerechten Beurteilung ihres jeweiligen Wertes zu gelangen. Ich habe Übersetzungen der berühmtesten Werke des Arabischen und des Sanskrit gelesen. Hier und zu Hause habe ich mich mit Männern unterhalten, die für ihre Gewandtheit im Gebrauch östlicher Sprachen berühmt sind. Ich bin gerne bereit, die orientalische Gelehrsamkeit so einzuschätzen, wie dies die Orientalisten selbst tun. Ich habe unter ihnen jedoch nie einen getroffen, der bestritten hätte, dass ein einziges Regal in einer guten europäischen Bibliothek genauso viel wert sei wie die gesamte originäre Literatur Indiens und Arabiens. Die tatsächliche Überlegenheit der westlichen Literatur wird auch von jenen Mitgliedern des Komitees in vollem Umfang eingestanden, die den orientalischen Erziehungsplan unterstützen."[16]

Ein weiteres vielsagendes Beispiel ist WILLIAM MUIRS *Life of Mahomet* aus dem Jahre 1885. Dieses Buch wurde von einem britischen Kolonialbeamten in Indien geschrieben, und zwar auf Anraten eines christlichen Missionars, der sich auf Diskussionen mit Muslimen spezialisiert hatte. In dieser Biographie stellte Muir nicht nur die Behauptung auf, Mohammed sei vom Teufel besessen gewesen, sondern vertrat auch die geringfügig wissenschaftlichere Meinung (die erstmals der österreichische Orientalist Alois Sprenger geäußert hatte), Mohammeds prophetische Erfahrungen seien durch eine Epilepsie bedingt gewesen.[17] Was diese Kolonialverwalter angeht, so war deren Beschäftigung mit der Religion ihrer Untertanen insofern von Bedeutung, als damit eine an die europäischen Behörden gerichtete Herausforderung verbunden sein konnte.[18]

Zur selben Zeit, als der europäische Kolonialismus im Wachsen begriffen war, fand die akademische Beschäftigung mit Asien und Afrika Eingang in die Lehrpläne der europäischen Universitäten. Das Studium irgendwelcher den Osten betreffender Themen bezeichnete man als Orientalismus, und unter diesem Namen wurde bis zu einem gewissen Grade alles Nichteuropäische zusammengefasst. Ein großer Teil dieses gelehrten Unterfangens basierte auf dem gewissenhaften Studium schwieriger Sprachen und Texte, weshalb diese Disziplin abgesehen von akademischen Spezialpublikationen nur schwer zugänglich war und so nur geringen Widerspruch auslöste. In jüngster Zeit hat jedoch eine breite Debatte über den Orientalismus stattgefunden, die zu einem großen Teil durch das 1978 erschienene provokative Buch *Orientalism* von Edward Said ausgelöst worden ist.[19] Waren die Orientalisten Komplizen, welche die imperialistischen Eroberungsvorhaben der Europäer unterstützten? War das Bild, das sie vom Osten, speziell von den islamischen Ländern, zeichneten, im Wesentlichen darauf ausgerichtet, die Beherrschung dieser Länder zu fördern? Dies zu behaupten, wäre eine Übertreibung. Die meisten dieser Gelehrten, die vielen Nationen angehörten, waren vergeistigte Männer, für die die Beschäftigung mit ihrer Disziplin dem Studium des Griechischen und Lateinischen gleichkam. Bis in die allerjüngste Zeit hinein sind die meisten Orientalisten nie auf die Idee gekommen, dass ihre Arbeit eventuell Auswirkungen auf das Leben ihrer muslimischen Zeitgenossen haben könnte.

Dabei haben bestimmte im 19. Jh. von den Orientalisten vertretene Ansichten zu heute noch geltenden stereotypen Auffassungen über den Islam beigetragen.[20] Eine dieser vorgefassten Meinungen ist die Ansicht, die orientalischen Kulturen seien im Prinzip durch religiöse und spirituelle Impulse angeregt worden.

Dieses Konzept eines „mystischen Ostens“, das aus der europäischen Romantik stammt, hat wesentlich zu einer Tendenz beigetragen, mehr weltbezogene Faktoren wie etwa die Technologie, die Wirtschaft und die Gesellschaft, außer Acht zu lassen. Vergleichbar damit war die unter den Orientalisten bestehende Tendenz, die Rassentheorien des 19. Jh. zu übernehmen, ohne sie zu hinterfragen, so dass große Teile der Geschichte der nahöstlichen und asiatischen Länder im Sinne primordialer Konflikte zwischen der semitischen und der indoarischen Rasse erklärt wurden (wobei sich beispielsweise Araber und Perser gegenüberstanden). Darüber hinaus war die Ansicht weit verbreitet, sprachliche Eigentümlichkeiten übten einen tief greifenden und entscheidenden Einfluss auf Religion und Kultur aus, weshalb es möglich sei, ausgehend vom Studium des Arabischen Aussagen über die Natur des Islams und der arabischen Kultur unserer Tage zu machen und zu deren perfektem Verständnis zu gelangen. Alle diese Tendenzen zusammengenommen führten schließlich zu der Überzeugung, europäische Gelehrte könnten vom Schreibtisch aus zu einem definitiven Verständnis der im wesentlichen unwandelbaren Realitäten betreffs der Religion des Islams, der semitischen bzw. arischen Rasse und der orientalischen Sprachen gelangen. Und sie bräuchten für ihre Arbeit letzten Endes nur ein Lexikon und einige arabische Handschriften. Die Beschäftigung mit der zeitgenössischen Geschichte, mit den wirtschaftlichen Bedingungen Einzelner oder deren sozialem Status, geschweige denn mit den Ansichten einzelner Individuen, glaubte man in diesen Kreisen vernachlässigen zu können. Gleichzeitig tendierten Kolonialbeamte in islamischen Ländern zu der Auffassung, jeglicher Widerstand gegen ihre Autorität sei notgedrungenermassen eher ein Zeichen des muslimischen religiösen Fanatismus als natürliche Opposition gegen politische Kontrolle von außen. Aus heutiger Sicht erkennt man ohne weiteres, in welchem Maße damals von Orientalisten vertretene Ansichten über den Islam die Rechtfertigung des europäischen Kolonialismus beeinflussen konnten. Ein großer Teil der Produkte dieses Gelehrtentums aus dem 19. Jh. ist in Form gedruckter Bücher heute noch verfügbar, da es hierfür kein Copyright gab. So werden diese ständig neu aufbereitet und erhalten so eine Bedeutung, die weit über ihren tatsächlichen Wert hinausgeht.

In der jüngeren Geschichte waren die zionistische Bewegung und der arabisch-israelische Konflikt zweifellos die wichtigsten Faktoren, die zur Entstehung von Stereotypen über die Araber und über die Muslime im Allgemeinen beigetragen haben. Ironischerweise ist dabei der Zionismus, der als sozialistische Bewegung unter der Führung laizistischer Juden ins Leben gerufen worden war, zu einem prägenden Element innerhalb des jüdischen religiösen Selbstverständnisses geworden. Historisch betrachtet, ist der Zionismus eine klassische europäische Bewegung nationaler Prägung. Der früheste Theoretiker des jüdischen Nationalismus, Moses Hess (gest. 1875), war Sozialist und ein enger Gefährte von Karl Marx. Im frühen Zionismus entstand unter Theodor Herzl (gest. 1905) eine Ausformulierung der jüdischen Identität, die auf die Rückkehr in die traditionelle Heimat der Juden, das Land um Jerusalem, ausgerichtet war. Die Einwanderung einer großen Zahl von Juden aus Europa und Russland nach Palästina nahm nach dem Ersten Weltkrieg noch zu, nachdem die Briten die Kontrolle über Teile des ehemaligen Osmanischen Reiches übernommen hatten. Die von Europa unterstützte Errichtung jüdischer Siedlungen im britischen Teil Palästinas ist in ihrem Ausmaß und dem Pioniergeist dieser Menschen vergleichbar mit der Kolonisierung Algeriens durch die Franzosen.

Die Schrecken des Holocaust verliehen der Zionistischen Bewegung nach dem Zweiten Weltkrieg zusätzliche Dringlichkeit. Der Rückzug der Briten aus ihren Kolonien führte schließlich 1947 zur Unabhängigkeit des Staates Israel und anschließend zum ersten von mehreren Kriegen mit den benachbarten arabischen Ländern, und machte Millionen von Palästinensern zu Flüchtlingen. Die Einstellung der Amerikaner zum Staat Israel ist in hohem Maße geprägt durch das protestantische Christentum und die Unterstützung durch israelfreundliche jüdische Gruppierungen in Amerika. Viele Amerikaner unterscheiden dabei kaum zwischen den alten Israeliten der Bibel und dem modernen Nationalstaat. In jüngeren apokalyptischen Spekulationen, die auf den biblischen Büchern *Daniel* und *Offenbarung* basieren, wie etwa HAL LINDSAYS Bestseller *The Late Great Planet Earth*, spielt Israel eine dramatische Rolle. In diesen zeitgenössischen Interpretationen biblischer Prophetien ist häufig von der bevorstehenden Zerstörung muslimischer Monumente in Jerusalem die Rede, wodurch die Wiedererrichtung des Tempels Salomons, die Wiederkehr des Messias und die Ereignisse der Letzten Tage eingeleitet werden sollen. Israelische Behörden, die ebenfalls die Symbolik des alten Israel im Auge haben, haben entdeckt, dass es trotz des in diesen apokalyptischen Szenarien anvisierten Endes des Judentums dienlich ist, diese christliche Glaubensvorstellung zu unterstützen. Daher unterstützen amerikanische Christen meist instinktiv den Staat Israel gegen die Palästinenser, und dies, obwohl es unter jenen eine starke christliche Minderheit gibt.[21]

Seitdem Israel im Jahre 1967 die West Bank und den Gaza-Streifen erobert hat, kontrolliert es diese Palästinensergebiete durch von den Briten übernommene koloniale Mechanismen. Die Besetzten Gebiete sind praktisch das einzige übrig gebliebene Territorium, auf dem repressive britische Gesetze aus der Kolonialzeit immer noch angewandt werden, wo also die Beschlagnahmung von Land ebenso erlaubt ist wie Massenbestrafungen, die Zerstörung von Häusern verdächtiger Personen, die Verweigerung von Baugenehmigungen und dergleichen mehr. Der palästinensische Widerstand gegen die israelische Besatzung hat sich inzwischen in Form linksgerichteter säkularer nationaler Befreiungsbewegungen wie etwa der Palästinensischen Befreiungsorganisation PLO organisiert. Es wäre ein gravierender Fehler, würde man diesem Konflikt einen religiösen Charakter unterstellen oder seine Wurzeln in uralten religiösen Vorstellungen suchen. Der Konflikt zwischen Juden und Arabern ist ein in der Gegenwart ausgetragener Streit um das Eigentumsrecht an diesem Land, und er ist ein Produkt des vergangenen Jahrhunderts. Erst in allerjüngster Zeit hat sich der religiöse Fundamentalismus mit der Entstehung der Hamas-Bewegung und anderer Gruppen wie etwa des Islamischen Dschihad (arab. al-Dschihad al-Islami) als eine Kraft innerhalb eines Teils der Palästinenser etabliert. Aufsehen erregende Gewalttaten palästinensischer Kommandos in den 1960er und 1970er Jahren haben dem Bild des Arabers als eines Terroristen zu einem festen Stellenwert verholfen. Diese Palästinenser waren säkular orientiert, und innerhalb der Gesamtheit der Muslime sind die Araber nur eine Minderheit. Für den durchschnittlichen amerikanischen Zeitungsleser jedoch sind „Araber", „Muslim" und „Terrorist" fast zu austauschbaren Begriffen geworden. Da sie indes in ihrem Alltagsleben keinerlei Kontakte zu Arabern oder Muslimen pflegen, haben viele ersatzweise dieses Schema der Gewalttätigkeit akzeptiert, gerade so, als könne es eine ganze Gesellschaft geben, die nur aus Terroristen bestehe.

Ich habe nicht die Absicht, hier die Geschichte dieser Stereotypen weiter zu verfolgen, muss aber ein Wort verlieren über eines der einprägsamsten aller derartigen Bilder: über verschleierte Frauen, ein Schema, das häufig durch erotische Phantasien eingefärbt und verzerrt ist. Wie wir oben gesehen haben, waren Anklagen wegen lasziven Verhaltens einer der von den Christen gegen den Propheten Mohammed vorgebrachten Standardvorwürfe. Dass darüber hinaus ein Mann nach islamischem Recht bis zu vier Frauen heiraten kann, auch wenn dies in der Praxis eher ungewöhnlich ist, hat die Phantasie christlicher Kleriker in nicht geringem Maße angeregt. Frischen Zündstoff für fanatisierende Ansichten über arabische und muslimische Frauen ganz allgemein lieferte schließlich Jean Antoine Gallands 1704–17 u.d.T. *Les Mille et une Nuits* erschienene französische Übersetzung von *Tausendundeine Nacht* (arab. *Alf laila wa-laila*), welche damals eine wahre Manie für orientalische Erzählungen ausgelöst hat. Im 19. Jh. schufen die französischen „Orientalistes" genannten Maler luxuriöse Darstellungen eines verführerischen Lebens im Harem, wobei sie sich europäischer Prostituierter als Nacktmodelle bedienten. Die während des ganzen 19. Jh. im Nahen Osten von vielen Frauen, auch von Christinnen und Jüdinnen, getragene konservative Kleidung, sowie die Trennung von nicht verwandten Männern und Frauen in öffentlichen Räumen ermutigte auch die erregten Phantasien männlicher europäischer Reisender.

Selbst wenn heute noch viele Europäer und Amerikaner glauben, muslimische Frauen würden nach wie vor unterdrückt, ist doch keineswegs erwiesen, dass muslimische Frauen im Vergleich zu Christinnen und anderen Frauen immer unter Benachteiligungen zu leiden gehabt haben. Dies ist ein Thema, bei dem in allerjüngster Zeit in Europa und Amerika Vorstöße unternommen worden sind, die als für den Westen typisch erachtet wurden. Tatsache ist aber, dass den Engländerinnen bis zu den Married Women's Property Acts von 1870 und 1882 umfassende Rechte auf Eigentum verwehrt waren, während das islamische Recht muslimischen Frauen seit dem 17. Jh. Erb- und Besitzrechte garantierte. Als Lady Mary Wortley Montagu 1716 mit ihrem Ehemann, dem damaligen britischen Botschafter in Konstantinopel, an den Bosporus reiste, waren englische Frauen noch Leibeigene ihrer Männer. Zu ihrem großen Erstaunen traf sie dort Frauen aus dem osmanischen Adel, die ausgedehnte Ländereien besaßen und die ihr Eigentum ohne Einmischung von Seiten der Männer verwalteten. Lady Mary konnte sogar feststellen, dass der Schleier ein Zeichen der Befreiung war, da er die Frauen vor den neugierigen Blicken der Männer schützte. Sicherlich sind Frauenfeindlichkeit und unterschiedliche Rechte für Männer und Frauen in den Gesellschaften Nordafrikas, des Nahen Ostens und großer Teile Asiens weit verbreitet. Aber können wir ehrlicherweise behaupten, Amerika und Europa seien frei von solchen Problemen? Es ist leicht, und zugleich ein Zeichen von Überheblichkeit, in anderen Gesellschaften Missstände und Ungleichheit zu brandmarken, solange es auch in unserer eigenen Kultur Ungerechtigkeit gibt. Das Bild von der unterdrückten muslimischen Frau wird nur allzu oft dazu benutzt, dass sich die Europäer in selbstherrlicher Weise zu ihrer eigenen Überlegenheit beglückwünschen.

Unter den Schemata, die in der europäischen und amerikanischen Kultur über den Islam zirkulieren, findet man nur wenig Positives. Kann eine ganze Zivilisation mit derartig negativen Zügen mehr als ein Jahrtausend lang über die halbe Welt verteilt Bestand haben? Ich bin zwar kein Psychologe, kann mich aber des Eindrucks nicht erwehren, dass hier ein Projektionsmechanismus am Werke ist, der nach den Richtlinien der Anhänger des Schweizer Psychoanalytikers Carl Gustav Jung (1875–1961) funktioniert, wonach man seine eigenen negativen Charaktereigenschaften auf andere projiziert. In der gesamten Geschichte der antiislamischen Stereotype gibt es mit Sicherheit beliebig viele Belege für die herausragende Rolle der Phantasie. Die Muslime gelten als gewalttätig, gegen die tatsächliche Gewalttätigkeit des Christentums bzw. der europäischen Kultur sind jedoch keine vergleichbaren Vorwürfe zu hören. Welcher Charakterzug der Christen hat eigentlich die Welteroberungsgelüste des 19. Jh. oder in unseren Tagen andere Grausamkeiten wie etwa die Massaker von Srebrenica ausgelöst, bei denen im Jahre 1996 orthodoxe Serben an einem einzigen Tag mehr als 6000 muslimische Jungen und Männer ermordet haben? Viele behaupten, die Muslime wiesen den Frauen untypische Rollen zu. Andererseits ist aber das Internet, dieses Emblem westlicher technologischer Überlegenheit, gespickt voll von pornographischen Bildern, und im Fernsehen, den Zeitungen und der Werbung ist die Erniedrigung der Frau zum Sex-Objekt allgegenwärtig. Ist sich der Westen hinsichtlich der Beziehungen zwischen den Geschlechtern seiner Sache so sicher? Eigentlich müssten wir heutzutage alle zu Medienkritikern erzogen werden, denn die Wiederaufbereitung sensationeller Bilder ist in unseren Tagen das bevorzugte Betätigungsfeld der Kommunikationsmedien, insbesondere dann, wenn es um Konflikte geht. Der Islam ist eines jener Themen, mit denen die meisten Amerikaner und Europäer bisher nur über derart negative Bilder und Stereotypen in Verbindung gekommen sind. Es ist also höchste Zeit, sich davon freizumachen und den Kontakt mit den wirklichen Menschen zu suchen.

Vorurteilsfreie Annäherung an den Islam

Ein Grundelement dieses Buches ist die Überzeugung, dass nicht alle Muslime gleich handeln und denken. Wie jeder andere große Querschnitt durch die Menschheit unterliegen auch sie den wichtigsten Faktoren, die unser aller Leben beeinflussen: ökonomische Klasse, Zugang zu politischer Macht, ethnische Zugehörigkeit, Geschlecht, Nationalität, Herkunft, Sprache und Geschichte. Anzunehmen, die Muslime, und nur sie allein, würden ausschließlich aus religiösen Motiven zum Handeln veranlasst, und zwar losgelöst von all jenen anderen Faktoren, die unser Leben bestimmen, ist mehr als absurd. Diese Haltung nimmt den Muslimen ihre menschliche Würde und verwandelt sie in Furcht einflößende Monster, die nicht nur nicht von dieser Welt, sondern auch feindselig sind. Dies würde dann bedeuten, dass es keine berechtigten Beschwerden gäbe, die von Nichtmuslimen in Betracht gezogen werden müssten. Und es würde bedeuten, dass Muslime keine Geschichte hätten und es somit für andere keine Verpflichtung gebe, sie zu verstehen. Wenn alle Muslime gewalttätige Fanatiker sind, gibt es nur eine einzige mögliche Reaktion: gewalttätige Konfrontation.

Sowohl diese beiden Annahmen als auch die Schlussfolgerung aus derartigen antiislamischen Stereotypen stehen jeglicher Vernunft und Gerechtigkeit entgegen. Aber eben diese negativen stereotypen Ansichten über den Islam haben eine Geschichte, die sich tief in das Selbstverständnis der euro-amerikanischen Gesellschaften eingegraben hat. Die Islamfeindlichkeit hat den Antisemitismus als Ausdruck akzeptabler rassischer und religiöser Vorurteile abgelöst.[22] Gewichtige politische Gründe sprechen für die Existenz derartiger Stereotypen, und ihr Fortbestehen fördert bestimmte Partikularinteressen. Wenn wir jedoch die Vision von einer Welt schaffen wollen, in der vielfältige Kulturen ohne Konfrontation und Dominanz einzelner zusammenleben können, dann müssen die Nichtmuslime in der Lage und willens sein, die Perspektiven der Muslime zu verstehen.

Hier mag man nun versucht sein, zu fragen: Ist es nicht ebenso notwendig, dass Muslime die Perspektiven der Nichtmuslime verstehen? Fairness und gegenseitige Achtung erfordern mit Sicherheit beiderseitiges Verstehen. An dieser Stelle ist eine wichtige historische Klarstellung hinsichtlich des Höhepunktes des europäischen Kolonialismus unumgänglich. In jener Zeit., d.h.

von Napoleons Eroberungsfeldzug nach Ägypten im Jahre 1798 bis zum Ende des Ersten Weltkriegs und dem Zerfall des Osmanischen Reiches, waren die wichtigsten europäischen Mächte, ebenso wie Russland und China, mit der systematischen Eroberung Islamischer Länder beschäftigt. Durch diesen Prozess wurden nahezu 90 % der muslimischen Weltbevölkerung der Kontrolle durch Kolonialmächte unterworfen. Die einzigen Länder, die von der Eroberung völlig verschont blieben, waren Saudi-Arabien, Persien. die Türkei und Afghanistan. Aus dem Gesamtkomplex dieser Entwicklungen können wir zwei Schlüsse ziehen: Zum einen wurden Muslime, die mit dem Kolonialismus in Berührung kamen, unmittelbar vertraut mit ihren nichtmuslimischen Beherrschern und der europäischen Kultur, die ihnen von diesen aufoktroyiert wurde. Diese Europäer entmachteten einheimische Dynastien, beseitigten traditionelle Erziehungssysteme, setzten zentral agierende autoritäre Regierungsformen durch und zogen sich unter Zuhilfenahme neuer machtbezogener Sprachen (Englisch, Französisch, Niederländisch, Italienisch, Portugiesisch und Russisch) neue lokale Eliten heran. Zum andern ging der Prozess gewaltsamer Eroberungen überwiegend von christlichen Mächten aus. Paradoxerweise gelten jedoch die Muslime als diejenigen, die von Natur aus gewalttätig seien. Auch hier scheint es sich – in noch stärkerem Maße – um eine Art Projizierung zu handeln, was in uns den Verdacht nährt, dass im Selbstverständnis der Europäer und Amerikaner in ihren Beziehungen zu den Muslimen etwas nicht in Ordnung ist.

Wollen wir uns an eine Alternative zu den negativen Stereotypen über den Islam und die Muslime heranarbeiten, so müssen wir den Leser auf eine Reise nicht nur zu den Hauptthemen der islamischen Religion, sondern über die Religion hinaus mitnehmen. Die Religion existiert nie in einem Vakuum. Sie ist stets mit vielfältigen kulturellen und historischen Strängen verwoben, die sie mit speziellen lokalen Bedingungen in Verbindung setzen. Die Rhetorik der Religion muss in einen Kontext gesetzt werden, so dass wir immer sowohl die Ziele als auch die Gegner bestimmter Repräsentationsfiguren kennen.

Um nur ein Beispiel herauszugreifen, auf das wir später zurückkommen werden: Das islamische Recht ist in einigen Ländern mit mehrheitlich muslimischer Bevölkerung zu einem stark belasteten und kontrovers diskutierten Thema geworden. Gewisse Ideologen (jene, die sich durch ihre theologische Position veranlasst sehen, die Macht zu ergreifen) haben die Durchsetzung des reinen islamischen Gesetzes zu ihrem Ziel erkoren. Sie präsentieren sich als Leute, die zu den Grundsätzen zurückkehren, die der Prophet Mohammed vor 1400 Jahren aufgestellt hat, und wollen die Gesellschaft ausschließlich auf der Grundlage des Korans regieren. Dieser kühne Anspruch, der vor dem 20. Jh. niemals erhoben wurde, enthüllt die sehr moderne Rhetorik des Fundamentalismus. Er widerspricht der islamischen Geschichte, denn jedes vormoderne islamische Regime, das wir kennen, hat das islamische Gesetz mit lokalen Gepflogenheiten, vorislamischen Strukturen und administrativen Erlassen kombiniert. Zudem haben die europäischen Mächte in den von ihnen eroberten Ländern den Apparat des islamischen Rechts zerstört und lediglich gewisse drastisch eingeschränkte, das Persönlichkeits- und das Familienrecht betreffende Sektionen übriggelassen. Deshalb haben einige früher unter kolonialer Verwaltung stehende Länder wie etwa Ägypten, Indien oder Algerien, gemischte, vorwiegend auf europäischem Recht basierende Gesetzeswerke. Die Behauptung einiger Länder, sie verfügten über rein islamische Rechtssysteme, hält einer näheren Überprüfung nicht stand. Saudi-Arabien ist eine Monarchie mit einem beträchtlichen Anteil vorislamisch-arabischer Stammesbräuche in ihren Gesetzen. Und der Iran verfügt über eine moderne Regierungsstruktur, wobei die Geistlichkeit eine dominante Rolle spielt. Mit einem sehr viel extremeren Fall haben wir es bei dem Regime der Taliban in Afghanistan zu tun, das den Frauen den Zugang zur Bildung oder das Auftreten in der Öffentlichkeit untersagte, und damit das islamische Recht in einem bis dahin nie dagewesenen und geradezu pathologisch zu nennenden Maße verzerrte.

Wenn wir also ein in sich stimmiges Verständnis des Islams präsentieren wollen, müssen wir permanent mit speziellen Beispielen arbeiten und uns fragen, wie Symbole und Konzepte aus der islamischen Tradition neu interpretiert und neuen Gegebenheiten angepasst werden können. Ein wichtiger Punkt ist das Konzept des *dschihad*, eines Begriffs, der oft falsch als „Heiliger Krieg" wiedergegeben wird. Es wäre eher angebracht, ihn stattdessen mit „Kampf um die Wahrheit" zu übersetzen. Über Jahrhunderte hinweg hat dieses ethische Ideal als Streben nach Tugend in einer Vielfalt von Formen fortbestanden. Eine Sekundärbedeutung ist „militärischer Kampf gegen böse Gegner", und es war unvermeidbar, dass sich viele Herrscher-Dynastien auf der Suche nach einer Rechtfertigung für ihre Eroberungen diesen Begriff zueigen gemacht haben. So haben beispielsweise sowohl der Schah von Persien als auch der osmanische Sultan ohne Zögern erklärt, sie würden einen gerechten „Kampf um die Wahrheit" gegen den jeweils anderen führen, während es in Wirklichkeit wie üblich um gewöhnliche Auseinandersetzungen zwischen zwei Reichen ging. Auf das Thema Dschihad werden wir unten noch ausführlicher zu sprechen kommen. Tatsache ist indes, dass religiöse Symbole in sich selbst keine spezifische Bedeutung haben, sondern nur für die Menschen gelten, die sich ihrer auf die eine oder andere Weise bedienen.

Grob gesagt, geht es bei dem Thema historischer Kontext in allen den Islam betreffenden Fragen vor allem darum, festzulegen, wer autorisiert ist, den Islam zu definieren. Es gibt schließlich keinen muslimischen Papst. Sollten also alle die Autorität der religiösen Führer in Saudi-Arabien anerkennen? Einige Muslime lehnen dies ab, weil sie die puritanische wahhabitische Doktrin als extremistisch betrachten. Und selbst die saudiarabische Regierung hat verkündet, nur diejenigen das islamische Recht betreffenden Erlasse seien akzeptabel, die von anerkannten Gelehrten herausgegeben worden seien. Wie steht es diesbezüglich um so bedeutende Persönlichkeiten wie Ayatollah Khomeini [Ayatollah bedeutet „Zeichen Gottes": *ayat Allah*], den *spiritus rector* hinter der Iranischen Revolution? Obwohl seine Ansichten für die Schiiten, die unter den Muslimen eine Minderheit bilden, als bindend betrachtet wurden, und trotz der internationalen Anerkennung, die er wegen seiner antiimperialistischen Haltung genoss, war seine Autorität in Sachen Religion für die Mehrheit der Muslime, die Sunniten, nicht bindend. Oder sollte man auf die Autoritäten an der ältesten und hoch angesehenen ägyptischen theologischen Akademie, der al-Azhar-Universität, hören? Auch hier gibt es viele, die die Autorität dieser Gelehrten ablehnen, weil diese zu sehr von der ägyptischen Regierung abhängig seien und in ihren Äußerungen sehr wahrscheinlich die offizielle staatliche Linie verträten. Kurzum, es gibt, ohne Ansehen der einzelnen vorgebrachten Ansprüche auf Autorität, keine einzige Perspektive, die in allen islamischen Ländern Zustimmung fände. Daher muss jeder, der nicht als einfältig gelten will, notgedrungenermassen das eine oder andere kritische Urteil über irgendeine den Islam betreffende umfassende Äußerung abgeben. Dies gilt insbesondere in Fällen, in welchen die betreffende Äußerung als „die islamische Ansicht über …“ präsentiert wird.

Wenn wir uns mit islamischen Texten und religiösen Konzepten befassen, müssen wir uns jeglicher Haltung missionarischen Wetteifers, die dem modernen Religionsbegriff zu Grunde liegt, enthalten. Das bedeutet: Wir erliegen nur allzu leicht der Versuchung, uns isolierter Zitate aus religiösen oder juristischen Texten als „Beweismittel“ zu bedienen, wenn es darum geht, zu entscheiden, ob eine bestimmte Religion akzeptabel sei oder nicht. Es gibt billige Debattiertricks, deren sich jene gerne über Gebühr bedienen, die Privatinteressen verfolgen. Unfaire Zitate entdeckt man jedoch viel leichter, wenn man mit der betreffenden Tradition vertraut ist. Nehmen wir beispielsweise eine Stelle aus dem Neuen Testament, wo Paulus (im ersten Korintherbrief) darauf besteht, dass Frauen ihr Haar bedecken und in der Kirche schweigen sollten. Bei der Lektüre dieser Stelle könnten Leserinnen mit feministischen Neigungen auf die Idee kommen, eine Religion, die eine solche Bestimmung enthält, sei inakzeptabel. Wer sich jedoch einer derartigen auf Einzelstellen und gängigen Ansichten basierenden Methode bedient, läuft zumindest Gefahr, die Möglichkeit, Sinn und Bedeutung des betreffenden Verses in seinem eigenen zeitlichen und örtlichen Zusammenhang zu verstehen, aus der Hand zu geben. Christen von heute mögen erwidern, das Tragen von Kopfbedeckungen sei damals für ehrbare verheiratete Frauen üblich gewesen. Sie könnten außerdem anführen, dass es zum Thema Gleichheit der Geschlechter auch andere Verse gibt, und zwar in Form prinzipieller Feststellungen, die somit von größerer Bedeutung sind als dieses vereinzelte Eingeständnis einer zeitbedingten Mode. Ungeachtet der Details dieses Beispiels müssen wir, wenn man uns mit Themen konfrontiert, die unserem heutigen Empfinden seltsam erscheinen, in einem gewissen Umfang beharrlich weiterfragen.

Genauso sollten sich diejenigen, die darauf aus sind, gedruckte Belege für die notwendigerweise bösen Absichten der Muslime zu finden, darüber im Klaren sein, dass sie sich bei diesen ihren Bemühungen der Methodik und Argumentationsweise von Fundamentalisten bedienen. So gibt es beispielsweise einige Koranstellen, die den Krieg gegen die heidnischen Mekkaner propagieren, da diese Mohammed erbittert bekämpft haben. Und eben diese Texte sind als Beleg für die Behauptung benutzt worden, die Muslime wollten auf alle Zeiten gegen alle Nichtmuslime Kriege führen. Dagegen würden nur wenige Menschen die Meinung vertreten, die da besagt, dass die in erheblichem Maße blutrünstigen Passagen der hebräischen Bibel alle Juden und Christen dazu anhalten, Versen wie dem folgenden nachzueifern: „Wenn ich mein blitzendes Schwert schärfe und meine Hand zur Strafe greift, so will ich mich rächen an meinen Feinden und denen, die mich hassen, vergelten. Ich will meine Pfeile mit Blut trunken machen, und mein Schwert soll Fleisch fressen, mit Blut von Erschlagenen und Gefangenen, von den Köpfen streitbarer Feinde." (Dtn 32,41f). Auch im Neuen Testament gibt es Stellen, an denen sich Jesus einer besorgniserregenden Sprache bedient: Mt 10,34 lesen wir: „Ihr sollt nicht wähnen, dass ich gekommen sei, Frieden zu bringen auf die Erde. Ich bin nicht gekommen, Frieden zu bringen, sondern das Schwert." [Ausgabe der Württembergischen Bibelanstalt, Stuttgart 1966] Es mag ja Fundamentalisten geben, die auf der unbegrenzten Anwendbarkeit dieser Art von Versen bestehen. Und die meisten Juden und Christen wären mit der Aussage einverstanden, dass derartige Sprüche außergewöhnliche besondere historische Situation widerspiegeln und auf diese Kontexte beschränkt sind. Sie behaupten ferner, es gebe in der Bibel Themen und Prinzipien von überragender Wichtigkeit, die Vorrang hätten vor einzelnen Versen, oder dass sich die Bibel in bestimmten Fällen einer metaphorischen oder allegorischen Sprache bediene. Es erschiene also nur vernünftig, dass wir, statt uns zu erschreckenden Schlussfolgerungen zu versteigen, den Muslimen Gelegenheit gäben, ihr heiliges Buch zu erklären. Nur wenige Außenstehende haben sich jedoch bemüht, die Geschichte der Koraninterpretation unter den Muslimen zu erforschen, und zwar vor allem deshalb, weil bislang ausschließlich fundamentalistische Formen des Islams die Aufmerksamkeit der Massenmedien auf sich gezogen haben.

Es muss hier auch daran erinnert werden, dass eine ganze Reihe signifikanter Merkmale der modernen Gesellschaft erst in neuerer Zeit entstanden sind. So wird etwa die Sklaverei in der Bibel als normaler Bestandteil des Lebens betrachtet. Deshalb haben amerikanische Sklavenhalter die Bibel sowohl als Rechtfertigung für die Sklaverei als auch dafür benutzt, die Sklaven zu überzeugen, dass sie ihr Schicksal als den Willen Gottes akzeptierten. Demokratie, Menschen- und Frauenrechte werden in keiner der alten Schriften erwähnt. Religiöse Toleranz ist im Zeitalter der Aufklärung als säkulare Haltung aus der Abneigung vieler Menschen gegen den Missbrauch religiöser Autorität hervorgegangen. So sind also viele typische Erscheinungsformen des modernen Lebens Ergebnisse jüngerer und jüngster historischer Entwicklungen, die mit dem traditionellen Religionsbegriff nur wenig gemein haben. Die allermeisten dieser unbestreitbaren Fortschritte der Menschheit sind indes in jüngster Zeit von den großen Religionsgemeinschaften akzeptiert worden. Es ist sehr einfach, anzunehmen, unsere gegenwärtige Gesellschaft sei die Norm; und wenn uns dann etwas entschieden anders Geprägtes begegnet, gibt es in vielen von uns eine Tendenz, dieses in der selbstgefälligen Überzeugung der eigenen Überlegenheit zurückzuweisen. Als Beispiel sei hier die allseits bekannte Strafe angeführt, mit der nach islamischem

Recht der Diebstahl geahndet wird: das Abhacken einer Hand. In unseren Tagen ist es üblich geworden, darauf mit Abscheu zu reagieren und diese Strafe ebenso barbarisch zu nennen wie jene strengen Strafen, die noch vor 300 Jahren in den meisten Ländern Europas üblich waren, auch wenn wir dazu tendieren, derartigen Beispielen aus unserem unmittelbaren Umfeld gegenüber blind zu sein.

Indes: Diese einfache Aufzählung von Punkten, die wir für islamisches Recht betrachten, lässt mehrere außergewöhnlich gewichtige Faktoren aus der historischen Praxis außer Acht: die Tendenz, die Anwendung von Strafen dieser Kategorie zu beschränken, den hohen Standard eingeforderten Beweismaterials (einschließlich untadeliger Augenzeugen), die Zulässigkeit plausibler Entschuldigungen, sowie eine starke Abneigung gegen die Anwendung dieser Art von Strafe, wenn mildernde Umstände wie etwa Armut oder glaubwürdige Reue vorliegen. Nach Auffassung moderner Leser ist dies eine unbeugsame gesetzliche Vorschrift. Tatsächlich jedoch wurde muslimischen Richtern hinsichtlich der Interpretation und Anwendung des Gesetzes beträchtliche Unabhängigkeit eingeräumt. Der Geschichte der Befolgung dieses Gesetzes in verschiedenen Regionen und zu unterschiedlichen Zeiten könnten wir viele Informationen darüber entnehmen, wie sich die Rolle des islamischen Rechts in den betreffenden Gesellschaften verändert hat. Die Situation wandelt sich jedoch grundlegend, wenn ehrgeizige, selbsternannte Ideologen die Amputation einer Hand zur Standardstrafe für jeden Fall von Diebstahl machen oder Opfer von Vergewaltigungen des Ehebruchs anklagen. In letzterem Falle verlangte die klassische Rechtsprechung die Bestätigung durch vier erwachsene männliche Augenzeugen, was in Wirklichkeit kaum einzuhalten sein dürfte. Die konsequente Anwendung dieser Strafen ist in den Augen mancher eine hervorragende Empfehlung für den islamischen Staat, obwohl sie die herkömmliche Doktrin und Praxis auf den Kopf stellt. Ein Gelehrter hat in diesem Zusammenhang festgestellt: „Wenn man das islamische Recht auf exzessive Feststellungen reduziert, wird es für seine unerbittlichen Befürworter ein verlockendes

Werkzeug gegen den Rest der Welt, und insbesondere gegen den Westen – und ich sage hier mit allem Nachdruck, dass wir uns in erster Linie auf diese Weise isolieren würden – und es würde auch zu einer Waffe der Intoleranz in deren eigenen Gesellschaften. (Alle, die sich uns hinsichtlich unseres Heiligen Rechts widersetzen, sind Apostaten). Auf diese Weise wird das islamische Recht zum Brennpunkt des drohenden Zusammenstoßes der Zivilisationen."[23] Dieser ideologisch gefärbte Missbrauch der *shari'a*, des islamischen Rechts, ohne alle sonst üblichen Schutzmaßnahmen der islamischen Rechtstradition, wird zu Recht als Travestie bezeichnet.

Meine bisherigen Ausführungen sollen besagen, dass kein religiöses Konzept, kein Symbol und keine Art, eine Religion zu praktizieren selbstverständlich ist: In jedem einzelnen Fall muss man unbedingt die Situation hinterfragen, in der ein spezifischer Aspekt des Islams angeführt, behandelt wird. Auch ist es bei der für unser Informationszeitalter so charakteristischen Verbreitung von *Online*-Texten besonders wichtig, mit dem kontroversen Material, welches ins Internet gestellt wird und anders lautende Meinungsäußerungen attackiert und verdammt, sehr kritisch umzugehen.[24] Da jedermann innerhalb einiger Stunden eine einigermaßen eindrucksvoll aussehende Website erstellen kann, hat jeder Extremist und jeder Exzentriker die Möglichkeit, einseitiges und verzerrendes Material so darzubieten, dass es [Ahnungslosen] annehmbar erscheint. In der Internet-Kultur gleichen religiöse Werbetexte als Kategorie in stärkerem Maße Websites aus der Werbung als irgendwelche anderen Texte. Um Missionare und Sympathisanten von neutralen Informationsquellen unterscheiden zu können, muss man sich nur fragen, was derartige Websites bezwecken sollen und wer sie produziert hat. Im Lichte der langen Geschichte negativer und verzerrender Darstellungen des Islams durch von außen kommende feindlich gesinnte Kritiker, ist es besonders wichtig, zeitgenössisches Material, das in diese außerordentlich starke antiislamische Tendenz hineinreicht, zu hinterfragen. Ebenso wie im Falle rassistischer Vorurteile gegen Schwarze oder des gegen die Juden gerichteten Antisemitismus muss die grob vereinfachende negative Stereotypisierung jahrhundertealter religiöser Vorstellungen und von Millionen von Menschen als verachtenswürdige Form der Bigotterie gebrandmarkt werden.

Kapitel 2

Annäherung an den Islam als Religion

Der Islam und der moderne Religionsbegriff

Eines der Ziele dieses Buches ist, das Niveau bezüglich des Verständnisses des Islams als Religion anzuheben. Dies ist jedoch keine einfache Aufgabe. Wie können wir den Begriff „Religion“ definieren? Wie jedes andere Wort hat auch dieser Begriff eine Geschichte. Er entstand zu einer bestimmten Zeit, zu einem ganz bestimmten Zweck, und im Laufe der Zeit hat sich seine Bedeutung entscheidend verändert. Mag es auch verlockend erscheinen, so bedeutende Begriffe wie „Religion“ als universal und zu allen Zeiten und an jedem beliebigen Ort anwendbar zu betrachten, so sind sie in Wirklichkeit doch historisch bedingt und von spezifischen Umständen abhängig. Wir können die Religion nicht in einem von dem Faktor Zeit losgelösten Sinne oder anhand einer abstrakten Definition verstehen. Religion kann nur in Bezug auf einen bestimmten Kontext verstanden werden: Um gravierende Fehler zu vermeiden, müssen wir die Handelnden, die Zeitumstände, die Bedingungen vor Ort und die jeweilige Themenstellung verstehen.

Erstaunlicherweise wird die Religion in der Bibel nicht erwähnt. Das Wort ist hergeleitet von einem vorchristlichen lateinischen Terminus, *religio*, den dann die europäischen Christen im westlichen Mittelmeerraum übernommen haben. Es ist überraschend schwierig, in den anderen klassischen Sprachen der Christenheit wie etwa dem Griechischen einen adäquaten Terminus zu finden, und noch schwieriger ist es, außerhalb der christlichen Quellen vergleichbare Konzepte aufzuspüren. Ein kurzer Ausflug in die Geschichte dieses Begriffs und einiger seiner wichtigsten Umformungen macht die dramatische Wandlungsfähigkeit eines dermaßen grundlegenden Begriffs deutlich. Einerseits stellt diese Skizze eine beträchtliche Vereinfachung der Entwicklung des Religionsbegriffs im Westen dar, sie zeigt aber zugleich, wie eng unser Konzept von den vielfältigen Religionen mit der Epoche des europäischen Kolonialismus verknüpft ist.

In seinem Traktat *Von der Natur der Götter*, der um das Jahr 45 v. Chr. entstanden ist,[1] gibt einer der bedeutendsten Schriftsteller im alten Rom, Cicero, seine Erklärung des Begriffs „Religion". Nach ihm leitet sich der Terminus *religio* her von dem Verb *relegere*, was soviel heißt wie „erneut lesen, immer wieder lesen." Somit bezeichnet *religio* also eine unbeirrbare Pflichtauffassung, ausgerichtet auf das, etwas der Mensch tun soll. Einen Rest dieses Sprachgebrauchs haben wir noch in der englischen Formulierung „He reads the daily paper religiously". Für lateinische Autoren war es durchaus üblich, dieses Wort als Plural, *religiones*, zu verwenden, was sich auf rituelle Pflichten bezog. In diesem Konzept von Religion verbargen sich nicht notwendigerweise irgendwelche theologischen oder auf die Lehre bezogenen Inhalte, sehr wohl aber der Begriff „Pflicht" und vorgeschriebene Verhaltensweisen.[2]

Das Aufkommen des Christentums im Römischen Reich hatte eine unverkennbar christlich geprägte Veränderung des Religionsbegriffs zur Folge. Der Heilige Augustin, ein einflussreicher Theologe, hat sich dazu in einer kurzen Abhandlung m. d. T. *Von der wahren Religion* aus dem Jahre 390 n. Chr. geäußert, die ausschließlich diesem Thema gewidmet ist. Das Werk ist in Teilen ein philosophischer Traktat, in welchem AUGUSTIN die Ansicht vertritt, die wahre Religion bedeute die verehrende Anerkennung des Schöpfers, und vereine eine korrekte intellektuelle Perspektive mit angemessenen Haltungen und Handlungsweisen. Das wahre Wesen dieser Anerkennung konnte sich von einem Zeitalter zum andern verändern. AUGUSTIN war davon überzeugt, dass der nichtchristliche Philosoph PLATON ein Beispiel wahrer Religion gewesen ist. Im vierten Jh. n.Chr. verkündete er, die göttliche Ordnung und Lenkung für die Menschheit sei das Christentum. Somit verband er PLATONS Philosophie mit der Wahrheit Christi. Außerdem stellte er eine detaillierte Reihe intellektueller und spiritueller Entwicklungsstufen auf, die den Suchern nach der wahren Religion zur Verfügung stehen sollten. Dabei erwiesen sich mehrere Faktoren als radikale Neuerungen innerhalb dieses christlichen Religionskonzepts: Erstens gibt es für Augustin die wahre Religion nur als Singular. Er verfügte also über kein Konzept eines multiplen Religionsbegriffs. Zweitens war die Religion nun ein Thema mit starken theologischen und auf die Lehre bezogenen Implikationen. Drittens war die maßgebliche Quelle für die Artikulation einwandfreier Haltungen und Handlungsweisen in der christlichen Kirche angesiedelt, und zwar in Form der historischen Tradition, welche die Menschheit mit Christus verband: Die Religion war nicht bloß eine abstrakte Lehre, sondern sie war verbunden mit der in Zeit und Raum, in einem historischen und lokalen Kontext sich äußernden Offenbarung. Die Vereinigung der theologischen Wahrheit mit der Gesetzesautorität der Kirche sollte für die weitere Entwicklung der Christenheit enorme Auswirkungen haben.

Eine bedeutende Verschiebung Verlagerung innerhalb des Religionsbegriffs wurde beim Heraufdämmern der modernen Epoche, d.h. etwa 1400 Jahre später, sichtbar. Seit den Zeiten des Augustin war es innerhalb der europäischen Christenheit zu ebenso bedeutenden wie drastischen Veränderungen gekommen. Unter diesen war die durch die protestantische Reformation ausgelöste Spaltung der Christenheit nicht die unbedeutendste. Ein gutes Beispiel für diese neue Perspektive ist das Werk des bedeutenden niederländischen Juristen HUGO GROTIUS (gest. 1645) m. d. T. *Über die Wahrheit der christlichen Religion*, das im Jahre 1627 in lateinischer Sprache veröffentlicht wurde. Zwar ähnelt der Titel bei oberflächlicher Betrachtung jenem von Augustins Buch, die Unterschiede zwischen den beiden sind jedoch beträchtlich. Insbesondere zu Beginn der europäischen Religionskriege zwischen Protestanten und Katholiken war deutlich geworden, dass es sich bei dem Begriff „Religion" eigentlich um ein Nomen in der Pluralform handelt: Es gibt zahlreiche Religionen, und alle beanspruchen sie dieselbe Autorität. Bei seiner Deutung der Spaltung der Christenheit richtete GROTIUS seinen Blick nach außen und beschrieb auch nichtchristliche Gruppen als Religionen, wenn auch als notgedrungenermassen falsche.

Das Buch von GROTIUS diente in der Tat als Debattierhandbuch für europäische Seeleute auf wirtschaftlichen und militärischen Eroberungsfeldzügen. Es sollte ihnen dabei behilflich sein, den Juden, den Muslim und den Heiden zum Christentum zu bekehren. Was ist nun an dieser Perspektive neu? Wie bei AUGUSTIN werden auch hier Wahrheit der Lehre und Gesetzesautorität für das Christentum beansprucht. Aber inzwischen ist das Christentum nur noch eine unter mehreren Religionen, die untereinander im Wettstreit um die Weltherrschaft stehen. Den Rahmen für diesen neuen Schwerpunkt lieferte die Ära des europäischen Kolonialismus, die wir in die Zeit des Columbus zurückdatieren können, die jedoch ihre volle Wirksamkeit erst gegen Ende des 18. Jh. erreichen sollte.

Es lohnt sich, hier innezuhalten und ein Bild der Religion zu überprüfen, welches uns in dem zu seiner Zeit außerordentlich populären Werk von GROTIUS entgegentritt. Es wurde in zahlreiche Sprachen übersetzt, und die lateinische Version gehörte in England bis in die Mitte des 19. Jh. zu den Standard-Schulbüchern. Der Titel der englischen Übersetzung von 1632 m. d. T. lautete *True Religion Explained and Defended against ye Archenemies Thereof in These Times* (*Die wahre Religion, erklärt und verteidigt gegen deren Erzfeinde in diesen Zeiten*). Das Bild ist ein Portrait der wahren Religion als einer zwischen Altem und Neuem Testament schwebenden allegorischen weiblichen Figur. In über die Seite verteilten Einzelportraits wird der Christ dem Juden, dem Muslim (hier „the Turke", „der Türke", genannt) und dem Heiden gegenübergestellt. Jede dieser Figuren ist mit einer seinen jeweiligen Status beschreibenden passenden Bibelstelle versehen. Anmerkungen zu dieser Titelseite erklären das Grundkonzept des Islams als gewalttätig und falsch: „Der Türke steht da, das Schwert in der Hand, mit dem er seine Religion verteidigt, welche von Mahomet, einem falschen Propheten, den Christus angekündigt hat, ausging." Ohne allzu sehr auf Einzelheiten einzugehen, wird hier in dem allgemeinen Trend von „Religion" zu „Religionen" ein Konzept im Wettstreit liegender Glaubensgemeinschaften und politischer Gruppierungen innerhalb eines imperialistisch und missionarisch orientierten Wettstreits deutlich. Grotius beendet sein Buch mit den Worten: „Weder gibt es noch gab es jemals auf der ganzen Welt irgendeine andere Religion, bei der man sich vorstellen könnte, dass sie einer ausgezeichneten Belohnung würdiger gewesen wäre, absoluter und vollkommener für die Unterweisung oder bewundernswerter auf Grund der Art und Weise, wie ihre Verkündigung und Verbreitung verfügt wurde".[3] Diese keineswegs überraschende Bestimmung des Christentums zur weltweit ranghöchsten Religion und die daraus resultierende Annahme, alle andern Religionen seien falsch, ist ein weiterer Aspekt des modernen europäischen Religionsbegriffs. Alle diese Punkte werden für das Konzepts Islam von besonderer Wichtigkeit sein.

Indem er dieses Szenario eines globalen Konflikts zwischen dem Christentum einerseits und allen anderen Religionen andererseits entwirft, übersieht Grotius einen entscheidenden, dem Christentum inhärenten Konflikt, der auf das moderne Religionskonzept ungeheure Auswirkungen gehabt hat. Die Reformation war wohl die schwerste Krise in der Geschichte des Christentums. In ihrer Folge kam es zu immensem sozialem Aufruhr einschließlich Bauernrevolten, apokalyptischen Aufständen und endlosen Kriegen zwischen Protestanten und Katholiken, die ihren Grund in der jeweiligen religiösen Identität der Beteiligten hatten. Die Politik war so eng mit der Religion verwoben, dass das *cuius regio eius religio* (wessen Region, dessen Religion) zum Schlagwort jener Jahre wurde. Diese endlosen und blutigen Religionskriege führten schließlich zu heftigen Reaktionen gegen die Intoleranz einiger religiöser Glaubensrichtungen. Eine ganze Reihe von Philosophen und Denkern begannen zu postulieren, dass lediglich Moral und Verhalten vom Staat zu kontrollieren seien, Glaubensangelegenheiten dagegen Sache des Einzelnen bleiben sollten. Den Höhepunkt der Doktrin der Aufklärung bildeten schließlich die Begriffe „Religionsfreiheit" und „Toleranz", wie sie in der Zurückweisung der etablierten Staatsreligion durch die Väter der amerikanischen Verfassung zum Ausdruck kam. Abgesehen von dem revolutionären Frankreich und einigen kommunistischen Regimen haben jedoch viele europäische Länder weiterhin unterschiedliche Formen offizieller staatlicher Anerkennung einzelner Kirchen praktiziert. Dennoch hat diese Hinwendung zur Moderne, allgemein gesprochen, die Staatsmacht in Sachen Gesetz und politische Macht gegenüber religiösen Instanzen ganz entscheidend gestärkt, gleichzeitig aber verschiedene religiöse Gruppen in Glaubensfragen dem Wettstreit mit anderen Gruppen überlassen. In den Kolonien jedoch mit ihren zahlreichen nichtchristlichen Untertanen gab man den Missionaren bei der Gewinnung neuer Konvertiten freie Hand. Entscheidend ist dabei, dass die in Europa praktizierte Tolerierung nur auf unterschiedliche Spielarten des Christentums ausgedehnt wurde, während nichtchristlichen Religionsgemeinschaften diese Zugeständnisse verwehrt blieben.

Da die Regeln der Debatte über die Religion in der Kolonialzeit aufgestellt wurden, ist es nicht überraschend, dass die Reaktion der Muslime (wie auch anderer Nichtchristen) darin bestand, dass sie sich in derselben Art von Sprache verteidigt haben. Einige wichtige Veränderungen in den Ansichten der modernen Muslime über die Religion werden unten dargelegt. Zu der intensiven Beschäftigung der Christen mit der Missionstätigkeit, insbesondere während der letzten paar Jahrhunderte, gibt es in der islamischen Geschichte der vormodernen Zeit keine Entsprechung. Die Christen haben jedoch, wie man in der Psychologie sagen würde, in einer Art Projektion ein sehr stark vereinfachtes und irreführendes Bild von einem Islam entworfen, der, vorzugsweise mit dem Schwert in der Hand, von einem unstillbaren Durst nach Bekehrung angetrieben wird. Die beträchtlichen Verzerrungen in diesem Bild sollen weiter unten zur Sprache kommen. Ironischerweise haben jedoch viele moderne Muslime das islamische Missionskonzept begeistert aufgenommen. Die mit dem Missionsgedanken verbundene Mentalität führt zu ähnlichen Fragen und Konzepten. So finden vermutlich Christen wie Muslime gleichermaßen Gefallen an der Diskussion über die Frage, welche der beiden Religionen der anderen überlegen sei. Dass beide Seiten über Argumente verfügen, anhand deren sie den überlegenen Charakter ihrer jeweils eigenen Religion beweisen wollen, ließe sich anhand zahlloser Beispiele ohne weiteres aufzeigen. Die Äußerungen dieser imperialistisch geprägten Missionarsmentalität über die Natur der Religion werden jedoch nur selten einer Prüfung unterzogen. Sogar areligiöse Menschen, die zum ersten Mal mit einer ihnen fremden Religion in Berührung kommen, haben gelegentlich den Eindruck, sie seien aufgerufen, diese Religion aus einer persönlichen Einstellung heraus entweder zu akzeptieren oder zurückzuweisen.

Die postmoderne und postkoloniale Welt fordert jedoch eine anders geartete Annäherung an die Religion. Außer für die unverbesserlichen Fanatiker, die die Welt zu ihrer eigenen Lehre bekehren wollen, müsste eigentlich allen klar sein, dass religiöser Pluralismus eine der Tatsachen unseres Lebens ist. Wir sind nicht nur gehalten, die Existenz vielfältiger Arten von Religionen anzuerkennen, sondern müssen auch die areligiöse Haltung als eine wichtige und legitime Variante anerkennen. In pluralistischen modernen Gesellschaften käme es einem tyrannischen Machtanspruch gleich, wollte man ein ganz bestimmtes heiliges Buch, dazu hin noch nach einer besonderen „wörtlichen“ Interpretation, als einzige Autorität etablieren. Obwohl dies genau der Handlungsweise religiöser Fundamentalisten entspricht, können diese dieses Ziel in der Praxis nur dadurch erreichen, dass sie alle von ihrer Überzeugung abweichenden Haltungen unterdrücken oder eliminieren.

Interessanterweise gibt es innerhalb der islamischen Tradition umfangreiches Material für Konzepte eines religiösen Pluralismus. Im Koran (Sure 2,256) steht ausdrücklich: „In der Religion gibt es keinen Zwang". Für die Muslime spielt das religiöse Dogma eine wesentlich geringere Rolle als für die Christen, die in verschiedenen Perioden ihrer Geschichte in sehr viel stärkerem Maße mit Fragen der Orthodoxie bzw. Häresie beschäftigt waren. Es gibt eine Tendenz, das moderne Christentum primär unter dem Aspekt des Glaubens zu betrachten, während die Muslime (wie auch die Juden) im Allgemeinen die Betonung eher auf rechtliche und ethische Praktiken und weniger auf Theologie und Lehre legen. Von der großen Mehrheit der sunnitischen Muslime werden die vier wichtigsten Rechtsschulen als gleichberechtigt anerkannt. Ein bekannter Ausspruch des Propheten erläutert dieses pluralistische Konzept und wird häufig als Rechtfertigung für die Existenz unterschiedlicher Interpretationen des islamischen Gesetzes gedeutet: „Die Meinungsvielfalt meiner Gemeinde ist eine Gnade (*ikhtilaf ummati rahma^{tun}*)". In der christlichen Lehre eine Entsprechung zu dieser Erkenntnis zu finden, dürfte schwierig sein.

In Bezug auf andere Religionen haben muslimische Denker im Allgemeinen unter dem Begriff „Leute der Schrift" das Konzept mehrfacher Offenbarungen akzeptiert. Der Koran bemüht die Autorität der Propheten Abraham, Moses, Jesus und vieler anderer, von denen einige in der Bibel eine zentrale Rolle spielen. Drei bedeutende frühere heilige Bücher werden im Koran erwähnt: die Thora des Moses, die Psalmen Davids und die Evangelien Jesu. Und es gab sicherlich Hinweise auf die Existenz vieler weiterer Propheten, die eigene Offenbarungen eingebracht haben. Der Koran beschreibt diese Vielfalt als Teil des göttlichen Plans: „Für jeden von euch (…) haben wir ein (eigenes) Brauchtum (?) und einen (eigenen) Weg bestimmt. Und wenn Gott gewollt hätte, hätte er euch zu einer einzigen Gemeinschaft gemacht. Aber er (…) wollte euch (so) in dem, was er euch (…) gegeben hat, auf die Probe stellen." (Sure 5,48). So enthält das islamische Recht gesetzliche Bestimmungen für den Schutz von Minderheiten, die sich vorwiegend auf Juden und Christen beziehen, in der Praxis aber auf andere Gruppen wie etwa die Zoroastrier und Hindus ausgedehnt wurden. Dieser Gesetzesstatus garantierte diesen Gemeinschaften den Schutz ihres Lebens und Eigentums sowie der Religionsausübung. Sie waren vom Militärdienst befreit, mussten aber zusätzliche Steuern entrichten. In der alltäglichen Praxis gab es Fälle, in denen bestimmte muslimische Herrscher religiöse Minderheiten verfolgten. Man muss jedoch grundsätzlich die Existenz gesetzlicher Bestimmungen zum Schutz religiöser Minderheiten innerhalb der islamischen Gesellschaft anerkennen. Dies steht im Kontrast zum christlichen Europa, wo nichtchristliche Minderheiten keinerlei gesetzlich bestätigten Rechte hatten, sondern völlig dem Willen der politischen Machthaber ausgeliefert waren. Aus diesem Grunde waren jüdische Gemeinden während des Mittelalters in so hohem Maße Verfolgungen ausgesetzt.

Nichtmuslimische Kommentatoren, für die die muslimischen Extremisten unserer Tage häufig die einzigen wahren Muslime sind, charakterisieren den Islam oft als intolerante Religion. Der religiöse Pluralismus war jedoch in den sozialen Strukturen der meisten vormodernen muslimischen Gesellschaften fest verankert, und zwar insofern, als diese die vom islamischen Recht festgelegten Prinzipien befolgten. Es ist in der Tat überraschend, dass, während die christlichen Machthaber vor Jahrhunderten das Heidentum in Europa ausgelöscht haben, es in einigen islamischen Ländern immer noch heidnische Bevölkerungsgruppen gibt. Die Mandäer, eine alte nichtchristliche Religionsgemeinschaft, die Johannes den Täufer verehrt, ist im Irak und im Iran angesiedelt und umfasst weltweit vielleicht 45 000 Mitglieder. In der zu Pakistan gehörenden Hochregion Chitral im Himalaya leben ca. 3 000 Mitglieder der Volksgruppe der Kalash, die ihren Ursprung auf die Soldaten Alexanders des Großen zurückführen und einer polytheistisch geprägten Religion anhängen. [Hinzu kommen Anhänger von Naturreligionen etwa im Sudan. KM] Im Bereich des mittelalterlichen Islams gab es keine der Inquisition vergleichbare Bewegung, die gegenüber religiösen Minderheiten eine Politik der systematischen Verfolgung praktizierte.

Wie haben sich nun traditionelle muslimische pluralistische Lehrinhalte in jüngerer Zeit ausgewirkt? Die Auflösungserscheinungen innerhalb der vormodernen muslimischen Gesellschaften und die Errichtung der Kolonialherrschaft haben zu weiteren Umformungen bezüglich der Rolle von Religion und Gesetz geführt. Die vormodernen Gesellschaften unter muslimischer Herrschaft können wir in der Tat nicht als islamisch in irgendeinem grundsätzlichen Sinne bezeichnen. Politisch gesehen, haben die Araber innerhalb einer Generation nach dem Tode des Propheten (632 n. Chr.) ein auf den Weltreichen der Perser und der Römer aufbauendes Reich geschaffen. Spätere Dynastien herrschten nach Art der persischen Großkönige oder ahmten die Herrschaftsform des Dschingiz Khan in Zentralasien nach. Zwar spielten in diesen Reichen das islamische Gesetz und islamische Symbole eine gewichtige Rolle, doch waren diese stets begleitet von einer Kombination aus traditionellen lokalen Bräuchen und verwaltungsbezogenen Erlassen, die nicht von islamischen religiösen Quellen herrührten. Erst im 20. Jh. entstand eine neue Art islamischer Ideologie, wonach das Leben in all seinen Erscheinungsformen ausschließlich auf den Islam ausgerichtet ist. Dieses moderne Konzept des islamischen Staates hat eine große emotionale Anziehungskraft, ist aber in sich paradox. Einerseits versucht es, die vorausgegangenen vierzehn Jahrhunderte Geschichte zu überbrücken und die von dem Propheten Mohammed geschaffene ideale religiöse Gesellschaft neu aufleben zu lassen. Andererseits soll dieses Ziel aber mit Hilfe des postkolonialen Staatsapparates erreicht werden. Daher definieren die muslimischen Gesellschaften unserer Tage die Religion und den Status von Minderheiten an Hand von Verfassungen und Gesetzeswerken, die sich von den gesetzlichen und religiösen Strukturen der Vergangenheit ganz erheblich unterscheiden. Da die Theoretiker des modernen islamischen Staates auf den europäischen Kolonialismus reagieren, ist deren Neuprägung des Begriffs „Islam“ stark von dem modernen Religionsbegriff beeinflusst.

Der Islam und die historischen Religionsstudien

Die modernen Islamstudien begannen in katholischen und protestantischen akademischen Zirkeln. Sie sind inzwischen umfangmässig derart angewachsen, dass sie heute eine verwirrende Vielfalt religiöser Traditionen aus der ganzen Welt umfassen. Man hat viele Versuche unternommen, Klassifizierungssysteme zu schaffen, wobei man üblicherweise das Christentum als Schablone benutzt hat und davon ausgegangen ist, dass andere Religionen dieselben Grundzüge (Heilige Schrift, Priesterklasse, Theologie und Ritus) aufweisen und sich lediglich in ihren jeweiligen Inhalten von einander unterscheiden. In der Praxis jedoch lassen sich klare Analogien zwischen den uns vertrauten Charakterzügen des Christentums und anderen Traditionen nur schwer herstellen. Hinzu kommt, dass man, insbesondere im 19. Jh., als der europäische Kolonialismus seinen Höhepunkt erreicht hatte, die Tätigkeit der christlichen Missionare als Bemühung, zu einem Verständnis nichtchristlicher Religionen zu kommen, nicht hoch genug einschätzen kann. Dieser missionarische Hintergrund, der schließlich zu einem Kampf der Religionen um die Weltherrschaft führen sollte, wird in einigen wichtigen Konzepten sichtbar, die benutzt wurden, um zu einem Verständnis der Religion in ihren globalen Erscheinungsformen zu kommen.

Eine dieser uns vertrauten Disziplinen ist die vergleichende Religionswissenschaft, ein Fach, das teilweise in protestantischen Seminaren entstand, in welchen man sich mit der Frage nach der besseren Religion befasste. Vom missionarischen Standpunkt aus wurde bei derartigen Vergleichen im Allgemeinen das jeweils eigene Ideal und die weniger vollkommene Praxis der anderen gegeneinander gestellt – eine Methode, die in Debatten mit potentiellen Konvertiten hilfreich sein konnte. Seit dem frühen 20. Jh. hat sich die vergleichende Religionswissenschaft zu einem weniger missionarisch orientierten und mehr theoretischen Bemühen gewandelt, Strukturen zu verstehen, die vielen Traditionen gemeinsam sein könnten. Ein weiteres populäres Konzept, der Begriff „Weltreligionen“ (die dabei üblicherweise Volksreligionen oder lokalen Erscheinungsformen gegenübergestellt wurden), klassifizierte gewisse Religionen ausdrücklich als im globalen Sinne wetteifernde missionarische Religionen, wobei hohen Bevölkerungsziffern besondere Bedeutung beigemessen wurde. Auch hier wird das europäische Streben nach weltweiter Kolonialherrschaft als Voraussetzung für das Verstehen vielfältiger religiöser Erscheinungsformen akzeptiert. Üblicherweise gelten Christentum, Buddhismus und Islam als die wichtigsten Bewerber um den Status missionarischer Weltreligionen, während alle übrigen Religionen als lokale Erscheinungsformen betrachtet werden. Da sowohl der Islam als auch das Christentum erheblich mehr Anhänger haben als der Buddhismus, hat dieses Konzept zu einer ernsthaften Konfrontation zwischen Christen und Muslimen geführt.

Die Kategorisierung von Religionen ist eine unglaublich schwierige Angelegenheit. Die frühesten Bemühungen dieser Art orientierten sich seltsamerweise an dem Klassifizierungssystems der berühmten linnaeischen Biologie. Grundannahme war dabei das Vorhandensein bestimmter Hauptkategorien, ähnlich den Gattungen in der Biologie, die dann in Arten und Unterarten unterteilt werden konnten. Diese biologische Methode, die ihrerseits aus der vergleichenden Zoologie hergeleitet wurde, ist eine weitere Quelle für den Gebrauch des Terminus „vergleichend“ in dem Begriff „vergleichende Religionswissenschaft“. Eines der Hauptprobleme im Umgang mit religiösen Traditionen als biologischer *Species* ist die Tatsache, dass verschiedene untereinander wetteifernde Gruppen jeweils das Gewand der Gesetzmäßigkeit für sich beanspruchen und die Ansprüche anderer zurückweisen. Das bedeutet: Innerhalb jeder Religion gibt es zahlreiche maßgebliche Quellen, welche sich gegenseitig herausfordern (man denke etwa an evangelikale oder fundamentalistisch orientierte Gruppen, die die Katholische Kirche für korrupt halten und sie des Verrats am wahren Christentum beschuldigen, oder gar an solche, die im Papst den Antichristen sehen). Und das biologische Modell unterscheidender Charaktereigenschaften versagt kläglich, wenn es um die Beschreibung religiöser Gruppierungen geht. So definieren beispielsweise einige das Christentum als den Glauben an die Göttlichkeit Jesu Christi, aber diese Definition kollidiert mit dem Selbstverständnis gewisser anderer Gruppen, die sich Christen nennen – wie etwa der Arianer in der Antike oder der Unitarier [American Unitarian Church. KM] in unseren Tagen, nach deren Auffassung Jesus nicht göttlichen Wesens ist. Desgleichen kollidieren bestimmte Definitionen des Judentums, entweder im Bezug auf Praktiken wie die Beschneidung oder in Glaubensfragen, mit Standpunkten, die Standard-Erwartungen wie die der Messianischen Juden oder der „Juden für Christus" miteinander verwechseln. Bei der Definition des Islams kommt es zu vergleichbaren Schwierigkeiten, und zwar sowohl mit etablierten sektiererischen Bewegungen (wie etwa verschiedenen Zweigen der Schia wie auch bei modernen ideologisch ausgerichteten Gruppen wie etwa den sunnitischen Taliban).

Theologieprofessoren an nordamerikanischen Universitäten haben im Laufe der vergangenen Jahrzehnte versucht, ihr Augenmerk eher auf historisches Verstehen als auf lehrebezogene Autorität und politischen Wettstreit zu richten. Wenn diese Methode, sich mit der Religion zu befassen, ein Ziel hat, welches von jenem der kolonialen Konzepte der Missionare früherer Tage abweicht, dann dieses, einer auf gegenseitigem Verstehen basierenden pluralistischen Gemeinschaft das Wort zu reden anstatt sich die Annahme zu eigen zu machen, eine dieser Gemeinschaften wolle eine autoritäre religiöse Lehre durchsetzen. Dabei ist der typisch amerikanische Begriff einer Trennung von Kirche und Staat wahrscheinlich einer der Faktoren innerhalb dieses pluralistischen Konzepts. Mögen auch einige immer noch versucht sein, den Anspruch aufrecht zu erhalten, die Vereinigten Staaten seien eine christliche Nation oder sollten jedenfalls eine solche sein, so hat es doch zahlreiche Gerichtsbeschlüsse gegeben, aus denen klar hervor geht, dass die Verfassung eine Höherbewertung einer speziellen religiösen Perspektive gegenüber anderen verbietet. Auf der anderen Seite hat man auch eingesehen, dass die Religion für das Verstehen unserer komplizierten Geschichte und Kultur von Bedeutung ist. Richter Arthur Goldberg hat festgestellt: „Das Gericht anerkennt, dass (…) in öffentlichen Schulen der Unterricht über Religion, der sich vom eigentlichen Religionsunterricht unterscheidet, zulässig ist."[4] Dabei ist die Unterscheidung zwischen Unterricht *über* Religion, einer akademischen Disziplin, und Unterricht *in* Religion wichtig, wobei unter letzterem das Vermitteln von Lehrinhalten und das Training in auf die einzelnen religiösen Gemeinschaften abgestimmte Praxis zu verstehen ist. Diese spezifische historische Erfahrung mag der Grund dafür sein, dass es an den Schulen und Hochschulen in ganz Nordamerika Hunderte akademischer Fachbereiche für Religion gibt, die an keine bestimmten Kirchen oder theologischen Richtungen gebunden sind. Im Gegensatz dazu gibt es in Europa, Asien und Afrika nur selten Unterricht über Religion als eigenes Unterrichtsfach außerhalb theologischer Seminare.

Eine der wichtigen Einsichten, die sich aus der Beschäftigung mit der Religion als einer historischen und kulturellen Realität ergeben, ist die Wahrnehmung, dass sich Religionen verändern. Sie sind keine zeitlosen, ewig dauernden Daseinsformen. Darüber hinaus gibt es in allen großen abstrakten Einheiten, die wir in den gängigen Listen der Weltreligionen finden, größere Unterabteilungen. Ein markantes Beispiel für diese historisch ausgerichtete Betrachtungsweise ist das Werk des verstorbenen Wilfred Cantwell Smith, der überzeugend dargelegt hat, dass „Religion" ein zwiespältiger Terminus ist, der in zwei Hauptkomponenten zerlegt werden muss: Die erste Komponente könnte man als religiöse Erfahrung oder Glaube bezeichnen, d. h. die innere Dimension der Religion, welche für praktizierende Gläubige wie auch für jene, die beruflich damit befasst sind, von unmittelbarer Wichtigkeit ist. Die zweite Komponente der Religion ist der Sektor, den Smith als kumulative Tradition bezeichnet: die äußerliche Dimension, zu der heilige Bücher, rituelle Praktiken, Moral, Gesetz, Literatur und Mythus, die Kenntnis der natürlichen Welt, Kunst, Architektur, Lehre, Familie und Gemeinschaft, politische Ordnung und dergleichen gehören. Diesen äußerlichen Aspekt der Religion kann jeder wahrnehmen, unabhängig von religiösem Hintergrund oder glaubensbezogenem Engagement. Die kumulative Tradition der Religion wächst und wandelt sich im Laufe der Geschichte permanent. Diesen Wandel kann man dokumentieren, erklären, diskutieren und interpretieren, die Tradition jedoch ist theoretisch allen zugänglich, unabhängig davon, ob jemand der betreffenden Religion angehört oder nicht.

Eine wichtige Konsequenz historisch ausgerichteter Religionsstudien ist die Tatsache, dass es immer schwieriger wird, eine Religion als ein „Ding“ zu betrachten (Gelehrte haben diesen Prozess als „Vergegenständlichung oder Konkretisierung der Religion bezeichnet).[5] Mag es auch üblich sein, zu sagen: „die christliche Lehre besagt, dass …“ oder „nach der Lehre des Islams …“, das einzige, was man beobachten und demonstrieren kann, ist, dass es für Individuen, die sich Christen oder Muslime nennen, jeweils ganz bestimmte Einstellungen und Praktiken gibt, die sie befolgen und verteidigen. Aber niemand hat je beobachtet, dass *das* Christentum bzw. *der* Islam dies oder jenes getan, ausgeführt hätte. Hier haben wir es mit Abstraktionen zu tun und nicht mit handelnden Wesen, die man mit Menschen vergleichen könnte. Überdies hat die Atmosphäre des Wettstreits zwischen verschiedenen Religionen zu einer geringen aber folgenschweren Verschiebung der Perspektive geführt. Dabei reden Menschen davon, sie glaubten an das Christentum oder den Islam, statt zu sagen, sie glaubten an Gott. Auch hier, d. h. wenn man eine Religion an die Stelle Gottes setzt, ist, wie Smith ausgeführt hat, ein fast idolatrisches Element mit im Spiel, da doch die Geschichte aller Religionen sehr menschenbezogen ist. Aber in den populären Medien und den modernen Diskussionen über Religionen ist es üblich, diese so zu behandeln, als ob es sich dabei um Dinge handeln würde, die ihrem jeweiligen Wesen nach mit einander verglichen und einander gegenübergestellt werden könnten.

Anders als für Smith hat für mich die innere Dimension des Glaubens oder der religiösen Erfahrung nicht den Vorzug, über historische Bedingungen erhaben und nur auf den einzelnen Gläubigen bezogen zu sein. Nichtsdestoweniger ist Smiths Betonung der historischen Komponente der religiösen Tradition eine bedeutende Erkenntnis, die die Auffassung, die Religionen hätten jeweils in sich absolute Charaktermerkmale, zumindest im Rahmen der akademischen Religionsstudien entscheidend ausgehöhlt hat. Wie SMITH selber ausgeführt hat: Wenn die Religion Teil der Geschichte ist, dann müssen wir das Argument, dass die Geschichte (mit all ihren Wandlungen und Veränderungen) kein Wesen habe, ernst nehmen. Somit wäre eine klassische Definition von Religion im Allgemeinen, oder irgendeiner spezifischen Religion, ein Widerspruch, da jede derartige Definition ein unwandelbares Wesen voraussetzen würde. Daher verwende ich den Begriff „Religion" bzw. „Religionen" in einer kontextbezogenen und vorläufigen Art und Weise, wobei ich die Begriffe möglichst weitgehend durch bestimmte historische Umstände definiere, um auf diese Weise die jeweilige Thematik zu erhellen.[6]

Aus einer parallelen Perspektive kann man das Studium der Religion sowohl präskriptiv (vorschreibend) als auch deskriptiv (beschreibend) angehen. Religionsgemeinschaften definieren ihren Glauben und dessen Ausübung auf verbindliche Art und Weise, wobei sie abwägen, was aus ihrer Perspektive angemessen und was unangemessen ist. Dabei bleibt es ihnen überlassen, den authentischen, wahren Weg vorzuschreiben, wie ihre Lehren befolgt werden sollen. Über derartige Vorschriften zu entscheiden, kann nicht die Aufgabe von Außenstehenden sein, die vielleicht an irgendeiner speziellen religiösen Tradition interessiert sind. Diese sind jedoch in der Lage, zu beschreiben, was im Laufe der Geschichte dieser Tradition geschehen ist, und die meisten sind sich darin einig, dass es die Ethik der Wissenschaft erfordert, diese Beschreibung aufrichtig und von Respekt getragen zu gestalten. Außerdem sollen sie bis zu einem gewissen Grade die Ansichten von Menschen berücksichtigen, die die jeweilige Religion praktizieren. In den zahlreichen Fällen jedoch, in denen es innerhalb einer religiösen Tradition zu tiefen Meinungsverschiedenheiten kommt, können von außen kommende Gelehrte und Kommentatoren in begrenztem Umfang eine Rolle spielen. So wäre es etwa für einen Hindu-Gelehrten unangemessen, für die Reformation Partei zu ergreifen und beispielsweise zu entscheiden, ob MARTIN LUTHER oder der damalige Papst korrekt gehandelt hat. Während es bestimmte christliche Gemeinschaften für notwendig halten mögen, in diesem Streit für die eine oder die andere Seite Partei zu ergreifen, wäre es für jemand, der mit dieser Sache nichts zu tun hat, absurd, zu versuchen, über die Rechtmäßigkeit der einen oder der anderen Interpretation zu entscheiden. Dies wäre vielmehr eine präskriptive als eine deskriptive Vorgehensweise – und überdies eine fehlgeleitete. Für einen Gelehrten angemessen ist die Erklärung, worum es in dem damals aktuellen Konflikt ging. Indem er die Bedeutung und Wichtigkeit der Argumente und der handelnden Personen erklärt, ist er in der Lage, die Religionsgeschichte auf eine Art und Weise zu erhellen, die Beteiligte wie Unbeteiligte anerkennen können.

Hier ist eine Erklärung der Unterschiede zwischen inneren und äußeren Aspekten der Religion, zwischen religiöser Erfahrung und kumulativer Tradition, sowie zwischen präskriptiver und deskriptiver Betrachtungsweise im Umgang mit einer Religion von Bedeutung, da es in diesem Zusammenhang häufig zu Verwechslungen kommt. Dies gilt besonders für jene, die den Islam verstehen wollen, da im Allgemeinen ahnungslose Kommentatoren, die meist von den Nachrichtenmedien kommen, für das allgemeine Publikum die Hauptinformanten sind. Diese Medien, deren Rolle bei der Beschreibung der Religion später ausführlicher diskutiert werden soll, sind in den allermeisten Fällen ohne weiteres bereit, Vertretern der extremsten religiösen Positionen Glauben zu schenken, ohne zu versuchen, diese in einen Kontext einzuordnen oder sie gegen die Ansichten der Mehrheit abzuwägen. Einige Reporter scheinen sogar extreme Behauptungen zu provozieren, da diese in den Abendnachrichten eine stärkere Wirkung erzielen. Erzählt beispielsweise ein religiöser Extremist einem Fernsehreporter, der Islam fordere den Heiligen Krieg gegen den ungläubigen Westen, dann erhält diese präskriptive Sehweise einer Minderheit in den Medien urplötzlich eine Autorität, die sie in ihrem eigenen sozialen Umfeld niemals erreichen könnte. Da in der Öffentlichkeit der westlichen Länder ein erheblicher Mangel an verlässlichen deskriptiven Informationen besteht, ist es heute von entscheidender Wichtigkeit, dass die zahllosen Stimmen, die von sich behaupten, sie sprächen im Namen des Islams, erklärt und voneinander unterschieden werden.

Aus dieser historischen Herangehensweise an die Religion ergeben sich mehrere weitere Schlussfolgerungen. Verändern sich Glaubensrichtungen und -ausübung im Laufe der Zeit, und sind selbst Interpretationen dem Wandel unterworfen, worin besteht dann die Rolle der heiligen Bücher? Hier muss die Antwort lauten: Die Wichtigkeit und das Verstehen der heiligen Bücher variiert von einer religiösen Tradition zur anderen, und diese können auch innerhalb einer und derselben Tradition recht unterschiedlich sein. Die Art, wie die Protestanten an die Religion herangehen, hat das am weitesten verbreitete Beispiel für die Rolle der Heiligen Schrift geliefert. Protestantische Christen haben sich letzten Endes durch den Gebrauch des Slogans „allein die Schrift" (lat. *sola scriptura*) von den Katholiken abgesetzt, während die Katholiken darauf bestanden, dass die Kirchentradition ein ebenso wichtiger Bestandteil des Glaubens sei. Hinzu kommt: Religionsexperten haben heilige Bücher sehr häufig nach einem umfangreichen und komplexen Kanon von Kommentaren interpretiert. Der protestantische Begriff der „Priesterschaft des Gläubigen", gemäß dem jeder einzelne in der Lage sei, sich unabhängig von andern der Heiligen Schrift zu nähern, hat in der Geschichte anderer Religionen nur wenige Parallelen.

Dieses protestantische Religionsmodell stand Pate bei frühen Ansätzen zum Studium nichtchristlicher Religionen, was mit Beispielen wie etwa der berühmten, im späten 19. Jh. von F. Max Müller herausgegebenen Serie *Sacred Books of the East* belegt werden kann. Das Problem dabei war, dass die meisten anderen religiösen Traditionen kein Korpus von der Bibel vergleichbaren Schriften besitzen. In einigen Fällen gibt es Dutzende oder gar Hunderte heiliger Bücher, die für unterschiedlich große Gruppen von Gläubigen mehr oder weniger wichtig waren. Ein passendes Beispiel hierfür ist der Buddhismus, der drei umfangreiche und sich nur teilweise überschneidende wichtige *Canones* besitzt, deren jeder in einer anderen Sprache abgefasst ist: auf Tibetisch, Chinesisch und Pali. Die Tatsache, dass viele moderne protestantische Gruppen ihren Schwerpunkt auf die Bibel gelegt haben, hat jedoch zu der Erwartungshaltung geführt, dass man alle wichtigen Punkte der anderen religiöser Traditionen verstehen könne, wenn man nur wisse, was in ihren jeweiligen Schriften stehe. Dieses Konzept von Bibelgläubigkeit ist zwar verlockend, es stellt jedoch insofern einen Trugschluss dar, als dort angenommen wird, dass alle Verse einer heiligen Schrift von gleicher Wichtigkeit seien, dass es keine Debatte über ihre jeweiligen Bedeutungen gebe und dass sich das Verständnis bestimmter Einzelverse im Laufe der Jahrhunderte nicht verändert habe. Manche gehen auch davon aus, dass jedes Mitglied einer bestimmten Religionsgruppe in gleicher Weise davon überzeugt ist, er oder sie befolge jede in dem jeweiligen heiligen Buch festgehaltene religiöse Vorschrift. Lässt sich das Verhalten eines Christen schon allein dadurch vorhersagen, dass man einen Bibelvers nimmt und davon ausgeht, dieser werde auf die jeweilige Person eine kontrollierende Wirkung ausüben? Tatsächlich müsste man sehr viel mehr wissen, bevor man eine derartige Voraussage macht.

Eine weitere wichtige Folgerung daraus ist die Tatsache, dass die Zugehörigkeit zu einer bestimmten Religionsgemeinschaft nur schwer zu bewerten ist. Wie soll man einen Christen definieren? Die Antworten auf diese Frage können, je nachdem, welchen Maßstab man anlegt, sehr unterschiedlich ausfallen. Definiert man Religion als Glaubens-*Zugehörigkeit*, dann dürfte die Zahl der Christen wohl höher sein als wenn man sie als *Ausübung* definiert. Und wenn die Zugehörigkeit die Norm ist, wie soll man dann mit kleineren Gruppen verfahren, die sich in ihren Glaubensinhalten erheblich von der Mehrheit unterscheiden? Ich bin von vielen Studenten allen Ernstes gefragt worden, ob denn die Katholiken tatsächlich Christen seien. Aus der Sicht einiger christlicher Gemeinschaften mögen die Katholiken ja scheinbar außerhalb des Schoßes der Christenheit angesiedelt sein – und auch der umgekehrte Fall mag vorkommen. Wie steht es nun aber mit den Mormonen, den Zeugen Jehovas oder der Unification Church, die sich selbst als Christen bezeichnen, von anderen aber mit Argwohn betrachtet werden? Folgt man der präskriptiven

Darstellungsweise und definiert das Christentum, sagen wir, aus der baptistischen Perspektive, dann wird eine beträchtliche Anzahl von Menschen von der Definition der Mitgliedschaft in der Mehrheitsreligion ausgeschlossen, weil sie nicht den „richtigen" Glauben haben. Diese Art von Definition lässt auch die Tatsache unberücksichtigt, dass sich die derart Ausgeschlossenen selbst immer noch als Christen betrachten. Aus diesem Grunde bedienen sich die meisten Gelehrten der deskriptiven Methode und akzeptieren stattdessen die Selbstidentifikation der Menschen als den einzig gangbaren Weg zu einer sinnvollen Beschreibung von Religionszugehörigkeit. Dies ist eher eine soziologische als eine theologische Methode, die religiöse Identität zu definieren.[7] Dabei gibt es zugegebenermaßen viele Fälle, in denen eine konsistente Beurteilung der Religionszugehörigkeit sehr schwierig ist (die „Nation des Islams" beispielsweise stellt uns in Bezug auf ihre muslimische Identität vor ein solches Problem). Aber diese Schwierigkeit, Religion zu kategorisieren und zu definieren scheint unvermeidbar zu sein.[8]

Trotz aller Bemühungen der Gelehrten ist das Wissen über den Islam in der Öffentlichkeit ziemlich gering, selbst unter jenen, die von sich behaupten, gebildet zu sein. Ein Grund hierfür ist die Tatsache, dass die Forschung über den Islam von Spezialisten in akademischen Instituten für Orientforschung betrieben wird, die eine Tradition der Erforschung vergangener Zivilisationen aufrecht erhalten, welche in vielen Fällen schwer verständlich und Nicht-Spezialisten unzugänglich ist. In den moderneren Forschungszentren für den Nahen Osten, die zur Unterstützung von Policeninhabern von der US-Regierung finanziert werden, besteht die Tendenz, sich auf Kosten langfristig angelegter Untersuchungen zu kulturellen und die Menschen betreffenden Fragestellungen auf Themen der gegenwärtigen Politik zu konzentrieren. Im Nordamerika der 60er Jahre hat das Studium nichtchristlicher Religionen erheblich zugenommen, die Islamstudien jedoch sind hinter anderen Themenkreisen weit zurückgeblieben. Gegenwärtig gibt es in Nordamerika etwa 200 aktive Gelehrte, die sich als Experten für muslimische Gesellschaft und Kultur bezeichnen.

Auf den Gebieten der Geschichte und der Politik des Mittleren Ostens sind die Zahlen noch etwas höher. Durch ihre Publikationen haben diese Gelehrten zahlreiche bedeutende Beiträge voller interessanter Einblicke in die muslimische Gesellschaft und Kultur geleistet. Unglücklicherweise sind aber viele dieser Beiträge dem allgemeinen Publikum nicht zugänglich, entweder weil diese Informationen in schwer zugänglichen akademischen Zeitschriften veröffentlicht wurden, oder weil diese, wie im Falle der Publikationen universitätseigener Verlage, in den meisten Fällen in völlig unzureichenden Stückzahlen auf den Markt kommen und in erster Linie für den Gebrauch in Gelehrtenkreisen gedacht sind. Wären diese Publikationen nicht in einer derart spezialisierten Sprache geschrieben, könnte das Wissen über den Islam für ein viel breiteres Publikum wichtig und hilfreich sein. Gleichzeitig sollte man beachten, dass das lesende Publikum gelegentlich eher an verlässlichen Aussagen die Wahrheit der Religion interessiert ist als an informativen Beschreibungen. Hier besteht die Aufgabe der modernen Gesellschaft darin, in Äußerungen zu religiösen Fragen eine Ausdrucksweise zu entwickeln, die gesittet ist und ohne autoritative Ansprüche daherkommt, die bestimmte Gruppen von der Unterhaltung ausschließen. Die akademische Religionsforschung verfügt über Werkzeuge, die zur Schaffung einer neuen zivilisierten Diskussion über den Islam beitragen können.

Definition des Islams durch den Staat und nach Zahlen

Die Definition des Begriffs „religiöse Identität“ ist indes nicht nur ein theoretisches Problem. In der Praxis wird die Religion weltweit durch die jeweiligen Staaten definiert. In den Vereinigten Staaten wird diese Definition in erster Linie durch den Internal Revenue Service (IRS), den Immigration and Naturalization Service (INS) und die Gerichtshöfe vorgenommen. Da das US-amerikanische Steuersystem religiöse Gruppen von der Entrichtung von Steuern befreit hat, liegt es im Ermessen des IRS, zu entscheiden, ob eine spezifische Religionsgemeinschaft legitim oder betrügerisch ist. In gleicher Weise erteilt der INS Visa für einwandernde Religionslehrer, und zwar nach der Feststellung ihrer Authentizität. Naturgemäß liegt die Verantwortung für die Interpretation der Religion in ihrem Verhältnis zur Verfassung bei den Gerichtshöfen: Diese haben zu entscheiden, ob beispielsweise die Lehre von der Erschaffung der Welt durch einen allmächtigen Schöpfer in den public schools (in den Vereinigten Staaten eine von der Öffentlichkeit getragene und beaufsichtigte Schulart) der Bestätigung der Religion durch den Staat gleichkommt. In anderen Ländern ist die Situation ähnlich. Staaten wie Deutschland haben verfügt, dass die Church of Scientology keine gesetzeskonforme Kirche ist. In Israel wird, in der Nachfolge des osmanischen Rechts, die Mitgliedschaft in einer religiösen Gemeinschaft strikt nach der Gemeinschaft beurteilt, in welche man hineingeboren wurde. Daher ist es in Israel ohne Belang, ob man zu einer anderen Religion konvertiert oder zur Hare-Krishna-Sekte geht: Auch in diesen Fällen kann man ausschließlich nach den Regeln der staatlich definierten Religion heiraten oder beerdigt werden, in die man einmal hineingeboren wurde.

Die mögliche Trennung von religiösem Glauben und religiöser Identität wird in einer Anekdote über einen Studenten anschaulich dargestellt, der an der American University in Beirut ein Registrierungsformular ausfüllte, dabei aber die Rubrik „Religion" frei gelassen hat. Man wies ihn darauf hin, dass das Formular unvollständig ausgefüllt sei und dass er seine Religionszugehörigkeit angeben müsse. Er wandte ein: „Ich bin aber Atheist!" Geduldig fragte der Beamte weiter: „Ja, aber sind Sie ein christlicher, ein jüdischer oder ein muslimischer Atheist?" Die Frage, auf die es hier ankommt, ist nicht ist nicht die nach der Religionszugehörigkeit, sondern die nach der Zugehörigkeit zu einer politisch definierbaren Gemeinschaft. Auf diese Weise pflegen Staaten gelegentlich die Religion zu definieren.

Aus den genannten Gründen sollten wir im Umgang mit Statistiken und Zahlen in Erhebungen zu religiösen Fragen größte Vorsicht walten lassen. Umfassende Kategorien sind grundsätzlich anfechtbar, und Qualifikationskriterien für Mitgliedschaft sind beträchtlichen Schwankungen unterworfen. Zu den allerersten Versuchen, eine Untersuchung zu die Religion betreffenden Fragen zu organisieren, gehören jene, die im Jahre 1881 von der britischen Kolonialregierung in Indien durchgeführt wurden. Damals verlangte eine umfassende Volksbefragung in praktisch jedem Dorf auf dem Subkontinent von den Menschen neben vielen anderen Fragen Auskunft über ihre Religionszugehörigkeit. Für viele war dies das erste Mal, dass sie über ihre Religionszugehörigkeit befragt wurden, und sicherlich ließ man ihnen dabei zum ersten Mal nur eine Wahl. Die britischen Verwaltungsbeamten gingen von der Annahme aus, dass diese Menschen, wie im Falle von politischen Parteien, nur einer einzigen Religion angehören könnten. In Indien war es jedoch über Jahrhunderte hinweg allgemeiner Brauch, dass die Menschen zu vielen verschiedenen Schreinen gepilgert sind, vielleicht in der Absicht, das Ausmaß erreichbaren göttlichen Schutzes weitestmöglich auszudehnen. So ist es für Hindus, Christen, Sikhs und Muslime üblich, an denselben Schreinen zu beten, obwohl die Glaubensinhalte und -praktiken der einzelnen Gemeinschaften unterschiedlicher Natur sein können. In ähnlicher Weise bot eine in den 60er Jahren in Japan durchgeführte Umfrage den Befragten sogar vier Kategorien zur Auswahl an: Buddhismus, Schintoismus, Konfuzianismus und Christentum. Zur Überraschung der Organisatoren dieser Befragung kreuzten die meisten Menschen zwei, manche sogar drei Kästchen an. Die Entscheidung für eine einzige religiöse Identität war dabei offenbar für die Einzelnen nicht so einfach wie die amerikanischen Befrager angenommen hatten. Nicht nur kann Religionsausübung komplizierter sein als einfache Zugehörigkeit zu einer Gemeinschaft; für die Erklärung einer bestimmten religiösen Identität können darüber hinaus wirtschaftliche und politische Konsequenzen eine Rolle spielen. Als die Briten in Indien die erste Volkszählung durchführten, war für einige Gruppen unklar, ob sie sich als Hindus bezeichnen sollten oder ob es eher angebracht sei, eine andere religiöse Identität anzugeben. Dabei waren für diese Menschen die steuerrechtlichen Konsequenzen ihrer Entscheidung das wichtigste Kriterium. Auf einer vergleichbaren Ebene stößt man gelegentlich auf eine Tendenz zur Erhöhung bzw. Reduzierung von statistischen Zahlen, wenn es um das politische Gewicht dieser oder jener politischen Gruppe geht. Auf die Religion bezogene Zahlen aus Volkszählungen sind also eher statistisches Klassifizierungsmaterial und nicht so sehr Hinweise auf Glaubenszugehörigkeit bzw. Verhaltensweisen.

Unter Beachtung dieser Einschränkungen lohnt ein Blick auf die am häufigsten zitierten Zahlen von Volkszählungen in der islamischen Welt. Fest steht, dass unter den größeren Religionsgemeinschaften die muslimische Bevölkerung weltweit zahlenmäßig nur von den Christen übertroffen wird. Gegenwärtig schätzt man muslimische Weltbevölkerung inklusive aller Sekten auf etwa 1,3 Milliarden, was bedeutet, dass jeder vierte oder fünfte heute lebende Mensch ein Muslim ist. Die vergleichbare Zahl für alle Zweige der Christenheit zusammen beträgt 1,8 Milliarden, wobei diese Zahlen sehr allgemeiner Natur sind und einzelne Schätzungen im Allgemeinen stark voneinander abweichen. Auf die wichtigsten Sekten bezogen, schätzt man, dass 10–15 % der Muslime Schiiten sind, während die Mehrheit generell den Sunniten zugerechnet wird. Diese beiden Hauptkategorien verdecken andere wichtige Unterschiede, wie etwa die vier von den Sunniten anerkannten wichtigsten islamischen Rechtsschulen oder die theologischen Positionen, die mit spezifischen modernen religiösen Akademien bzw. Bewegungen in Verbindung stehen (diese Kategorien werden unten detailliert behandelt).

Ebenso bedeutend wie diese allgemeinen Zahlen und vielleicht sogar von noch größerer Aussagekraft sind die Zahlen zu ethnischer und nationaler Identität. Entgegen einer weit verbreiteten Ansicht sind die Araber keineswegs die zahlenmäßig stärkste Gruppe unter den Muslimen. Die auf 20 Länder verteilten ca. 250 Millionen Araber (unter denen es auch Christen gibt) machen etwa 18 % der muslimischen Weltbevölkerung aus. Die wohl nächstgrössere muslimische Gruppe sind die Bengalis mit etwa 200 Millionen Menschen, die überwiegend auf Bangladesh und Indien verteilt sind. Die Nationen mit den größten muslimischen

Bevölkerungsanteilen leben im Osten. Die größte ist dabei Indonesien (180 Millionen), dann folgen Pakistan (120 Millionen), Bangladesh (130 Millionen) und Indien (120 Millionen). So lebt also die Hälfte der muslimischen Weltbevölkerung östlich von Karachi, in Gebieten, die häufiger durch ein tropisches Klima und den Reisanbau charakterisiert werden als durch Wüsten, die mit den arabischen Ländern assoziiert werden. Die nächst größten muslimischen Bevölkerungsgruppen haben Ägypten, der Iran, die Türkei und Nigeria mit jeweils etwa 60 Millionen Menschen. Trotz seiner großen wirtschaftlichen und politischen Bedeutung beherbergt Saudi-Arabien lediglich 15 Millionen Menschen. Alles in allem haben mehr als fünfzig Länder eine muslimische Bevölkerungsmehrheit, die Rolle der religiösen Autorität des Islams ist aber in jedem Einzelfall unterschiedlich.

In Ländern, in denen die Muslime in der Minderheit sind, ist die Situation vollkommen anders. In manchen Fällen, wie beispielsweise in China, bewohnen die Muslime seit langem ganz bestimmte Regionen, wobei nach den zuverlässigsten Schätzungen dort nur etwa 30 Millionen Menschen zu dieser Gemeinschaft gehören. Die Einwanderung von Muslimen nach Europa und die beiden Amerikas hat dort für die Menschen zu neuen Lebensbedingungen geführt. Ihre Gesamtzahl in den Vereinigten Staaten wird je nach Zählung auf etwa 3 bis 7 Millionen Menschen geschätzt, wobei die meisten Beobachter von ca. 5 Millionen ausgehen und somit die amerikanischen Muslime zahlenmäßig in die Nähe der Mormonen und der Lutheraner kommen. Es gibt in den USA vermutlich mehr Muslime als Juden. Auf ihre Herkunft bezogen, lassen sich die amerikanischen Muslime leicht in zwei Gruppen von ungefähr gleicher Stärke aufteilen. Die meisten muslimischen Einwanderer sind nach der Liberalisierung der amerikanischen Einwanderungsgesetze in den 60er Jahren ins Land gekommen. Von diesen kommen die meisten, ca. 45 %, aus Südasien (vor allem aus Indien und Pakistan). Weitere wichtige Herkunftsländer sind der Iran und verschiedene arabische Länder, wobei die allermeisten Amerikaner arabischer Herkunft (etwa 90 %) Christen sind. Es muss hier betont werden, dass die religiöse

Einstellung der amerikanischen Muslime uneinheitlicher Natur ist, denn zu ihnen gehören auch Sekten sowie Gruppen mit relativ säkularen Tendenzen. Zahlreiche lokale Moscheen werden von speziellen ethnischen oder nationalen Gruppierungen besucht, während es in den größeren Städten kosmopolitisch ausgerichtete Moscheen gibt, die von Gläubigen unterschiedlicher Herkunft besucht werden.

Die andere Hauptgruppe amerikanischer Muslime ist die afrikanisch-amerikanische Gemeinde, die insgesamt wohl etwa 2,5 Millionen Mitglieder zählt. Diese afrikanisch-amerikanisch-islamische Gruppe besteht vorwiegend aus Menschen, die seit den 30er Jahren zum Islam konvertiert sind. Sie reflektiert jedoch eine tiefer liegende historische Realität: Bis zu 15 % der Afrikaner, die versklavt und nach Nordamerika geschickt wurden, waren Muslime. Am bekanntesten von allen amerikanisch-muslimischen Bewegungen ist die „Nation des Islams“ (Nation of Islam), und zwar wegen ihrer widersprüchlichen Verwicklung in rassistische Theorien von der Überlegenheit der Schwarzen. Ihre Gegnerschaft zur weißen Gesellschaft und eine äußerst ungewöhnliche Theologie kennzeichnen diese Bewegung seit ihren Anfängen unter Elijah Mohammed und Malcolm X bis heute, da sie von Louis Farrakhan geleitet wird. Man muss jedoch darauf hinweisen, dass die überwältigende Mehrheit der afro amerikanischen Muslime in den späten 70er Jahren unter der Führung von Imam Wallace D. Mohammed, dem Sohn von Elijah Mohammed, der den Rassendoktrinen dieser Bewegung abgeschworen hat, aus der „Nation of Islam“ ausgetreten ist. Während also mindestens 2 Millionen afro-amerikanische islamische Glaubenspraktiken pflegen, die von Muslimen überall auf der Welt anerkannt werden, zählt die kleine „Nation of Islam“ heute wohl höchstens noch 25 000 Mitglieder. Der unverhältnismäßig hohe Bekanntheitsgrad dieser Bewegung ist eine unmittelbare Folge der in den Nachrichtenmedien gepflegten Obsession im Zusammenhang mit dem Thema Konflikt. Daneben gibt es noch eine kleine Gruppe europäischer und amerikanischer Konvertiten zum Islam.

Die muslimische Bevölkerung in Europa beläuft sich auf etwa 10 Millionen, wobei England, Frankreich und Deutschland aufgrund der Einwanderungsbewegung in den vergangenen Jahrzehnten durchweg eine hohe Konzentration dieser Bevölkerungsgruppen aufweisen. Auch unter den europäischen Muslimen ist eine beträchtliche Mannigfaltigkeit festzustellen. Gründe hierfür sind nicht nur unterschiedliche nationale Hintergründe (Inder und Pakistanis in England, Algerier in Frankreich und Türken in Deutschland), sondern auch ein breites Spektrum, das von traditionell-konservativ über fundamentalistisch bis hin zu ausgesprochen säkularer Gesinnung reicht. Da man davon ausgehen kann, dass demographische Muster und Einwanderungsbewegung weiter bestehen werden, wird der muslimische Bevölkerungsanteil in den europäischen und amerikanischen Ländern im Laufe der kommenden Jahrzehnte vermutlich weiter anwachsen.

Die religiöse Sprache des Islams

Weil die islamische Tradition in Amerika und Europa so unzureichend verstanden wird, müssen wir nun einige grundlegende Begriffe einführen, die sowohl für die Beschreibung der Religion von außen als auch für die Darstellung ihrer inneren Entwicklung verwendet werden können. Am Anfang steht dabei der Begriff „Islam" (mit der Betonung auf der zweiten Silbe, die einen langen Vokal hat). Dieser arabische Terminus *Islam* bedeutet „Unterwerfung", mit der Implikation: unter den Willen Gottes. Das Wort ist auch mit arab. *salam*, „Friede", verwandt. Eine Person, die sich dem Willen Gottes unterwirft, wird *Muslim* genannt (diese Graphie ist der älteren Form *Moslem* vorzuziehen).

Das *-s-* in dem Wort *Muslim* wird stimmlos, und nicht, wie im Englischen verbreitet üblich, stimmhaft (s. dt. *so*; in der Lautschrift als *z* wiedergegeben) ausgesprochen. Diese falsche Aussprache mit *z* ähnelt dem arab. *muzlim*, was „Tyrann" bedeutet. Wir tendieren heute dazu, das Wort *Islam* in der oben dargelegten spezifisch modernen Art und Weise als Namen für eine Religion zu gebrauchen. In diesem Sinne gebraucht, bildet es eine Parallele zu *Christentum*. In gleicher Weise ist ein Muslim ein Anhänger der Religion des Islams, wie ein Christ dem Christentum anhängt. Man spricht auch vom Islam in einem normativen, präskriptiven Sinne, wobei man sich auf eine Art maßgebliches Ideal bezieht, das beschreibt, wie die Dinge sein sollten. Der Terminus *Muslim* dagegen bezieht sich auf die historische Aktualität, auf das, was die Menschen praktiziert haben. Dies ist der normale Sprachgebrauch.

Der arabische Terminus *Islam* war in den klassischen theologischen Abhandlungen, die auf dem Koran basieren, von relativ geringer Bedeutung. Wenn wir uns die Werke von Theologen wie dem berühmten al-Ghazali (gest. 1111) ansehen, stellen wir fest, dass der dort gebrauchte Hauptterminus nicht *islam*, sondern *iman*, „Glaube (an Gott)“ ist; wer ihn besitzt, ist *mu'min*, „gläubig, Gläubiger“. Der Glaube ist eines der wichtigsten Themen im Koran; dieser Terminus wird in diesem heiligen Text Hunderte von Malen erwähnt. Im Vergleich dazu ist der Terminus *Islam* dort von relativ untergeordneter Bedeutung: Er kommt im Koran nur achtmal vor. Indem dieser Terminus jedoch eine abgeleitete Bedeutung hat, die sich auf die Gemeinde derer bezieht, die sich Gott unterworfen haben, erhielt er besonders in jüngster Zeit eine neue, politische Bedeutung. Überraschenderweise wurden in östlichen und nichtarabischen Ländern die Anhänger dieses Glaubens bis in die jüngere Zeit, als in Ländern wie Indien der arabische Sprachgebrauch die Oberhand gewann, nicht mit dem arabischen Terminus *muslim* benannt. Stattdessen wurden sie als *musalman* bezeichnet, mit einem Terminus also, der offensichtlich mit *muslim* verwandt ist, der aber wegen seiner unregelmäßigen Form eine nichtarabische Identität kennzeichnet.[9]

Unter den gesammelten Aussprüchen des Propheten Mohammed, die mit dem arabischen Terminus *hadith* bezeichnet werden, beschreibt ein berühmter Bericht ein Treffen zwischen Mohammed und einer rätselhaften Gestalt, die mit dem Erzengel Gabriel identifiziert wird. Dieser Fremde bat den Propheten, ihm drei für das islamische religiöse Denken grundlegende Konzepte zu nennen. Das erste war die Unterwerfung unter den Willen Gottes (*islam*), die der Prophet als die Ausführung von fünf fundamentalen Handlungen beschrieb: das Bekenntnis des Glaubens an Gott und den Propheten, das Abhalten der rituellen Gebete, das Fasten im Monat Ramadan, das Verteilen von Almosen an die Armen und die Pilgerfahrt nach Mekka, vorausgesetzt, man hat die entsprechenden Mittel dazu. Da die meisten dieser Aktivitäten gemeinschaftlich ausgeführt werden, eignet dem Begriff „Islam" in diesem Sinne eine starke soziale Komponente. Der zweite Terminus, *iman*, der Glaube, den Mohammed als Glauben an Gott, die Propheten, die Engel, die Heiligen Bücher, den Jüngsten Tag und Gottes Wissen um unser Schicksal definiert hat. Der dritte Terminus ist die geistige Tugend (*ihsan*), in der Bedeutung „so beten, als sähe man Gott vor sich", denn obwohl man Gott nicht vor sich sieht, muss man wissen, dass Gott einen sieht. Der bemerkenswerte Dialog, in dessen Verlauf Gabriel sein Einverständnis mit Mohammeds Antworten zum Ausdruck brachte, lässt eine Struktur religiöser Werte erkennen, die von außen nach innen fortschreitet. Die Unterwerfung (*islam*) stellt den ersten und zugleich wichtigsten Schritt dar, während die beiden folgenden Schritte, Glaube und geistige Tugend, Sinn und Herz betreffen und die Basis für das religiöse Bewusstsein schaffen. Sie bedeuten insofern eine Verarmung dieser religiösen Tradition, als geläufige Interpretationen des Islams die inneren Aspekte von Glaube und geistiger Tugend ausschließen.[10]

In diesem Buch bemühe ich mich, den Islam nicht als unwandelbare, monolithische Religion darzustellen, die auf irgendeine Weise Zehntausende Menschen aus verschiedenen Zeiten und von unterschiedlichen Orten zu einer Einheit formt. Mit dem Adjektiv „islamisch" verweise ich auf eine Orientierung, innerhalb derer die wichtigste schriftliche Quelle der Koran ist und das wichtigste persönliche Vorbild der Prophet Mohammed, ohne damit jedoch auf irgendeiner über diese einfache Formulierung hinausgehenden besonders gearteten gebieterischen Struktur zu bestehen. Ich folge Marshall Hodgson, indem ich das Adjektiv „vom Islam beeinflusst, islamähnlich" (engl. *Islamicate*) für die Beschreibung von durch Muslime wie Nichtmuslime akzeptierten zivilisatorischen und kulturellen Praktiken verwende, die mit der religiösen Tradition des Islams verbunden sind, jedoch nicht auf die ursprünglichen islamischen schriftlichen Quellen zurückgehen.[11] So können wir von vom Islam beeinflusster Kunst oder Literatur als kulturellen Produkten sprechen, die nicht notwendigerweise spezifisch religiösen Ursprungs sind, die jedoch in Umfeldern geblüht haben, in denen der Islam zu der jeweiligen Zeit ein dominierendes Element war.

Wenn wir bedenken, dass sich der europäische Religionsbegriff im Laufe der Jahrhunderte verändert hat und nur unvollkommen zu anderen religiösen Traditionen passt, welche entsprechenden Begriffe würden sich dann aus indigenen islamischen Quellen ergeben? Hierzu müssen wir uns erst einmal mit dem komplexen und von Anspielungen überfließenden religiösen Vokabular des Klassischen Arabisch befassen, das auf dem bedeutendsten heiligen Text der Muslime, dem Koran, basiert, das jedoch über Jahrhunderte hinweg von religiösen Denkern weiter verfeinert wurde. Um nur ein einziges wichtiges Beispiel zu nennen: *din*, das arabische Wort, das am häufigsten als Entsprechung von „Religion“ verwendet wird und für das es im Koran keine Pluralform gibt. Die Grundbedeutung von *din* schließt die Begriffe „Gericht“, „Urteil“, „Schuld“, „Verpflichtung“, „Brauch“, sowie „Führung“, die in Ergebenheit angenommen wird, mit ein. Gelegentlich tritt eine dieser Bedeutungen stärker hervor als die andern, wie etwa in dem gängigen arabischen Ausdruck für den Tag des Gerichts: *yaum al-din*. Weist das Wort *din* insofern eine gewisse Ähnlichkeit mit der lateinischen *religio* auf als, es auch „Verpflichtung“ und „Aufgabe“ bedeutet, so unterscheidet es sich doch dadurch von dem christlichen Religionsbegriff, dass es seinen Ursprung im göttlichen Willen hat und nicht primär eine menschliche Verpflichtung bezeichnet. Der Koran bezeichnet diese Religion häufig als „die Religion Abrahams“ (*din Ibrahim*) und verbindet sie so mit diesem alten Propheten, oder als „die Religion der Wahrheit“ (*din al-haqq*), die direkt von Gott hergeleitet ist. Mohammeds Antwort an Gabriel, in welcher dieser die drei Elemente Unterwerfung unter Gott, Glauben und geistige Tugend erwähnt, wird gelegentlich als Beschreibung des Begriffes *din* bezeichnet. Religion als *din* wird oft der materiellen Welt (*dunya*) gegenübergestellt, obwohl die Religion Islam stets ethische Forderungen an die Gesellschaft stellt.

Die soeben erörterten Punkte bildeten in der islamischen Welt jahrhundertelang die Grundlage für Reflexionen und Debatten im Bereich von Theologie, Recht und verwandten Gebieten. Ich werde hier nicht versuchen, all die unterschiedlichen Gesichtspunkte zusammenzufassen, die diesbezüglich im Laufe der islamischen Geschichte entwickelt worden sind. Ich muss jedoch die Aufmerksamkeit meiner Leser unbedingt auf eine Reihe dramatischer neuerer Entwicklungen lenken, die sich vor wenig mehr als einem Jahrhundert in einigen islamischen Ländern, teilweise als Reaktion auf den europäischen Kolonialismus, ereignet haben. Man nennt diese Bewegungen häufig reformistisch, und viele von ihnen können auf Denker wie den iranischen Philosophen Dschamal al-Din Afghani (gest. 1897) und seinen ägyptischen Gefolgsmann Mohammed 'Abduh (gest. 1905) zurückgeführt werden. Sie beziehen sich auch auf die rastlose puritanische Bewegung der Wahhabiten, die seit dem Ende des 18. Jh. in Saudi-Arabien aktiv waren. Diese Reformer präsentierten sich als diejenigen, welche die Religion reinigten und in ihrem ursprünglichen Zustand wiederherstellten. Sie selbst bezeichneten sich vorzugsweise als Salafiya, mit einem Terminus also, den sie von ihren frommen Vorvätern, d. h. der ersten Generation von Muslimen [im 7. Jh.] übernommen hatten. Trotz ihrer rhetorischen Versicherungen, sie wollten zu dem alten Goldenen Zeitalter der Zeit des Propheten Mohammed zurückkehren, lag der wahre Ursprung dieser Bewegung im Schatten der europäischen Reiche und deren wachsendem Einfluss auf Regionen wie etwa die arabischen Provinzen des Osmanischen Reiches. Sie waren von der Technik und der Hingabefähigkeit christlicher Missionare, besonders der Protestanten unter diesen, tief beeindruckt und waren ohne weiteres bereit, die moderne Technologie der Massenkommunikation wie etwa den Buchdruck zu übernehmen. Das salafitische und wahhabitische Denken hat sich jedoch allmählich zu der starren und autoritären Sichtweise einer Minderheit entwickelt, für welche ein großer Teil der islamischen Zivilisation und Geschichte ein Anathema über ihrem Konzept des reinen Islam darstellt.[12]

Moderne islamische Reformbewegungen sind in hohem Maße Teil unserer neuesten Geschichte. Ihr permanentes Bemühen um die Wiedererlangung der ursprünglichen, makellosen Reinheit des Glaubens und ihre Treue zur Urschrift ohne alle späteren Hinzufügungen zeigt eine gleichermaßen unheimliche wie bemerkenswerte Ähnlichkeit mit dem protestantischen Ethos auf christlicher Seite. Vielleicht ist dies der Grund, weshalb Amerikaner wie Europäer aus überwiegend protestantischen Ländern versucht waren, die Ansprüche islamischer Reformer, den „wahren Islam“ zu repräsentieren, für bare Münze zu nehmen. Wenn sie wohl gesonnen waren, haben britische Kolonialbeamte den Islam als Religion ohne Priester bezeichnet, nur mit einfachen Lehrinhalten ausgestattet, die keine abstruse Theologie erforderlich machten – mit anderen Worten, dem Protestantismus ähnlich. Herablassende amerikanische Kommentatoren äußern gelegentlich, der moderne Islam benötige eine Reformation, d. h. er müsse die Revolution durchmachen, die im protestantischen Europa stattgefunden hat, wodurch die Autorität der Tradition entthront worden ist. Was diesen gönnerhaften Beobachtern entgeht, ist die Tatsache, dass die Reformation im Islam bereits stattgefunden hat. Die fortwährende Entsendung Feuer speiender christlicher Missionare in islamische Länder ist ein weiteres Beispiel dafür, wie man die Autorität einer Schrift dazu benutzen kann, seinen Gegnern eine auszuwischen. Diejenigen, die sich in jüngster Zeit dieser Kunst bedient haben, gehören in das muslimisch-reformistische und fundamentalistische Lager und sind bezeichnenderweise autodidaktische „Experten“, die einer traditionellen islamischen Erziehung aus dem Wege gegangen sind. Sie betrachten tatsächlich die traditionellen islamischen Akademien als weitgehend bedeutungslos. Der Ausschließlichkeit beanspruchende Eifer der Reformation hat somit unter den muslimischen Reformern ein Spiegelbild hervorgerufen, wobei die Ähnlichkeit in der Namengebung nicht zufällig ist.

Der Einfluss christlichen religiösen Gedankengutes hat jedoch auch negative Folgen gezeitigt. Ein in muslimischen Reformerkreisen häufig zu hörender Kommentar lautet: „Der Islam ist keine Religion, sondern eine Lebensart.“ In dieser Bemerkung ist eine Kritik des gängigen europäisch-amerikanischen Religionsbegriffs als einer im Wesentlichen privaten Angelegenheit enthalten, die über den öffentlichen Raum keine Verfügungsgewalt hat. Um einen weiteren modernen Terminus vorzustellen, könnte man die reformerische Denkweise, die auf eine Umwandlung der traditionellen Gesellschaft ausgerichtet ist, als eine Art Ideologie betrachten. Ein dramatisches Beispiel hierfür ist die Islamische Republik Iran, wo man den Begriff „Ideologie“ (im Persischen nach dem französischen Vorbild gesprochen) zu einem Teil der Definition des Islams gemacht hat. In dieser sehr modernen Formulierung wird Religiosität an sich nicht bewertet. Akzeptabel ist sie nur insofern als sie die praktische und politische Ausführung und Institutionalisierung innerhalb der Gesellschaft fordert.

Der bekannteste Fall einer Übertragung eines christlichen Begriffs auf den Islam ist der Fundamentalismus. Dieser Terminus entstand kurz nach 1900 in Kalifornien, als dort eine protestantische evangelikale Gruppierung ein Flugblatt m. d. T. *The Fundamentals* (*Die Grundlagen*) veröffentlichte, in welchem eine Reihe von obligatorischen Glaubensvorschriften aufgelistet war. Außenstehende haben damals den Begriff „Fundamentalist“ zur Beschreibung evangelikaler Gruppen wie jener benutzt, die sich im Tennessee des Jahres 1920 im Scopes-Prozess der Darwinschen Evolutionstheorie entgegenstellten. Nach dem spektakulären Ausbruch der Iranischen Revolution im Jahre 1978/79 haben Journalisten diesen Begriff zur Beschreibung der von Khomeini und anderen vertretenen Ideologie wieder aufgegriffen. Da es heute in den Medien eine Bestrebung gibt, sich auf diese Gruppierungen zu konzentrieren, wurden die Begriffe „Fundamentalist“ und „Muslim“ nahezu untrennbar. Viele Zeitungsleser, die mit dem Islam nicht vertraut sind, nahmen daher an, dass alle Muslime Fundamentalisten seien. Der Begriff ist verwirrend, da man genauso gut annehmen könnte, in der Religion seien derartige „Grundlagen“ etwas Positives. Aber irgendwie war der Begriff „Fundamentalist“ eigentlich immer so etwas wie eine Beleidigung, eine Beschimpfung. Religionsgelehrte, die mit diesem Begriff umgehen, versuchen, dies deskriptiv zu tun, indem sie ihn auf untergeordnete männliche Eliten anwenden, die sich der säkularen Staatsmacht entgegenstellen und versuchen, eine soziale und politische Vorgehensweise vorzutäuschen, indem sie sich auf autoritäre und äußerst selektive Art und Weise auf heilige Schriften berufen.[13] Im Sinne eines Protestes gegen moderne säkulare Strömungen kann man den Fundamentalismus als bedeutenden Faktor innerhalb jeder Art von religiöser Tradition betrachten. Gemäß dem an der University of Chicago angesiedelten Fundamentalismus-Projekt kann man sogar 20 % der Anhänger aller wichtigen Religionen als fundamentalistisch ausgerichtet bezeichnen.[14] Es wird immer noch heiß über die Frage diskutiert, ob der Gebrauch der Begriffe „Fundamentalismus" und „Fundamentalist" gerechtfertigt sei: Einige benutzen lieber „Islamismus" und „Islamist", wenn es darum geht, die antimodernistische Reformideologie in den islamischen Ländern zu beschreiben.

Welcher Terminologie man sich auch immer bedienen mag, Tatsache bleibt, dass die islamischen Reformbewegungen innerhalb des zeitgenössischen islamischen Denkens lediglich eine einzelne Disziplin repräsentieren. Ohne dass nun hier versucht werden soll, eine Position einer anderen vorzuziehen, kann man ohne weiteres auf andere traditionelle Schulen innerhalb des islamischen Denkens und andere Formen lokaler Glaubenspraktiken verweisen, die es in vielen verschiedenen Ländern gibt und die sich in ihrer formalen Struktur mehr oder weniger stark voneinander unterscheiden. Nach den Prinzipien der Religionswissenschaft müssen wir in der Absicht, ein einigermaßen vollständiges Bild dessen zu entwerfen, festlegen, was es heute bedeutet, Muslim zu sein, über diese ganze Vielfältigkeit Rechenschaft ablegen und können uns nicht auf eine präskriptive Sehweise beschränken.

Kapitel 3

Die heiligen Quellen des Islams

Welches sind die Ursprünge des islamischen Glaubens? Bevor man sich diese Frage stellt, muss man feststellen, dass es zahlreiche Wege gibt, sich diesem Thema zu nähern, von denen jeder wiederum verschiedene Antworten möglich macht. Wenn man, wie es bei Nichtmuslimen gelegentlich der Fall ist, von der Annahme ausgeht, der Islam sei ein neues Phänomen, das sich vollkommen von den Religionen der Vergangenheit unterscheide, beginnt man beim Leben des Propheten Mohammed (ca. 570–632 n. Chr.) und hält dabei ständig nach Unterschieden und bzw. Abweichungen Ausschau. So gesehen, beginnt der Islam als ein neues Phänomen, und Punkte, in denen er sich von anderen, früheren Religionen unterscheidet, werden durch Vergleiche und Wertungen festgemacht. Geht man jedoch von der Annahme aus, dass es zwischen dem Islam und älteren religiösen Traditionen eine gewisse Kontinuität gibt – und dies ist die Sichtweise vieler Muslime – dann rücken Ähnlichkeiten ins Zentrum des Interesses. So gesehen, kann man den Islam rückblickend als Erfüllung und Reaktion auf eine jahrhundertealte prophetische Tradition bezeichnen, die über Jesus hinaus bis auf Moses und Abraham zurückreicht. Über jede dieser beiden Positionen kann man sich unterhalten, beide sind akzeptabel, da sie auf bedeutenden theologischen Annahmen beruhen. Dabei ist keiner dieser beiden Standpunkte für sich genommen schlüssig genug, um Gläubigen wie Außenstehenden weiterhelfen zu können. Ich möchte hier die Aufmerksamkeit der Leser sowohl auf von außen kommende wissenschaftliche Erörterungen als auch auf aus dem Glauben selbst kommende Äußerungen lenken, indem ich kurze Darstellungen der heiligen Quellen des Islams, vertreten durch den Propheten Mohammed, den Koran und den als islamisches Recht bekannten Themenkomplex gebe.

Das Siegel der Propheten: Der Prophet Mohammed

Die Protestanten gehen bei ihrer Beschäftigung mit ihrer Religion grundsätzlich davon aus, dass alle wesentlichen Elemente der Religion in deren Stiftung enthalten seien. Daher können wir ausschließlich die Heilige Schrift und vielleicht noch einige dort nicht festgehaltenen Taten und Aussprüche des Religionsstifters als bedeutend und aus göttlicher Inspiration hervorgegangen anerkennen. Alle später hinzugekommenen Elemente sind von untergeordneter Bedeutung, möglicherweise als Neuerungen fragwürdig und vielleicht sogar auf menschliche Schwächen zurückzuführende Abweichungen. Die Religionsgeschichte jedoch belegt neben einer Zunahme und Entwicklung des Denkens auch eine fortwährende Rückbesinnung auf die Originalquellen, von denen keine – es sei denn aus dogmatischer Sicht – als irrelevant oder gar überflüssig angesehen werden darf. (Das Aufkommen des protestantischen Glaubens, mehr als 1000 Jahre nach der Zeit Jesu, ist somit möglicherweise ein Beispiel für eine solche Entwicklung.) Ebenso wenig kann man den Islam auf das „Goldene Zeitalter“, die Periode im Leben des Propheten, als dieser in Medina lebte, einschränken. Die Gemeinschaft der Gläubigen hat Themen, die sich aus dem Leben und den Lehren des Propheten ergaben, permanent weiter ausgearbeitet und diskutiert. Die Bedeutung des Propheten für die islamische Tradition ist sehr viel größer als man auf Grund der Schmähungen von Seiten der europäischen Christen annehmen könnte. So möchte ich diese Ausführungen über die heiligen Quellen des Islams mit Überlegungen zur Person des Propheten beginnen. Ohne ihn würde uns der Koran, die Mohammed zuteil gewordene göttliche Offenbarung und somit die bedeutendste Quelle der islamischen Tradition, nicht in der uns bekannten Form vorliegen, und daher beginne ich mit ihm. Mohammeds Bedeutung beschränkt sich indes nicht auf jene Quellen, die mit Sicherheit in seine Lebenszeit datiert werden können. Er war zu allen Zeiten *das* Vorbild für Ethik, Gesetzestreue, Familienleben, Politik und Spiritualität, und dies auf eine Art und Weise, die vor 1400 Jahren noch nicht vorhersehbar war. Es gibt in der Geschichte nur wenige Menschen, die auf die Menschheit und ihre Entwicklung einen größeren Einfluss ausgeübt haben, und so müssen wir versuchen, durch die historische Darstellung der Tradition diesen Einfluss zu verstehen.

Auf ihrer „Suche nach dem historischen Jesus“ war es für christliche Gelehrte sehr schwierig, den rein historischen Jesus von dem Jesus zu trennen, wie er uns im christlichen Glauben entgegentritt. Scheint auch das Leben Mohammeds auf den ersten Blick durch zeitgenössische Quellen vergleichsweise viel besser dokumentiert zu sein, so stellen wir doch bei genauerem Hinsehen fest, dass es ebenso schwierig ist, den historischen Mohammed von dem Mohammed, wie ihn diese Quellen sehen, zu trennen. Dies erweist sich indes nicht unbedingt als Problem. Die meisten Christen erwarten nicht, dass sie Jesus wie durch eine Fernsehsendung verstehen lernen, wo ein populärer Moderator live über Ereignisse berichtet, die sich am See Genezareth abgespielt haben. Auch verbinden sie mit ihm keine trockene Aufzählung von Fakten aus einer Enzyklopädie. Vielmehr sind sie durch die Heilige Schrift, die sie als lebendiges Zeugnis der göttlichen Wahrheit betrachten, sowie durch Gebete und andere Handlungen, die sich auf die über das Jahr verteilten Feiertage beziehen, persönlich mit Jesus verbunden. In Kunst, Architektur, Musik, Literatur und Film ist die Bedeutung Jesu dargestellt und plastisch herausgearbeitet worden. In ähnlicher Weise wurde den Muslimen die Bedeutung ihres Propheten nicht nur durch den Koran und andere textliche Quellen vor Augen geführt, sondern auch durch Erzählungen, Poesie, Kalligraphie und andere Künste. Wichtige Ereignisse im Leben Mohammeds werden den Gläubigen durch den muslimischen Kalender in Erinnerung gerufen. Das stete Anwachsen dieser Traditionen hat unausweichlich zur Entstehung vielfältiger lokaler Varianten geführt, die in verschiedenartigen Sprachen und Kulturen ihren Ausdruck finden. Es ist zwar unmöglich, alle die verschiedenartigen Betrachtungsweisen der Person des Propheten aufzuzählen, man muss jedoch die Vielfalt der bestehenden Perspektiven anerkennen. Während der 23 Jahre, in denen Mohammed prophetische Offenbarungen zuteil wurden, hat er unterschiedliche Rollen gespielt, und daher haben sich in den nachfolgenden Generationen verschiedene Gruppen auf diesen oder jenen Aspekt seines Lebens berufen, der sie am meisten interessierte. Folglich sind die dabei entstandenen Portraits parteiisch gefärbt und somit einseitig. Wie es der große persische Dichter Rumi ausgedrückt hat: „Ein jeder wurde nach seiner Meinung mein Freund, und alle versäumten es, meine Geheimnisse in mir zu entdecken.“[1]

In den meisten gängigen Abhandlungen über den Islam ist es üblich, an dieser Stelle eine geraffte Darstellung des Lebens des Propheten aus historischer Sicht zu geben. Dabei handelt es sich i. a. um standardisierte Darstellungen dessen, was Gelehrte aus den verfügbaren Materialien herausgearbeitet haben.[2] In den frühesten Quellen werden jedoch Probleme angesprochen, die sich von dem, wonach moderne Historiker suchen, sehr stark unterscheiden. Die klassischen in arabischer Sprache abgefassten Dokumente bieten uns indes keine den modernen psychologischen Biographien vergleichbaren Texte. Neben Koran und Hadith (s. u.) kennen wir vor allem im Stil der altarabischen Epik gehaltene Berichte über die von Mohammed geschlagenen Schlachten, sowie Lobpreisungen seiner trefflichen Eigenschaften (in Prosa und Versen), Kommentare, die einzelne Koranverse durch Bezugnahme auf Mohammeds Leben zu erklären versuchen, und Geschichten, die ihn zu Propheten der Vergangenheit in Beziehung setzen. Kurz, wir lernen Mohammed in seinen Bindungen zu den kulturellen und religiösen Imperativen einer religiösen Tradition kennen.

Ist einerseits die Bereitstellung einiger grundlegender Informationen über den Propheten wünschenswert, insbesondere da viele amerikanische Leser mit diesem Thema überhaupt nicht vertraut sind, so würden wir andererseits dem facettenreichen Charakter Mohammeds nicht gerecht, wollten wir mit einer trockenen, faktenbezogenen Zusammenfassung beginnen. Sollte man etwa das Leben Jesu Christi als die Karriere eines jüdischen Schreiners charakterisieren, dessen Vater unbekannt ist und der zu einem Wanderprediger wurde, welcher das Herannahen des Jüngsten Tages verkündete und schließlich als Rebell von den Römern hingerichtet wurde? Oder was bedeutet es, wenn man Buddha als einen betrübten Prinzen bezeichnet, der Thron und familiäre Verpflichtungen aufgab, um künftig als Bettler zu leben? Welche Rolle spielen kurze Darstellungen dieser äußerlichen Lebensläufe? Diese Methode, die durch ihren irreführenden Anspruch auf historische Objektivität Glauben und Verehrung von Generationen außer Acht lässt, würde die religiöse Bedeutung dieser Männer verschütten.

Stattdessen wollen wir uns hier mit einem religiösen Kunstwerk beschäftigen, einem kalligraphischen Portrait des Propheten, das sich an einem traditionellen Bericht über sein Aussehen orientiert. Diese kurze Beschreibung, die normalerweise in der Version wiedergegeben wird, die Mohammeds Vetter und Schwiegersohn ʿAli verfasst hat, ist schlicht und ehrlich. „Mohammed war mittelgroß, hatte keine langen oder gekräuselten Haare, war nicht dick, hatte ein rundes, makelloses Gesicht und große, schwarze Augen mit langen Wimpern. Wenn er ging, schien er bergab zu gehen. Er hatte das „Siegel der Propheten“ zwischen seinen Schulterblättern. (…) Sein Gesicht leuchtete wie der Mond, wenn er voll ist."[3] Jahrhundertelang haben Muslime in den osmanisch-türkischen Gebieten ihre Verehrung für den Propheten durch bezaubernde kalligraphische Abschriften dieses als *hilya*, „Zierde", bekannten Textes zum Ausdruck gebracht, dem sie dann in ihren Häusern und an ihrem Arbeitsplatz einen Ehrenplatz gegeben haben.

Ein Kunstwerk des zeitgenössischen pakistanischen Kalligraphen RASHEED BUTT enthält in einer großen kreisförmigen Kartusche, dem Herzstück des Werks, die Beschreibung Mohammeds. Der Text stammt von einer Beduinenfrau namens Umm Maʿbad, die dem Propheten auf dessen historischer Reise nach Medina begegnete:

> Ich sah einen Mann, rein und sauber, mit hübschem Gesicht und von schöner Gestalt. Er war nicht durch einen ausgezehrten Körper entstellt, noch waren sein Kopf und sein Hals übermäßig klein. Er war anmutig und elegant, hatte tiefschwarze Augen und kräftige Wimpern. Seine Stimme war belegt und sein Hals lang. Sein Bart war dicht, seine Augenbrauen fein gebogen und miteinander verbunden. Wenn er schwieg, war er ernst und würdig, und wenn er sprach, stieg der Ruhm empor und breitete sich über ihn aus. Er war von fern der schönste und ruhmreichste aller Männer, und aus der Nähe der süßeste und liebenswürdigste. Seine Rede war süß und ausgesucht, aber nicht belanglos und nichts sagend. Seine Sprache war eine Kette kaskadenartig fallender Perlen, so bemessen, dass niemand sie als zu lang empfand, und kein Auge tadelte ihn, er sei zu klein. In Gesellschaft ist er wie ein Zweig zwischen zwei anderen Zweigen, wobei er wie der mit den meisten Blüten von allen dasteht, und als der lieblichste wegen seiner Kraft. Er ist umgeben von Freunden, die seinen Worten lauschen. Wenn er befiehlt, gehorchen sie sofort, eifrig und schnell, ohne Missfallen oder Klage." Gott segne ihn und gebe ihm Frieden. Gott, bete für Mohammed, Deinen Diener, Deinen Propheten und Deinen Gesandten, den analphabetischen Propheten, und seine Familie und seine Gefährten, und gib ihnen Frieden. Geschrieben mit der Gnade Gottes, des Höchsten, von Rasheed Butt. Möge Gott ihm verzeihen.[4]

Vier kleinere Kartuschen mit den Namen von Mohammeds wichtigsten Nachfolgern erinnern den Betrachter an die Rolle der Tradition für die Übermittlung seines Erbes. Oben in großen Buchstaben die Worte „im Namen des barmherzigen und gnädigen Gottes", der

Satz, mit dem mit Ausnahme der neunten jede Sure des Korans beginnt. Unter dem Text der großen Kartusche ist der Text, womit Gott die universale Rolle Mohammeds verkündet, hervorgehoben: „Und wir haben dich nur deshalb (mit der Offenbarung) gesandt, um den Menschen in aller Welt Barmherzigkeit zu erweisen" (Sure 21,107). Der Rahmen dieser Beschreibung in Gottes eigenen Worten, worin die universale Rolle des Propheten verkündet wird, kennzeichnet dessen einzigartige geistige Stellung.

Dieses bemerkenswerte Beispiel moderner islamischer Kunst weist einen der Wege, auf denen sich Gläubige Mohammed und seiner Rolle für den Glauben nähern. Als Kunstwerk ist es eine kalligraphische Ikone, welche die physische Persönlichkeit des Propheten beschreibt, ohne in ein real sichtbares Portrait überzugehen. Zahlreiche Muslime benutzten dieses Kunstwerk als Devotionalie. Ein in einer der gängigen Hadith-Sammlungen überlieferter Ausspruch des Propheten lautet: „Für den, der meine *hilya* nach meinem Tode sieht, ist dies, als hätte er mich selbst gesehen; und von dem, der sie sieht und sich nach mir sehnt, wird Gott das Höllenfeuer abwenden, und er wird am Jüngsten Tag nicht nackt auferstehen."[5] Zwar finden wir in einigen mittelalterlichen Handschriften, die Mohammed darstellen. Diese wurden jedoch im Allgemeinen eher zu privaten Zwecken hergestellt, für hochgestellte Patrone etwa, denn als Teil der öffentlich zugänglichen religiösen Kunst, wie wir sie aus den christlichen Kirchen kennen. Die Muslime haben die Darstellung menschlicher und tierischer Wesen in der religiösen Kunst im Allgemeinen zurückgewiesen. Die Kalligraphie jedoch ist zur Vermittlung des göttlichen Wortes in ansprechend schöner physischer Form bestens geeignet und war daher im muslimischen Kulturraum die religiöse Kunstform *par excellence*. Auf diese Weise hatte man eine symbolische Ermahnung an die Gegenwart des Propheten zur Hand, ohne dabei irgendeine Art von Götzenbild, das für das Feingefühl der Muslime inakzeptabel ist, zu benutzen.

Präziser wäre es jedoch, zu sagen, dass dieses künstlerische Konzept nur eine Art ist, den Mohammed des Glaubens darzustellen. Vielen Muslimen wird diese Darstellungsweise heute seltsam vorkommen, und dies u. a. deshalb, weil diese regionale Kunsttradition außerhalb von Südosteuropa, der Türkei und dem östlichen Mittelmeerraum kaum bekannt ist. Wichtiger ist dabei, dass diese Art, den Propheten kalligraphisch darzustellen, das Interesse der Menschen auf ihn als denjenigen lenkt, der bei Gott für die Menschheit Fürsprache einlegt. Dies ist der Mohammed der Gnade. In Reformistenkreisen wird die Vorstellung, irgendein menschliches Wesen, selbst der Prophet, könne für andere Fürsprache einlegen, häufig als eine Art Götzendienst und Verehrung menschlicher Wesen entschieden zurückgewiesen. Für diese Leute ist ein anderer Aspekt wichtiger: der Mohammed der Autorität. Für diejenigen, welche den Mohammed der Gnade verehren, sind historische Einzelheiten aus seinem Leben und seinen das Recht betreffenden Äußerungen von geringerer Bedeutung als seine Schönheit und sein Mitleid für Bedürftige. Über das physische Erscheinungsbild des Propheten gibt es eine sehr umfangreiche Literatur, wobei seine bemerkenswerte Schönheit besonders hervorgehoben wird; und mit der Zeit haben sich zudem Legenden über seine Wundertaten gebildet. Dieser Mohammed wird überall auf der Welt durch Feierlichkeiten aus Anlass seines Geburtstages gefeiert. Während diese Art der Verehrung mit Sicherheit mehr als 1000 Jahre alt ist, gilt sie bei modernen Reformern als unerfreuliche und häretische Neuerung, die nicht durch die heiligen Texte gestützt wird. Die Rechtsautoritäten in Saudi-Arabien haben in den letzten Jahren Gesetze erlassen, welche die Feierlichkeiten zu Mohammeds Geburtstag als tadelnswert verbieten.

Der Mohammed der Autorität steht jedoch mit dem der Gnade nicht notwendigerweise im Konflikt. In Sure 33, 21 wird der Prophet „ein schönes Beispiel“ genannt, und spätere Traditionen haben die Tradition sorgfältig auf Äußerungen und Handlungen des Propheten hin untersucht, die als ethische Richtschnur und Präzedenzfälle dienen können. Im Koran wird mehrfach auf die Sonderstellung Mohammeds und auf seine besondere Nähe zu Gott hingewiesen. „Wenn einer dem Gesandten gehorcht, gehorcht er(damit) Gott“ (Sure 4, 80). Seine Stellung als Stellvertreter [*khalifa*] Gottes machte jede Verständigung mit ihm zu einer Verständigung mit Gott. „Diejenigen, die dir huldigen, huldigen (eigentlich nicht dir, sondern) Gott." (Sure 48,10). Zwar macht der Koran an einigen Stellen keinen Unterschied zwischen dein einzelnen Propheten, Mohammed jedoch wird als „das Siegel der Propheten" hervorgehoben (Sure 33,40), als derjenige, dessen Einfluss auf die Geschichte so endgültig ist wie das Siegelwachs auf einem Brief. Über die Jahrhunderte war es unter muslimischen Gesetzesgelehrten üblich, das Studium der Äußerungen des Propheten mit einer tiefen Verehrung seiner Person zu verbinden. Mohammeds Äußerungen, die so genannten *Hadith*e (arab. *hadith*, „Bericht, Nachricht") sind für die Muslime eine Art zweite heilige Schrift, deren Ansehen nur durch den Koran übertroffen wird. Diesbezüglich handelte Mohammed vor allem als Quelle für Gesetzgebung und Moral. Da es im Koran nur relativ wenige spezifisch gesetzliche Gebote gibt, war es für die Muslime selbstverständlich, dass sie diesbezüglich die sehr viel umfangreicheren Sammlungen von Berichten über seine Äußerungen und Handlungsweisen nach Richtlinien durchsuchten.

Im Laufe der der späteren Entwicklung des islamischen Rechts bildeten die Hadithe eine Materialsammlung, aus der man das vorbildliche ethische und religiöse Verhalten des Propheten (*sunna*) ablesen konnte. Dieses Vorbild war nach dem Koran die zweitwichtigste der vier anerkannten Quellen des islamischen Rechts (Einigkeit unter den Gelehrten und Entscheidung nach dem Analogieschluss galten als Ergänzungen zu Koran und Sunna). Das Konzept der *Sunna*, des Vorbildes des Propheten war von solcher Wichtigkeit, dass es schließlich zur Bezeichnung der größten Gruppierung innerhalb des Islams geworden ist: der Sunniten, die für sich die Nachahmung des Vorbildes des Propheten Mohammed beanspruchen. Die Sammler von Hadithen untersuchten Tausende von derartigen Berichten auf ihre Authentizität, wobei sie vor allem den moralischen Charakter jener als Autoritäten anerkannten, die diese Berichte mündlich überliefert haben. In der Moderne haben europäische Gelehrte kritische Fragen zur Authentizität der wichtigsten Hadith-Sammlungen gestellt, die bei der Entstehung der prophetischen Sunna eine Rolle gespielt haben. Da es immer außerordentlich verlockend ist, in einer rechtlichen Auseinandersetzung zur Absicherung der eigenen Position einen Text als Beweis zur Verfügung zu haben, sind, wie es ein Gelehrter im zehnten Jh. formuliert hat, „fromme Männer nie so zu Lügen bereit wie in den Hadith betreffenden Angelegenheiten". Aus diesem Grunde betrachten Orientalisten alle Zitate aus der Zeit nach dem Propheten mit zweifelndem Vorbehalt, von denen angenommen werden kann, dass sie eindeutige, klar definierbare rechtliche Konsequenzen gehabt haben. In ihren Augen bedeutete eine derart gezielte Verwendung der jeweiligen Texte, dass diese Berichte offensichtlich gefälscht waren, und dies insbesondere deshalb, weil sich viele von ihnen auf spezifische Fälle beziehen, die sich erst viele Jahre nach dem Tode des Propheten ereignet haben. Diese harte Kritik an Hadithen hat ihre Wirkung auch auf das Denken der modernen Muslime nicht verfehlt. Über die Frage, inwiefern Hadithe verlässliche Quellen zu religiöser Führung sein können, hat es harte Debatten gegeben. Dies ist einer von mehreren weiteren Gründen, weshalb sich in unseren Tagen einige muslimische Intellektuelle ausschließlich auf den Koran konzentrieren und die spätere Tradition verwerfen.

Frühe Theologen, insbesondere Angehörige der schiitischen Schule, haben die Existenz von Propheten als notwendige Folge der Gnade Gottes bezeichnet (die spezifischen Lehren, durch die sich Schiiten und Sunniten unterscheiden, sollen später diskutiert werden). Nach Ansicht dieser Gelehrten ist die Gnade eines der göttlichen Attribute, und daher würde Gott der Schöpfung seine Gnade nicht vorenthalten. Angesichts der Schwäche und Unvollkommenheit der menschlichen Natur ist es für die Menschheit unmöglich, ohne die Hilfe der göttlichen Weisheit Unwissenheit und Leiden zu überwinden. Und wie anders sollte dieses Wissen dem Menschen mitgeteilt werden als durch einen von ihnen, der von Gott für die Übermittlung dieser Botschaft auserwählt wurde? Deshalb werden die Propheten als die besten Mitglieder der menschlichen Gemeinschaft angesehen, die Gott notwendigerweise von der Sünde ausnimmt, da sie andernfalls nicht als die wahren moralischen und religiösen Führer in Erscheinung treten könnten. Nur durch göttliche Inspiration kann das Wissen um Gottes Einheit der Menschheit geoffenbart werden. Mit Hilfe dieser Argumentationskette vertraten die Schiiten die Ansicht, dass das Auftreten eines zutiefst religiösen Führers wie Mohammed inmitten der Unwissenheit des heidnischen Arabien ein perfektes Beispiel für die göttliche Fügung und Gnade sei.[6] Wird Mohammed als der letzte der von Gott gesandten Propheten betrachtet, so vertreten schiitische Gelehrte die Ansicht, die göttliche Gnade bleibe auch nach dem Tode des Propheten wirksam, und zwar repräsentiert durch charismatische Anführer, die so genannten Imame, leibliche Nachkommen des Propheten Mohammed. Die schiitische Tradition beansprucht sowohl den Mohammed der Autorität als auch den der Gnade für sich, wobei sie diese beiden Konzepte durch eine rigorose Theologie miteinander verbindet.

Es gibt noch einen anderen Weg, sich der Prophetie zu nähern: den der Philosophen. Diese erarbeiteten eine vielgliedrige, geniale Interpretation, die auf das Konzept PLATONS, des Königs der Philosophen, zurückgeht. Im zehnten Jh. hat der Philosoph AL-FARABI die aristotelische Kosmologie auf geniale Weise mit der islamischen Theologie verbunden, indem er erklärte, die Intellekte, welche die himmlischen Sphären bewegten, seien mit den Engeln der Offenbarung identisch. Ähnlich wie ein Philosoph hat ein Prophet zur Vereinigung mit dem Aktiven Intellekt (auch bekannt als der Engel Gabriel) gefunden, so dass beide im Wesentlichen dasselbe Bewusstsein haben. Der Unterschied liegt in der öffentlichen Rolle des Propheten, dessen Aufgabe es ist, all jenen das religiöse Gesetz als moralischen Kodex und symbolische Struktur zu offenbaren, die zu philosophischem Denken nicht in der Lage sind. Unter diesem Blickwinkel spielt die Religion als öffentliche Vollendung der Philosophie die Rolle der Politik und der Ethik, während die letzte Wahrheit der Offenbarung mit den Schlussfolgerungen der Metaphysik identisch ist. Indem er sich der Sprache des Korans bedient, sagt AL-FARABI, alle Propheten und Philosophen seien „eine einzige Person" (Sure 31,28, etc.). Wie AUGUSTIN betrachtet auch er die spezifische Religion, die sich der Philosophenkönig zueigen gemacht hat, als eine Angelegenheit göttlicher Vorkehrung und abhängig von Zeit und Ort. Die philosophische Interpretation der Prophetie hat in gewisser Weise die Religion der Philosophie untergeordnet und die Geschichte entwertet, indem sie Mohammed nicht so sehr wegen seiner einzelnen Charaktereigenschaften schätzte, sondern auf Grund der kosmischen Funktion, die er erfüllt hat. Auch wenn diese Sehweise auf kleine Philosophenzirkel beschränkt blieb, so hatte sie dennoch bedeutende Auswirkungen insbesondere auf jene philosophisch interessierten Herrscher, die sich Hoffnungen auf die Rolle von Nachfolgern (arab. *khalifa*, „Nachfolger, Stellvertreter"; daraus dt. „Kalif", etc.) des Propheten als Stellvertreter Gottes auf Erden gemacht hatten. Auch hier finden wir wieder sowohl den Mohammed der Autorität als auch den Mohammed der Gnade, diesmal aber gebrochen durch die Optik der Philosophie.

Dschalal al-Din Davani, ein persischer Philosoph und Minister, schätzte sowohl die transzendentale Stellung des Propheten als Empfänger des göttlichen Lichts als auch die Notwendigkeit, dass er wie ein normaler Mensch gelebt haben muss. Er hat diese beiden Aspekte in Mohammeds Existenz folgendermaßen miteinander in Einklang gebracht:

> „Da der ehrwürdige Herr der Gesandten (über ihm seien Gebete und Frieden) die Quelle des majestätisch schönen göttlichen Lichts war und der Enthüller der Auswirkungen göttlicher Großartigkeit und grenzenlosen Ruhmes, hat er [den Menschen] in bemerkenswertem Umfang Ehrfurcht eingeflößt. Abu Sufyan [Mohammeds heidnischer Gegenspieler. KM] kam, als er noch Heide war, einmal zum Propheten, um einen Vertrag auszuhandeln. Nach seiner Rückkehr sagte er: ‚Bei Gott! Ich habe viele Könige und Anführer gesehen, und keiner von ihnen hat meinem Herzen diese Bangigkeit und Ehrfurcht eingeflößt.' Auch die Barmherzigkeit und Freundlichkeit des Propheten Mohammed waren außerordentlich. Eines Tages kam eine Frau zum Propheten und wollte eine Bitte vorbringen. In der Tat wurde auf Grund der Funken heiligen Lichts, die von den Fenstern der heiligen Seele des verehrten Propheten ausgingen, sein Licht von den vier Mauern dieses reinen Hauses reflektiert. Ihr sichtbares Staunen wurde immer größer, und als der Prophet dies bemerkte, sagte er: „Fürchte dich nicht. Ich bin der Sohn einer arabischen Frau, die getrocknetes Fleisch

> zu essen pflegte." Es war die Absicht des Propheten, die Furcht vom Herzen dieser Frau zu nehmen, damit sie ihm ihre Bitte vortragen konnte. Den Stolzen Stolz und den Armen und Unterdrückten gegenüber Bescheidenheit zu zeigen, ist Teil der Ethik der Großzügigkeit."[7]

Für diesen Philosophen war Mohammed ein Vorbild an Gerechtigkeit, der jedermann nach seinem Verdienst behandelte, gleichgültig, ob er dabei als mächtiger Führer oder als bescheidener, normaler Mensch auftrat.

Dies sind jedoch keineswegs die einzigen von Muslimen aufgeführten Vorstellungen von ihrem Propheten. Zu den Erscheinungsformen des Mohammeds des Glaubens müsste man u. a. auch den Sozialisten Mohammed zählen, zu dem ganz modern anmutende Auffassungen von sozialer Befreiung und Gerechtigkeit passen. In der Geschichte der Meinungen der Muslime über Mohammed dominierte bis vor relativ kurzer Zeit stets die Betonung seiner kosmischen Rolle als wichtigster Fürsprecher für die Menschheit. In mystischen Traktaten wurde er nicht nur als ethischer Führer dargestellt, sondern auch als das vor-ewige Licht, aus dem Gott die Welt erschaffen hat.[8] Die wichtigste Veränderung der Perspektive während des letzten Jahrhunderts war zum Teil eine Reaktion auf die überaus negativen Schilderungen des Propheten durch europäische Autoren, obwohl darin zugleich auch ein Anwachsen des bürgerlichen Rationalismus in islamischen Ländern zum Ausdruck kommt. Der Prophet ist nicht mehr eine mystische Erscheinung oder eine halbmythische Gestalt, die apokalyptische Kräfte lenkt; vielmehr wird er nun als sozialer und politischer Reformer gesehen, der mit seinen korrupten heidnischen Feinden überlegt umgeht, indem er eine Gesellschaft ins Leben ruft, die als Modell für menschliche Vollkommenheit auf Erden dienen kann. Übernatürliche Ereignisse und Wunder verlieren in einem Grade ihre Bedeutung, dass Mohammeds Himmelsreise in die Gegenwart Gottes, die in der islamischen Literatur der vormodernen Zeit Gegenstand zahlloser Geschichten und Kommentare war, im 20. Jh. für viele zum bloßen psychologischen Ereignis wird, wodurch dem Gesandten Gottes jedoch keineswegs ein außergewöhnlicher Status zugemessen wird.

Während wir dieses Insistieren auf der Vielfalt der Mohammeds des Glaubens im Gedächtnis behalten, ist es hilfreich, einen kurzen Blick auf Mohammed selbst und die Welt zu werfen, in der er lebte. Einer weit verbreiteten Ansicht zufolge wurde Mohammed um das Jahr 570 n. Chr. in der arabischen Stadt Mekka geboren, die damals ein Handelszentrum zwischen den beiden Großreichen Rom (mit Zentrum Byzanz) und Persien war. Sein genaues Geburtsdatum ist unbekannt. Sein erstes Auftreten als Prophet soll um das Jahr 610 stattgefunden haben, denn man nimmt gemeinhin an, er sei damals vierzig Jahre alt gewesen: Die Zahl 40 ist in der nahöstlichen Überlieferung die Zahl der Vollkommenheit. Mohammeds Vater starb vor der Geburt seines Sohnes, seine Mutter wenig später. So wurde die Waise von Verwandten aus dem mächtigen Stamm der Quraish erzogen, der damals in Mekka herrschte. Auch wenn er mit der Lebensweise der beduinischen Araber vertraut war, konzentrierte sich Mohammeds eigenes Leben auf das städtische Umfeld und nicht auf die Wüste. In seinen frühen Jahren war er Händler und arbeitete für eine Witwe namens Khadidscha. Frühe Berichte über seine Reisen nach Syrien erzählen von Begegnungen mit christlichen Mönchen, die in ihm einen Propheten erkannt haben. Obwohl Khadidscha 15 Jahre älter war als er, bot sie ihm die Heirat an, als er 25 Jahre alt war. Als Mohammed seine ersten Offenbarungen hatte, war Khadidscha die einzige Person, die ihm in seinen Selbstzweifeln vollkommen vertraute, und sie wurde die erste Gläubige.

Auf jeden Fall war er eine charismatische und für seine Integrität bekannte Persönlichkeit. Sein Kosename *al-Amin*, „der Vertrauenswürdige", wird in zahlreichen Berichten erwähnt, die besagen, dass er schon in seiner Jugend als unparteiischer Schiedsrichter bekannt war. Einige haben die Ansicht vertreten, er habe eine schrittweise geistige Entwicklung durchgemacht, zu der längere Meditationsperioden und Zeiten des Rückzugs in eine Höhle am Berg Hira in der Nähe von Mekka gehörten. Andere glauben, seine religiöse Erweckung sei sehr rasch vonstatten gegangen, als Ergebnis einschneidender Offenbarungserfahrungen, die ohne Vorankündigung über ihn kamen. Das religiöse Umfeld im vorislamischen Mekka lässt sich nur sehr schwer rekonstruieren, aber die Botschaft, die Mohammed allmählich zu verkünden begann, war dennoch eine Überraschung. Ganz grundsätzlich kann man sagen, dass es dabei um den Gegensatz zwischen dem Konzept des einen Gottes und einem polytheistisch ausgerichteten Heidentum ging. Dabei war der Monotheismus in Arabien keineswegs unbekannt: Es gab auf der Halbinsel jüdische Gruppen und hier und da auch christliche Mönche, und einige als *Hanifen* bekannte Araber waren offensichtlich religiöse Sucher von einiger Weltklugheit. Nichtsdestoweniger konzentrierte sich das religiöse Leben in Mekka auf das Gebiet um den würfelförmigen Tempel, der als Kaʿba bekannt war und in dem 360 unterschiedlichen Göttern, Göttinnen und den arabischen Dschinnen, Geisterwesen, geweihte Götzenfiguren untergebracht waren. Zugleich gab es offensichtlich alte Traditionen, welche die Kaʿba mit Abraham (arab. *Ibrahim*) und seinem Sohn Ishmael (*Ismaʿil*), den Ahnherrn der Araber, in Verbindung brachten. In gewisser Weise sollte Mohammeds Religion die ursprüngliche Religion des Propheten Abraham in Arabien wiederherstellen und die falschen Götzen des Heidentums beseitigen. Ebenso deutlich hob er auf die moralische Erneuerung der Gesellschaft ab.

Als Mohammed mit der Verkündigung dieser Ideen begann, erfuhr er allmählich immer mehr Zustimmung. Nach seiner Frau Khadidscha waren seine nächsten Anhänger ein Knabe (sein Vetter ʿAli) und ein Sklave (Zaid). Die mächtigen Mitglieder der mekkanischen Gesellschaft indes beeilten sich nicht, seiner Botschaft über moralische Verantwortung, die alles überragende Macht Gottes und die Notwendigkeit der Fürsorge für Arme, Witwen und Waisen Gehör zu schenken. Auch machten sie die Vorstellungen von der Auferstehung der Toten und Gottes Jüngstem Gericht im Leben nach dem Tode lächerlich. Vor allem aber stellte Mohammeds Betonung des einen wahren Gottes und seine Ablehnung des Polytheismus eine Bedrohung für die örtliche Machtstruktur dar. Die alljährlich abgehaltenen Märkte und Pilgerfeste bei der Kaʿba waren eine Haupteinnahmequelle für den Stamm Quraish (Banu Quraish), und das, was die Stammesführer sahen, gefiel ihnen überhaupt nicht, denn sie betrachteten dies als eine Bedrohung ihrer Lebensgrundlagen. Mohammeds Verwandte beschützten ihn in den meisten Fällen vor dem Zorn seiner Gegner er erfuhr jedoch auch Demütigung und Beleidigungen. Die Verfolgung seiner Anhänger war indes so ernst, dass sich einige zur Auswanderung nach Äthiopien entschlossen, wo sie von dem dortigen christlichen König willkommen geheißen wurden. In der Zwischenzeit kämpfte Mohammed gegen die unfreundlichen Reaktionen von Seiten seiner Heimatgemeinde. In diese dunkle Periode fiel angeblich seine Erfahrung der Himmelsreise und der göttlichen Gegenwart.

Mohammeds Himmelsreise, auf die im Koran an einigen wenigen Stellen angespielt wird, war in zahlreichen Hadithen und späteren literarischen Texten Gegenstand sorgfältiger Ausarbeitung. Man geht im Allgemeinen davon aus, dass sich folgende kurze Passage aus dem Koran auf diese Himmelsreise bezieht: „Gepriesen sei der, der mit seinem Diener (d.h. Mohammed) bei Nacht von der heiligen Kultstätte (in Mekka) nach der fernen Kultstätte (in Jerusalem), deren Umgebung wir gesegnet haben, reiste, um ihn etwas von unseren Zeichen sehen zu lassen." (Sure 17,1) In den gängigsten Interpretationen dieses Verses wird die Heilige Moschee mit dem Schrein von Mekka identifiziert, während die Entfernteste Moschee für Jerusalem steht – und in der Tat ist die neben dem Felsendom in Jerusalem befindliche Moschee als al Masdschid al-Aqsa, „die Entfernteste Moschee", bekannt.

Nach der Tradition hat Gott den Propheten auf wunderbare Weise von Mekka nach Jerusalem gebracht, durch mehrere Himmelssphären, in welchen er allen großen Propheten der Vergangenheit begegnet ist. Aus einigen Berichten erfahren wir zahlreiche weitere Einzelheiten zu Mohammeds Begegnungen mit den Engeln und mit Gott. In der höchsten Himmelssphäre, in welcher der Prophet Moses wohnt, führen die beiden eine kurze Unterhaltung, bevor der Moment kommt, da Mohammed in die Gegenwart Gottes tritt. Diese Begegnung wird im Koran (Sure 53,13–18) nur andeutungsweise beschrieben wird: „Er hat ihn ja auch ein anderes Mal herabkommen sehen, beim Zizyphusbaum am äußersten Ende (des heiligen Bezirks?), (da) wo der Garten der Einkehr ist (?), (damals) als sich jene Decke (oder: Verhüllung) über den Zizyphusbaum legte. Der Blick (des Propheten) schweifte nicht ab (so dass er nur undeutlich hätte sehen können). Und er war nicht anmaßend. Er hat doch (auch sonst?) gar große Zeichen seines Herrn gesehen."

Bei Mohammeds Rückkehr fragt ihn Moses, was Gott gesagt habe. In einem von einer gewissen Situationskomik geprägten Dialog deutet Mohammed an, Gott habe ihn beauftragt, seiner Gemeinde fünfzig Gebete am Tag aufzutragen. „Fünfzig Gebete am Tag!" erwiderte Moses. „Ich kenne diese Menschen: Sie werden niemals ausführen, was du verlangst." Mohammed nimmt diese Erwiderung auf und kehrt, dem Rat des Moses folgend, zu Gott zurück und bittet um eine Verringerung der Zahl der Gebete, die ihm auch gewährt wird. Er berichtet Moses, die verlangte Zahl der täglichen Gebete betrage nun fünfundvierzig. Erneut weist der ungläubige Moses Mohammed an, um weitere Verringerung zu bitten, bis Mohammed schließlich mit der Nachricht zurückkommt, seine Anhänger müssten fünfmal am Tag beten. Als Moses ihn erneut zu überzeugen versucht, auch diese Zahl zu reduzieren, weigert sich Mohammed und sagt, er schäme sich, seinen Herrn erneut darum zu bitten.

Diese Geschichte soll erklären, wie die Forderung nach fünf täglichen Gebeten in der muslimischen Gemeinde zustande gekommen ist. Hinter dieser Erzählung verbirgt sich jedoch ein tieferer Sinn. Bei einer anderen Gelegenheit bemerkte der Prophet: „Das rituelle Gebet ist das Aufsteigen des Gläubigen", ein Spruch, der sich an den Mauern zahlreicher Moscheen findet. Das Ausführen von Verneigungen, Niederknien, Sich-Niederwerfen und Sich-Erheben, also von Teilen des rituellen Gebets, kann teilweise als ein Nachvollziehen von oder eine Erinnerung an Mohammeds Himmelsreise in die Gegenwart Gottes verstanden werden. Wie oben angedeutet, wurde geistige Tugend gleichgesetzt mit einem Gebet, bei dem der Beter vor Gottes Angesicht tritt, oder, falls er dies versäumt, mit einem Gebet, bei dem Gott ihn sieht. So dient die außergewöhnliche spirituelle Erfahrung des Propheten bei seiner Himmelsreise als Vorbild für das, worauf sich ein normaler Gläubiger bei einem normalen Gottesdienst konzentrieren sollte.

Der weitere Werdegang des Propheten stand in zunehmendem Maße im Zeichen seiner Rolle als Anführer der neuen Gemeinschaft, die allmählich aus den Anhängern seiner neuen Botschaft entstand. Während er von der mekkanischen Gesellschaft zurückgewiesen wurde, haben ihn die Einwohner der Stadt Yathrib, die später als Medina (*al-madina*, „die Stadt [des Propheten]") bekannt werden sollte, gerufen, da es bei ihnen zu Konflikte zwischen den verschiedenen Stammesgruppen kam. Arabischem Brauch entsprechend suchten sie einen Schiedsrichter, der in dieser Situation vermitteln sollte. Abgesandte aus Medina trafen in Mekka mit Mohammed zusammen und luden ihn ein, diese Rolle zu übernehmen, und Mohammed nahm an. Nach und nach verließen seine Anhänger Mekka, und schließlich machte sich auch der Prophet unbemerkt und nur in Begleitung eines Gefährten davon, sehr zum Kummer seiner mekkanischen Gegner, die ihn lieber weiterhin unter ihrer Kontrolle gehabt hätten. Mohammed wurde dann zum Herrn von Medina. Diese Stadt ist als theokratisch beschrieben worden, was Mohammed in eine Position gehoben hätte, die jener des Samuel als Gottes Stellvertreter unter den Israeliten vergleichbar gewesen wäre. Die politische Ordnung in Medina war jedoch komplexerer Natur. Wie das als „Gemeindeordnung von Medina" bekannt gewordene Dokument beweist, bestand dieses Gemeinwesen aus Mohammeds Gefolgschaft, aus Juden und Heiden, die alle, zumindest theoretisch, seine Führerfunktion mehr oder weniger akzeptierten. Somit ist erwiesen, dass der religiöse Pluralismus von Anfang an als ein Grundprinzip der islamischen Gesellschaft akzeptiert wurde. In dieser Hinsicht bedeutete Mohammeds Politik eine radikale Abkehr von dem Beispiel des christlichen Rom, wo rivalisierende Glaubensrichtungen nicht toleriert wurden, es sei denn, es erschien bestimmten Herrschern für den Moment vorteilhaft, eine Minderheit wie etwa die Juden zu schützen.

Hatte die neue Gemeinschaft ihre Gebete anfangs in Richtung Jerusalem verrichtet und damit an die abrahamschen Ursprünge ihres Glaubens angeknüpft, so änderte sich dies durch die fortdauernde Offenbarung des Korans binnen kurzem; und schließlich wurde die Richtung nach Mekka als Gebetsrichtung festgelegt. Einige europäische Gelehrte haben darin ein Symptom für Mohammeds gescheiterten Versuch gesehen, die arabischen Juden von seiner Mission als Prophet zu überzeugen. Nach dieser Theorie habe Mohammed in seiner Enttäuschung Mekka in den Status einer Rivalin Jerusalems erhoben, quasi als nationalistische Antwort darauf, dass er seinerseits von den Juden abgewiesen worden war. Diese vereinfachende Sehweise lässt eine zynische Haltung erkennen, indem hier angenommen wird, die neue Offenbarung sei, anders als bei den Juden und den Christen, als Erwiderung auf sich verändernde politische Bedingungen fabriziert worden. Eine derart unangemessene Haltung lässt außer Acht, dass Mohammed systematisch versuchte, die offiziellen Vorstellungen von Judentum und Christentum zu überwinden um so zu ihrer letztendlichen offenbarungsorientierten Quelle vorzudringen. Und sie erklärt auch nicht, weshalb selbst für die heidnischen Araber der Stadtgott von Mekka der als „der Gott" (*Allah*, aus *al-ilah*) bekannte höchste Gott war, auch wenn man den Charakter dieser Gottheit gedanklich nicht genau ausgeformt hatte.

Eines der entscheidenden Themen während Mohammeds medinensischer Lebensperiode war die Frage, wie mit politischen und militärischen Auseinandersetzungen umzugehen sei. Diese Frage entstand vorrangig im Umgang mit zwei Gruppen: den heidnischen Herrschern von Mekka und den jüdischen Stämmen von Medina, die mit Mohammeds Führerschaft nicht einverstanden waren. In einer ganzen Reihe von Raubzügen und Schlachten hatte er den Mekkanern erfolgreich Widerstand geleistet, und schließlich konnten die Streitkräfte der Muslime zusammen mit einigen verbündeten Nomadenstämmen ihre Überlegenheit derart überzeugend unter Beweis stellen, dass die Mekkaner gezwungen waren, nachzugeben. Vorwürfe von Verrat und Kollaboration mit den Mekkanern führten dann zur Vertreibung der beiden wichtigsten jüdischen Stämme, während Mitglieder eines dritten Stammes Hinrichtung oder Gefangenschaft erlitten. Einzelheiten und Ausmaß dieses Vorfalls sind umstritten. Dies war auf alle Fälle ein politischer Konflikt, und es war nie davon die Rede, dass Juden oder Christen zum Islam übertreten müssten. (Diese Anerkennung der so genannten „Leute des Buches, arab. *ahl al-kitab*, wurde später auf weitere Religionsgemeinschaften wie etwa die Zoroastrier und Hindus ausgedehnt.) Aus diesem Grunde betrachten einige Gelehrte die Briefe mit Skepsis, die Mohammed angeblich an die Herrscher des Römischen und des Persischen Reiches geschrieben und in denen er ihre Unterwerfung unter den Islam gefordert haben soll. Diese Briefe passen weitaus besser in den Rahmen der auf die Welteroberung gerichteten Ambitionen des Arabischen Reiches, das am Ende des siebten Jh. n. Chr. im Entstehen begriffen war. Indem sie die Autorität des Propheten akzeptierten, mussten die heidnischen arabischen Stämme jedoch ihre Vielgötterei zu Gunsten des Islams aufgeben. Schließlich zog Mohammed an der Spitze einer beeindruckenden Streitmacht in Mekka ein, ohne dass sich Widerstand regte, und er gewährte seinen früheren Gegnern Amnestie.

Während der ganzen Zeit, da Mohammed als Prophet und politischer Führer wirkte, war er auch Ehemann und Vater, ein Mann, der sich zu den Frauen hingezogen fühlte und der sich intensiv seiner Familie, seinen Kindern, widmete. Nach dem Tode Khadidschas heiratete Mohammed eine Reihe weiterer Frauen. Von den insgesamt neun Ehen, aus denen mehrere Kinder hervorgingen, waren einige aus politischen Gründen geschlossen worden. Seine Familienangelegenheiten waren nicht ganz frei von Problemen, sie waren jedoch eindeutig ein zentraler Bestandteil seines Lebens. In einem Hadith wird Mohammed zitiert: „Drei Dinge in eurer Welt sind für mich angenehm: Parfüm, Frauen und das Gebet sind die Freude meiner Augen." Diese bemerkenswerte Feststellung vereint in sich Sinnenfreude, die Attraktivität der Geschlechter und ein tief religiöses Bewusstsein; das gesamte Leben, das physische wie das geistige, bildet ein einziges Ganzes. Es muss hier festgehalten werden, dass Mohammeds Leben einerseits in vielerlei Hinsicht für die Muslime vorbildlich war, dass es aber andererseits auch ungewöhnliche Dinge gab. Die gesetzlich festgelegte Möglichkeit, dass ein Muslim vier Frauen heiraten kann (was in den Ländern, in denen es heute noch erlaubt ist, relativ selten vorkommt), unterscheidet sich klar von den zahlreichen Ehen, die dem Propheten zugestanden wurden. Auch Mohammeds Frauen waren außergewöhnlich. Sie durften nach seinem Tode nicht wieder heiraten, und die Suren 33,32 und 33,53, in denen gefordert wird, Frauen sollten sich in ihrem Haushalt hinter einem Vorhang verbergen, waren nicht auf andere Frauen, sondern ausschließlich auf sie bezogen. Der weit verbreitete Brauch, den Schleier zu tragen, der zum Teil auf Vorbilder aus aristokratischen Kreisen der Griechen und Perser zurückgeht, ist eine eigenständige Entwicklung.

Bezeichnenderweise haben die Christen Mohammeds Ehen als Argument gegen ihn verwendet und haben es dem von Jesus gelebten Zölibat gegenübergestellt. Die im frühen Christentum verbreitete Betonung der Jungfräulichkeit und der mönchischen Lebensführung hat vielleicht unvermeidlich dazu geführt, dass die Christen Mohammeds Ehen abgelehnt haben. Den Heiligen Paulus, der verkündete: „Es ist besser zu heiraten als zu verbrennen", kann man indes kaum als einen begeisterten Befürworter der Ehe bezeichnen. Schließlich passte das Zölibat viel besser zu der in frühchristlicher Zeit kursierenden Vorwegnahme der Apokalypse, als keine Notwendigkeit bestand, für künftige Generationen vorzusorgen. Mönchisches Zölibat und Keuschheitsgelübde sind jedoch im Europa und Amerika unserer Tage auf dem Rückzug. Die Katholische Kirche besteht zwar immer noch auf dem Zölibat der Priester in der Nachfolge Jesu, die Protestantische und die Orthodoxe Kirche haben jedoch schon vor Jahrhunderten diesen Aspekt des Lebens Jesu aufgegeben und damit sowohl das zölibatäre Priestertum als auch (für die meisten Protestanten) das Mönchtum abgelehnt. In der heutigen Gesellschaft sind trotz aller Rufe nach vorehelicher sexueller Enthaltsamkeit die öffentliche Unterhaltungsbranche und die Werbung übersättigt von verführerischen Bildern sexueller Erfüllung. Die von christlicher Seite geäußerte Kritik an Mohammeds Kriegszügen verhüllen ebenso wie die über seine zahlreichen Ehen geäußerte Entrüstung eine in der europäischen wie der amerikanischen Gesellschaft vorhandene beträchtliche Diskrepanz zwischen Ideal und Wirklichkeit. Weder der Pazifismus noch das Zölibat hat in der sozialen und politischen Geschichte unserer Tage mehr als eine Nebenrolle gespielt, und Verfechter dieser Ideale werden heute bezeichnenderweise als Spinner betrachtet. So ist es mehr als ironisch, wenn Christen Mohammed ablehnen, weil er einerseits ein fähiger Führer, andererseits ein begeisterter und liebender Ehemann und Vater war.

Am Ende seines Lebens (er starb im Jahre 632 n. Chr.) war der Prophet das Oberhaupt einer bedeutenden Gemeinschaft und hatte – wohl zum ersten Mal überhaupt – Bündnisse mit allen Stämmen der Arabischen Halbinsel geschlossen. Bezeichnender ist jedoch, dass seine prophetischen Erfahrungen die Basis für eine inbrünstige rituelle Praxis, ethische Ideale und tief in der menschlichen Geschichte verwurzelte soziale Strukturen ergaben. Die Weiterentwicklung dieser Ideale und Praktiken hing jedoch von zahlreichen unvorhersehbaren lokalen Anpassungsprozessen ab.

Das Wort Gottes: Der Koran

Ich erinnere mich, wie ich als Graduierter in Harvard zum ersten Mal die Widener Library besuchte, um dort einige Untersuchungen über den Koran anzustellen. Zu meiner großen Überraschung fand ich im Zettelkatalog für den Koran (im Englischen ist dies die ältere Schreibweise für arab. *Qur'an*) eine Verweisung auf Mohammed als den Autoren dieses Textes. Die Bibel war dagegen ohne Erwähnung eines Autors registriert. Diese Art der Registrierung lies einen feinen Kontrast erkennen: Die Bibel mochte ja göttlichen Ursprungs sein, den Koran dagegen betrachtete man als das Werk eines Menschen. Für einen muslimischen Leser, für den der Koran das Wort Gottes ist, wäre diese von einem Bibliothekar vorgenommene Einordnung ohne Zweifel verwerflich. Dieses Beispiel zeigt, wie kompliziert die erste Annäherung an den Koran sein kann. Das Ergebnis wird zu einem beträchtlichen Teil von den Erwartungen abhängen, mit denen man an diese Arbeit herangeht. Leser, die tiefer in den Koran eindringen wollen, dürfen sich nicht mit diesen Vorbemerkungen zufrieden geben, denn ich werde hier vorwiegend auf die allgemeinsten Annahmen und falschen Vorstellungen eingehen, die im Umfeld dieses heiligen Textes des Islams entstanden sind.

Es ist in der Tat schwierig, den Koran so zu lesen, als sei er ein gewöhnliches Buch. Sein Inhalt unterscheidet sich sehr stark von dem der Hebräischen Bibel oder des Neuen Testaments, die beide, unabhängig von individuellen Offenbarungsbegriffen, vielfältige Dokumente unterschiedlicher Art enthalten, die im Laufe einer bestimmten Zeitspanne von verschiedenen Händen zusammengestellt worden sind. Die Hebräische Bibel enthält umfangreiche Erzählungen und Geschichten sowie prophetische Schriften, Gedichte und didaktische Traktate. Das Neue Testament besteht aus vier Evangelien von unterschiedlichen Autoren, in denen das Leben Jesu erzählt wird, aus Hirtenbriefen von Paulus und anderen, einer Geschichte der frühchristlichen Gemeinde in der Apostelgeschichte sowie den apokalyptischen Büchern der Offenbarung. Was die christlichen Bücher angeht, so war deren Auswahl und Aufnahme in die Bibel (bzw. die Aussonderung anderer Schriften) das Werk von Kirchenkonferenzen. Im Gegensatz dazu ist der Koran weithin anerkannt als die Sammlung der Offenbarungen, die dem Propheten im Laufe von 23 Jahren zuteil wurden, und er ist daher als Text sehr viel homogener und ohne Anzeichen mehrfacher Autorschaft. Dies macht jedoch seine Klassifizierung keineswegs leichter.

Betrachtet man den Aufbau des Korans, so fällt zu allererst auf, dass er in 114 *Suren* genannte Bücher oder Abteilungen aufgeteilt ist, deren jede aus einer unterschiedlichen Zahl von Versen, so genannten *ayas* („Zeichen, Wunder"), besteht. Abgesehen von der ersten Sure, einem kurzen, als „die Öffnende" bekannten Gebet, sind die übrigen Suren ihrer abnehmenden Länge nach angeordnet, wobei Sure 2 („Die Kuh") die längste ist. In den gängigen Koraneditionen findet man jeweils in der Überschrift der einzelnen

Suren einen Hinweis darauf, ob diese zur mekkanischen oder zur medinensischen Periode des Lebens des Propheten gehören. Diese grundlegende Unterscheidung ist hilfreich, da zahlreiche frühe Passagen spezielle Züge der ersten Verkündigungen des Propheten aus seiner mekkanischen Zeit enthalten: Gottes Schöpferkraft, Seine Einheit, die Auferstehung und das Leben nach dem Tode, sowie die Erfahrung der Offenbarung. Im Gegensatz dazu betonen die in Medina geoffenbarten Verse gesetzgeberische und soziale Themen, sowie Hinweise auf Schwierigkeiten, mit denen frühere Propheten wie etwa Moses zu kämpfen hatten. In vielen Suren sind abrupte Themenwechsel festzustellen, etwa ein unvermittelter Übergang von einer Beschreibung des Paradieses zu das Erbrecht betreffenden Detailfragen.

Infolge dieser komplexen Struktur enthält der Koran nur sehr wenige ausführliche erzählerische Passagen. Die einzige große Ausnahme ist Sure 12, in der die Josephsgeschichte erzählt wird, die pathetisch „die schönste aller Geschichten" genannt wird. Die zahlreichen Anspielungen und Hinweise auf Geschichten von Propheten wie Abraham, Moses und Jesus setzen voraus, dass die Zuhörer mit den Grundlinien dieser Erzählungen vertraut waren. In diesem Sinne gleichen einige Passagen im Koran poetischen Zyklen, die zur Betonung ihrer Bedeutung bestimmte berühmte Ereignisse schildern, wobei sie allerdings nicht notwendigerweise jedes einzelne Detail der jeweiligen Geschichte wiedergeben.

Wegen des herausfordernden Charakters des Korantextes haben zahlreiche Autoritäten schon von einem frühen Zeitpunkt an vorgeschlagen, diejenigen, die den Text zum ersten Mal zur Hand nehmen, sollten nicht einfach auf Seite 1 zu lesen anfangen, sondern mit den kurzen Suren am Ende des Korans beginnen. Diese gehören überwiegend zur mekkanischen Periode und bilden mit ihrer lebhaften Schilderung des Lebens nach dem Tode, der Schöpferkraft Gottes in der Natur und der Macht ihrer prophetischen Erfahrung eine ausgezeichnete Einführung in das Verständnis des Aufbaus des Korans. Hilfreich ist auch, sich über Tonaufnahmen oder Websites eine akustische Vorstellung vom Korantext zu machen.[9] Viele Nichtmuslime haben in der Tat den arabischen Koranversen eine enorme ästhetische Wirkung bestätigt. Der Name „Koran, arab. *Qur'an*, bedeutet „Lesung, Vortrag", und der Terminus besagt, dass der Text eher laut als leise gelesen werden soll. Die orale Komponente des Korantextes ist ein wesentlicher Teil seiner Weitergabe und Aufnahme. Als ägyptische Behörden zu Beginn des 20. Jh. entschieden, dass der Korantext gedruckt werden solle, warf dieser Wechsel von der handschriftlichen Form zur Verwendung einer neuen Technologie zahlreiche Fragen auf. Das bemerkenswerteste Ergebnis dieses Prozesses ist die Tatsache, dass die gedruckte Fassung des Korans dann durch Rezitatoren, die als maßgebende Wächter des heiligen Textes galten, bestätigt wurde.

Leser, die mit Debatten über die Entstehungsgeschichte der Bibel vertraut sind, mögen sich fragen, wie der Koran entstanden ist. Bibelexperten haben sich gegen Moses als den Autor der ersten Bücher der Bibel ausgesprochen und haben stattdessen eine ganze Reihe von Herausgebern am Werk gesehen, die über viele Jahrhunderte hinweg Erzählungen, Gesetzestexte, Gedichte und Prophetien umgestaltet haben. In ähnlicher Weise glaubt man ja auch, die Evangelien des Neuen Testaments seien etwa zwischen den Jahren 90 und 150 n.Chr. niedergeschrieben worden. Wann entstand nun der endgültige Korantext? Diese Frage wird kompliziert durch die traditionelle Auffassung, Mohammed sei Analphabet gewesen – ein Argument, welches die Lehre von dem wunderbaren Charakter des Korans noch verstärkt. Denn, so wird argumentiert, wenn der Prophet weder lesen noch schreiben konnte, dann muss seine Erfassung eines Textes von so überwältigender Schönheit und Weisheit auf einer göttlichen Offenbarung beruht haben. Der Mohammed charakterisierende arabische Terminus *ummi*, der häufig als „ungebildet" wiedergegeben wird, kann jedoch möglicherweise noch auf andere Weise interpretiert werden: Er könnte auch besagen, Mohammed sei der „Gentile", der heidnische, nichtjüdische Prophet, welcher zu der Nation (*umma*) der Araber gesandt wurde. Symbolisch betrachtet, ist die „Ungebildetheit" des Propheten, wie viele Kommentatoren angemerkt haben, eine Parallele zu Jesu Geburt durch eine Jungfrau.

In beiden Fällen entsteht das göttliche Wort (entweder in Form des Korans oder des Gottessohns) eher durch göttliches Wirken als durch menschliches Tun. Über die Frage, ob der Prophet Analphabet war oder nicht, kann man streiten, insbesondere wenn man bedenkt, dass er von Beruf Händler war und weit gereist sein soll. Seine Offenbarungen scheinen teilweise noch zu seinen Lebzeiten niedergeschrieben worden zu sein, während die uns verfügbaren Berichte den Arabern eine erstaunliche Begabung zum Auswendiglernen mündlicher Überlieferungen zuschreiben.

Nach der gängigen Darstellung machten sich Mohammeds Nachfolger, nachdem mehrere berühmte Männer, die den Text auswendig gekannt hatten, in der Schlacht gefallen waren, Sorgen um die Erhaltung des Textes. Es heißt, Verse, die auf Ästen, auf Steinen und in den Herzen der Menschen bewahrt worden waren, seien danach auf Papierblätter abgeschrieben worden. Dabei stellte sich mit der Zeit heraus, dass unterschiedliche Exemplare beträchtliche Abweichungen aufwiesen. Dies veranlasste ʿUthman, den dritten Kalifen (reg. 644–652 n.Chr.), eine endgültige, maßgebliche Fassung zu schaffen, und gleichzeitig befahl er die Vernichtung aller anderen Exemplare. Interessanterweise weigerte sich ein hoch geachteter Korangelehrter, Ibn Masʿud, sein Koranexemplar herauszugeben. In der Tat überliefern manche Kommentare und andere gelehrte Schriften gegenüber dem offiziellen Korantext zahlreiche geringfügige Varianten. Wie bedeutsam sind nun diese Varianten?

Betrachtet man in vergleichender Absicht die Geschichte des Bibeltextes, so fällt auf, dass es unter den 5000 als Handschriften erhaltenen Exemplaren des griechischen Neuen Testaments kein einziges mit einem andern genau textidentisches Exemplar gibt. In den meisten Fällen handelt es sich dabei jedoch um unbedeutende Abweichungen im Wortlaut, die leicht als Nebenprodukte beim Abschreiben zu erklären sind. Gelegentlich jedoch finden sich Handschriften, in welchen die Kopisten bei wichtigen Wörtern absichtliche Veränderungen vorgenommen haben, woraus sich wiederum Auswirkungen auf religiöse Debatten unter Angehörigen der frühen Christengemeinde ergaben.[10] Der Korantext weist eine gewisse Anzahl von Schwankungen auf, die sogar in sieben bedeutende und sieben weniger wichtige Schulen der Koranrezitation unterteilt worden sind. Die Unterschiede zwischen diesen einzelnen Arten der Rezitation betreffen in den meisten Fällen unwichtige Varianten bezüglich der Schreibung und Aussprache bestimmter Wörter. Gelegentlich gibt es jedoch auch bedeutende Unterschiede.[11] Gab es in der Frühzeit, insbesondere unter den Schiiten, einige sektiererische Gruppen, die behaupteten, bestimmte wichtige Offenbarungen seien unterdrückt worden, so ist es heute nahezu unmöglich, für diese These ernstzunehmende Argumente zu finden. Einige moderne europäische Gelehrte haben revisionistische Darstellungen der Zusammenstellung und Geschichte des Korantextes in die Diskussion eingebracht, die von alternativen Datierungen verschiedener Textteile bis hin zu einer hyperkritischen These reichen, welche besagt, der Koran sei einige Jahrhunderte nach dem Tode des Propheten geschaffen worden. Der größte Teil dieser Diskussionsbeiträge lagerte gut verborgen in obskuren akademischen Journalen, aber unversehens wurde der Koran gegen Ende des 20. Jh. zu einem brennend interessanten Thema.

Die Veröffentlichung von SALMAN RUSHDIES Roman *The Satanic Verses* im Jahre 1989 ließ die Frage der Offenbarung des Korans zu einer internationalen Streitfrage werden. Rushdie, ein britischer Schriftsteller mit indisch-muslimischem Hintergrund, hatte sich durch einige beißend satirische Romane, darunter *Shame*, eine Satire auf die pakistanische Politik, und *Midnight Children*, eine am „magischen Realismus“ orientierte Interpretation der 1947 erfolgte Teilung von Indien und Pakistan, einen Namen gemacht. RUSHDIE hat seine Ausbildung in England erhalten und hat dort viel Applaus und Anerkennung gefunden. Sein Roman *The Satanic Verses* wollte unter anderem die erbitterten Kämpfe und die Entfremdung von Einwanderern schildern, die in der nachkolonialen Epoche nach England kamen. Mitten in diesem komplexen Buch wird ausführlich eine Traumsequenz geschildert, in der es um einen Propheten aus dem Mittleren Osten geht, der offensichtlich dem Propheten Mohammed nachgebildet ist. Ein Erzähler namens Salmān, der als Schreiber die Offenbarungen des Propheten zu Papier bringt, fügt als eine Art Test seine eigenen Worte in den Text ein und stellt überrascht fest, dass der Prophet diese als Teil seiner eigenen Offenbarung akzeptiert. In seiner Reaktion auf spätere Kritik versuchte Rushdie, diesen Traum als eine postmoderne Beschreibung des Kampfes des Künstlers oder Dichters gegen ein religiöses autoritäres Regime zu beschreiben. Seine Schilderung wurde aber in weiten Kreisen als Angriff auf die Glaubwürdigkeit des Korans als einer authentischen göttlichen Offenbarung des Propheten Mohammed verstanden. Seinen öffentlichen Widerrufen widersprach jedoch eine Passage über Prostituierte in einem Bordell, die offensichtlich den Frauen des Propheten nachgebildet waren. Teils auf Grund einer aggressiven Werbekampagne des Verlegers löste der Roman unter Muslimen weltweit einen Aufschrei der Empörung aus. Der Höhepunkt des Protestes ereignete sich am Valentinstag des Jahres 1989, als der iranische Religionsführer Ayatollah Khomeini ein religiöses Gutachten (*fatwa*) erließ, in welchem er feststellte, RUSHDIES Roman sei Blasphemie und der Autor habe den Tod verdient. Bemerkenswerterweise enthalten die *Satanischen Verse* auch eine offensichtlich gegen Khomeini selbst gerichtete satirische Passage: Er erscheint dort als Mulla, der so streng ist, dass bei seinem Herannahen sogar Bilder an den Wänden davonrennen.

Was hatte nun diese Auseinandersetzung mit dem Koran zu tun? Wenn wir einmal den Fragenkomplex der künstlerischen Freiheit und der Sprache des Hasses, die sich im Zusammenhang mit diesem Fall aufdrängen, beiseite lassen, ist klar, dass RUSHDIE die durch das Motiv der so genannten satanischen Verse inspiriert worden war. Diesen Namen haben europäische Gelehrte einem Bericht gegeben, in dem erzählt wird, der Prophet habe versehentlich eine Einflüsterung des Teufels akzeptiert, da er dachte, es handele sich um eine göttliche Offenbarung. Erstaunlicherweise hätten diese Verse der Muslime erlaubt, außer dem einen wahren Gott auch weiterhin die heidnischen Göttinnen der Araber zu verehren. Muslimische Gelehrte nennen diesen Bericht „die aufsteigenden Kraniche“ und sie zitieren Worte aus diesen

Versen, in denen die Göttinnen angeblich als hochfliegende Vögel beschrieben werden. Eine darauf folgende Offenbarung soll diese Eingebung dann allerdings zurückgewiesen oder aufgehoben haben. Heute betrachten die meisten Gelehrten diesen Bericht, der nur in zwei frühen Sammlungen vorkommt, aus mehreren Gründen als zweifelhaft: Er wird von schwachen Überlieferern tradiert. Er passt verdächtig genau zu der koranischen Lehre, wonach eine spätere Offenbarung eine vorausgegangene aufheben kann. Und außerdem enthält diese Geschichte anachronistische Details, die sie fragwürdig machen. Darüber hinaus steht diese Passage an einer außerordentlich ungünstigen Stelle, nämlich unmittelbar nach der Beschreibung von Mohammeds Himmelsreise vor das Antlitz Gottes (Sure 53,1–18). So unglaubwürdig dieser Vorfall auch sein mag, er wird, ebenso wie viele tausend anderer zweifelhafter Episoden über den Propheten, in Hadith-Sammlungen überliefert. Einige dieser Berichte wurden zweifelsohne erst später als „Beweise" für verschiedene Punkte erfunden. Muslimische Gelehrte haben dieses ganze Material als Teil einer archivalen Sammlung aufbewahrt, auch wenn sie diese Episode ausdrücklich als problematisch betrachteten. Auffällig ist dabei, dass frühe europäische Orientalisten die Meinung vertraten, dieser isolierte Bericht sei ohne Zweifel echt, eben weil sie meinten, er sei ein schlüssiger Beweis für etwas, was sie als gegeben annahmen: die Unechtheit von Mohammeds Offenbarung. RUSHDIE hatte in der Tat den Angriff der Orientalisten gegen den Propheten Mohammed verinnerlicht. Gerade diese freiwillige Entfremdung von der muslimischen Identität hat, mehr als alles andere, den Zornesausbruch von Muslimen gegen RUSHDIES Roman ausgelöst.

Wenn die europäischen und amerikanischen Medien ihre Aufmerksamkeit auf die Frage der koranischen Offenbarung lenkten, dann haben sie dies immer in der vergeblichen Hoffnung getan, neue Entdeckungen möchten traditionelle Ansichten der Muslime in ihr Gegenteil verkehren. So war es beispielsweise mit einem Artikel m. d. T. „What is the Koran?" („Was ist der Koran?"), der 1999 in der Zeitschrift *Atlantic Monthly* erschienen ist.[12] Unter Hinweis auf im Jemen aufgefundene Handschriften, die Varianten des offiziellen Korantextes enthielten, wurde in diesem Artikel großer Wert auf die Feststellung gelegt, historische Kritik würde den Glauben der Muslime, der Koran sei das geoffenbarte Wort Gottes, stark erschüttern. Zwar gibt es unter den Gelehrten eine ernsthafte Debatte darüber, dass es aus der Zeit vor ca. 700 n. Chr. keine eindeutig datierten Handschriften gebe (die älteste datierte arabische Inschrift ist der Text im Felsendom in Jerusalem aus dem Jahre 692 n. Chr.). Eine Gruppe von Gelehrten in der Nachfolge von John Wansborough behauptet, der Korantext sei nach dem Tode des Propheten mindestens 200 Jahre lang unvollendet geblieben. Seltsamerweise basiert diese Argumentation eher auf spekulativen Analogien als auf urkundlichen Belegen, so dass sie weder bestätigt noch widerlegt werden kann. Die in besagtem Artikel erwähnten jemenitischen Handschriften scheinen indes keine aufregenden größeren Abweichungen zu enthalten. Es scheint sich dabei vielmehr nur um kleinere Textvarianten zu handeln, die seit Jahrhunderten bekannt waren. Andere europäische Forscher behaupten, der uns vorliegende Korantext gehe in die frühen Jahre der muslimischen Gemeinde zurück. So hängt also viel von der Art und Weise ab, wie man an diese Thematik herangeht.

Das Auffallendste an der Art, wie sich die Medien in jüngster Zeit über den Koran äußern, ist die Tendenz, die moderne reformistische oder fundamentalistische Interpretationsweise als die einzig wahre Repräsentanz des islamischen Denkens hervorzuheben. Mit Sicherheit war die von den Fundamentalisten betriebene Betonung der so genannten buchstabengetreuen Interpretation der heiligen Bücher, die als Plattform für den Widerstand gegen den Säkularismus im öffentlichen Leben benutzt wird, eine der bemerkenswerten Tendenzen in der modernen Geschichte unserer Welt. Diese Spielart des modernen global agierenden Fundamentalismus war innerhalb der amerikanischen christlichen Gemeinde besonders virulent, doch wir finden sie auch in anderen Religionen, einschließlich des Islams. Auf Grund von Vergleichen gehen Amerikaner wie Europäer jedoch im Allgemeinen davon aus, dass liberale und tolerante Interpretationen heiliger Schriften für Juden- und Christentum typisch seien, während der

Islam aus irgendeinem Grunde von einem gewalttätigen Fundamentalismus beherrscht werde. Sie gehen des weiteren davon aus, dass die religiöse Toleranz in gewisser Weise eher eine spezifische Eigenschaft des Christentums – und dadurch auch des Judentums – sei als ein Resultat der Abscheu vor Religionskriegen zwischen den europäischen Katholiken und Protestanten.

Neulich stellte der Autor eines Leitartikels in dem Magazin *Newsweek* m. d. T. „In the Beginning, There Were the Holy Books" („Am Anfang waren die heiligen Bücher") die Frage, ob der Islam inhärent intolerant sei und gab zu bedenken, dass „aggressive [Koran-]Verse zu allen Zeiten muslimische Eiferer angefeuert" hätten.[13] Seltsamerweise bezieht sich der einzige dort zitierte Koranvers (9,14) auf Schlachten gegen heidnische Araber, und der Artikel erwähnt nicht ein einziges Beispiel dafür, dass etwa in späteren Jahren ein Muslim aus der Lektüre dieses Textes geschlossen habe, dies sei ein Befehl, Christen oder Juden zu töten. Eine derartige Schlussfolgerung würde in der Tat den historischen Prinzipien des islamischen Rechts widersprechen. In diesem Artikel lesen wir ferner, israelische Kommandos und christliche Kreuzfahrer hätten getötet, ohne unter der Inspiration durch ein heiliges Buch oder ein messianisches Beispiel gestanden zu haben. Man glaube, heißt es dort, der Koran sei, anders als die Bibel, „Gottes ewiges Wort": eine Behauptung, die von einer beträchtlichen Anzahl jüdische Rabbiner und christlicher Geistlicher abgelehnt würde. Dererlei zweifelhafte Beispiele nicht-so-religiöser Gewalt können die Annahme nicht erklären, Muslime würden ausschließlich aus religiösen Motiven heraus handeln, während das Leben von Juden und Christen offensichtlich komplizierter strukturiert sei. Es ist zwar richtig, dass Usama bin Ladin, ein gelernter Ingenieur, den Koran (einschließlich der oben zitierten Verse) so interpretiert, dass dort schreckliche Gewalt gerechtfertigt werde. Er selbst indes verweist auf Einzelheiten aus der Geschichte des 20. Jh. als die Situation, die er zu ändern wünsche. Mit anderen Worten: Seine Aufforderung zur Gewaltanwendung ist politisch motiviert, und diese politischen Wurzeln liegen in der jüngsten Geschichte. Seine selbst erfundene Interpretation des Korans indes reißt systematisch Koranverse aus ihrem Zusammenhang und ignoriert gegensätzliche Ansichten traditioneller Religionsgelehrter, wobei er immer bemüht ist, eine im Voraus festgelegte Entscheidung zu Gunsten eines unbeschränkten Krieges gegen die Nichtmuslime in die Diskussion einzubringen.[14] In dieser Beziehung unterscheidet er sich überhaupt nicht von einem christlichen oder jüdischen Extremisten, der sich (wie David Koresh) gegen die Welt wendet und sich als der einzig wahre Interpret des göttlichen Wortes ausgibt. Eigenartigerweise betrachten Presseprodukte wie *Newsweek* die Fundamentalisten als die einzig wahren Muslime, und auf diese Weise vervielfachen und stärken sie eben diese fundamentalistische Mentalität, über die sie andererseits so entsetzt sind.

Eines der hauptsächlichen Missverständnisse im Zusammenhang mit dem Koran betrifft das Primat des arabischen Originaltextes. Dieses steht im Kontrast zur Bibel der Christen, da das griechische Neue Testament bereits eine Übersetzung dessen ist, worüber Jesus und seine Jünger auf Aramäisch diskutiert haben. Danach folgten Übersetzungen der Bibel ins Lateinische und, nach der Reformation, in die wichtigsten europäischen Sprachen. Moderne Missionsgesellschaften haben wortwörtlich Hunderte von Übersetzungen der Bibel in jede nur vorstellbare Sprache auf den Markt gebracht. So wie die orthodoxen Juden das Hebräische und die indischen Brahmanen das Sanskrit beibehalten, so benutzen die Muslime auch weiterhin die Sprache ihrer Offenbarung, insbesondere bei der Verrichtung ihrer täglichen Gebete. So wurde also das Arabische in Gottesdiensten zu einer heiligen Sprache, obwohl es für die überwiegende Mehrheit der Muslime nicht deren Muttersprache ist. Da nur etwa 18 % der Muslime Araber sind, betrachten die Nichtaraber das Arabische als Fremdsprache. Ähnlich verhielt es sich für die Katholiken vor den Reformen des Zweiten Vatikanischen Konzils in den 1960er Jahren hinsichtlich der lateinischen Messe. Daher genießt der arabische Koran immenses Ansehen und wird als unnachahmbares Wunderwerk betrachtet. Den Koran zu übersetzen ist also im strengen Sinne unmöglich. Diese Einstellung hat jedoch in der Frühzeit gewisse Autoritäten nicht davon abgehalten, Nichtarabern das Rezitieren von Koransuren in persischer Übersetzung zu gestatten, und inzwischen gibt es seit über 1000 Jahren Interlinearversionen des Korans und entsprechender Kommentare in anderen Sprachen. Heute sind Koranexemplare, die neben dem arabischen Originaltext die Übersetzung in eine lokale Sprache enthalten, durchaus gängig. Trotzdem meinen viele ansonsten gut informierte Europäer und Amerikaner immer noch, eine Interpretation des heiligen Textes sei für Muslime unmöglich, da ihre Beschäftigung mit dem Originaltext dessen wörtliche Anerkennung erforderlich mache.

Dieses Missverständnis unterstreicht erneut, wie leicht viele zu der Meinung kommen können, alle Muslime seien Fundamentalisten. In Wirklichkeit gibt es in der Geschichte des Islams zahlreiche unterschiedliche Traditionen der Koraninterpretation. Einer der ältesten Kommentare stammt von Muqatil ibn Sulaiman (gest. 767). Dieser unterstreicht die Notwendigkeit, die vielfältigen Bedeutungen von Wörtern zu verstehen, deren jedes unterschiedliche Aspekte aufweisen kann. Bei einigen Kommentaren, wie etwa dem des Tabari (gest. 923), handelt es sich um umfangreiche Kompilationen, die gelegentlich einander widersprechende mündlich tradierte Versionen enthalten, die von den ersten Generationen von Muslimen in Form von Hadithen überliefert wurden. Einige Kommentare diskutieren ausschließlich sektiererische Interpretationen. Hierher gehören zahlreiche Werke schiitischer Autoren. Ein prominenter Vertreter dieser Richtung ist in unseren Tagen der bekannte iranische Gelehrte ʿAllama Tabataba'i. Die mystische Interpretationsmethode war das Kennzeichen der Sufis, die zahlreiche Werke kompilierten, welche ihre Meditationen über den inneren Sinn des Korans zum Thema hatten.[15] Philosophen und Theologen, die ausführlich aus den Werken des Aristoteles und des Platon schöpften, haben ihre Einsichten auch für die Interpretation des heiligen Textes verwendet. Die Existenz dieser vielfältigen Kommentartraditionen hängt mit einem wichtigen Punkt zusammen: Der durchschnittliche Muslim der vormodernen Zeiten war (wie auch ein durchschnittlicher Christ oder Hindu) Analphabet und musste sich daher notgedrungenermassen auf das autoritative Wissen religiöser Autoritäten verlassen, das sich im Laufe der Jahrhunderte angesammelt hatte. Das heißt: In den muslimischen Gesellschaften der vormodernen Zeit gab es kein protestantisches Modell einer Schriftinterpretation, wonach der Gläubige allein mit dem heiligen Text konfrontiert war, ohne die vermittelnde Tradition. Stattdessen musste sich der durchschnittliche Gläubige an qualifizierte Autoritäten wenden. Experten versuchten nicht, den Text auf eine auf ihre Person bezogene, individualistische Weise zu lesen, sondern verließen sich auf die vielschichtigen Erkenntnisse ihrer Vorgänger. Da der Islam alles andere ist als ein Glaube, der der Interpretation des Heiligen Buches ausweicht, hat es zu allen Zeiten ein reiches und komplexes Erbe mit vielfältigen Möglichkeiten gegeben, über den Koran nachzudenken.

Ein anderer Punkt, der der Klärung bedarf, ist die Rolle des Korans als Quelle des islamischen Rechts. Ganz ohne Zweifel genießen die Vorschriften und Verbote, die im Koran festgehalten sind, ein enormes Ansehen, und in Fällen, in denen sie in eindeutiger Weise angewandt werden konnten, erlangten sie eine alles beherrschende Autorität. Nichtsdestoweniger sind von den insgesamt 6346 Versen des Korans nur etwa 500, d.h. weniger als ein Zehntel, rechtlichen Inhalts. Der überwiegende Teil des heiligen Buches besteht also aus erzählerischen Passagen, Schilderungen des Lebens nach dem Tode sowie der Allmacht Gottes und Aufforderungen, sein Vertrauen auf Gott zu setzen. Unter den Versen, die die Kraft rechtlicher Vorschriften bzw. Verbote haben, handeln viele vom Gebet und von den religiösen Pflichten des Almosengebens, des Fastens und der Pilgerfahrt. Auch Themen wie Erbrecht, Ehe und Scheidung werden an mehreren Stellen angesprochen, und nur sehr wenige Verse befassen sich mit dem, was wir Strafrecht nennen. Daher ist der Koran alles andere als ein vollständiger Gesetzeskodex, der etwa, gleichgültig ob in vormoderner Zeit oder in unseren Tagen, als Basis für eine Staatsgründung dienen könnte. Während in der Frühzeit Rechtsgelehrte dem Koran Vorrang als Quelle für ihre Entscheidungen gaben, war es unvermeidbar, dass er danach diesbezüglich durch das Vorbild des Propheten, so, wie es in den Hadithen überliefert ist, sowie durch den Konsens der Gelehrten und durch auf Analogieschlüssen beruhende Einzelmeinungen von Juristen ergänzt wurde. Alle diese Elemente bildeten zusammengenommen den als Ideal geltenden Komplex des islamischen Rechts, das üblicherweise als *shari'a* (wörtlich: „Straße“) bekannt ist. In der Praxis der vormodernen Zeit gehörten zum islamischen Recht selbstverständlich umfangreiche Systeme administrativer Gesetzgebung, die sowohl aus imperialen Bürokratien als auch nach Beispielen aus dem vorislamischen Brauchtum und Stammesrecht entstanden waren. In vielen Fällen haben die Verwaltung betreffende Gesetze und lokale Bräuche das islamische Recht überlagert. Mit dem Vordringen der europäischen Kolonialmächte in zahlreiche islamische Länder während des 19. Jh. haben die neuen Herren bestehende Rechtssysteme beseitigt und ihnen generell europäische Gesetzeswerke aufoktroyiert, wobei im Allgemeinen nur Fragen der persönlichen und privaten Sphäre von Ehe, Scheidung und Erbrecht weiterhin nach islamischem Recht entschieden wurden.

In postkolonialer Zeit haben sich verschiedene Länder in unterschiedlichem Umfang erneut mit einer Reislamisierung ihres Gesetzgebungsapparates befasst, aber in allen diesen Fällen definieren moderne Gesetzgeber, Bürokraten und Ideologen (in den meisten Fällen ohne juristische Ausbildung) das islamische Recht im Namen des jeweiligen Nationalstaates. Dies ist nur noch ein fernes Echo der hoch entwickelten Tradition islamischer Rechtsgelehrsamkeit, welche mit den mittelalterlichen Reichen eng verknüpft war. Wenn wir also heute von muslimischen Gesellschaften sprechen, dann meinen wir damit nicht Gesellschaften, die ausschließlich nach islamischem Recht regiert werden, da es diese nie gegeben hat. Es ist daher so gut wie unmöglich, sich Gesellschaftsformen vorzustellen, die vollkommen vom Koran bestimmt werden.

In jüngster Zeit haben einige Nichtmuslime den Koran vorrangig als die ideologische Quelle eines politischen Aktivismus betrachtet. Doch seine wahre Bedeutung wird erst klar, wenn man ihn als religiösen Text erfasst. Selbst jene Muslime (oder gerade sie), die kein Arabisch können, haben den Koran auf der Zunge und im Herzen als unmittelbares, direktes Zeichen für Gottes Wirken in der Welt. In einem sehr realen Sinne entspricht der Koran als das Wort Gottes für die Muslime dem, was die Gestalt Jesu als das Wort Gottes für die Christen bedeutet. Wenn man diese Analogie nun auf die religiöse Praxis überträgt, dann ist das für die Christen wichtigste Ritual die Heilige Kommunion oder die Eucharistie, wodurch der Gläubige Leib und Blut Christi entweder in der Realität (für die Katholiken) oder symbolisch (für die Protestanten) assimiliert. In ähnlicher Weise wird, wenn ein Muslim den Koran rezitiert, das göttliche Wort direkt auf der Zunge nachgebildet auf eine Weise, die mit göttlicher Kraft befrachtet ist. Und eben diese Erfahrung macht den Koran im religiösen Leben der Muslime zu einem derart zentralen Faktor.

Kapitel 4

Ethik und Leben in der Welt

Die religiöse Ethik im Islam

Üblicherweise enthalten Bücher, die einen Überblick über den islamischen Glauben geben, am Anfang eine Zusammenfassung seiner grundlegenden religiösen Praktiken und Inhalte. Das Problem bei der für Lehrbücher typischen Darstellungsweise ist jedoch, dass diese Fragenkomplexe und religiösen Vorschriften dort in abstrakter Form dargeboten werden, ohne besondere Berücksichtigung der vielfältigen Schulen des Denkens oder der Geschichte der islamischen Glaubenspraxis in unterschiedlichen Regionen. Dabei ist es unter Umständen schwierig, zwischen der Zusammenfassung der grundlegenden Praktiken in einem Lehrbuch und der Predigt oder dem Religionsunterricht, wie man ihn vielleicht in einer Moschee antrifft und wie er der Sonntagsschule der Christen entspricht, zu unterscheiden. Dies gilt in gleicher Weise auch für jene Vorschriften, die man üblicherweise als die fünf Säulen (*rukn*, Pl. *arkan*) des Islams bezeichnet, d. h. das Glaubensbekenntnis, das rituelle Gebet, das Fasten während des Monats Ramadan, das Almosengeben und die Pilgerfahrt nach Mekka. Ist diese Methode der Darstellung für die auf Vorschriften aufbauende präskriptive Unterweisung der Gemeinde auch völlig akzeptabel, so möchte dieses Buch doch stattdessen eine deskriptive Interpretation der Reichweite der islamischen Geschichte und Glaubenspraxis geben.

Es ist zwar sicherlich zutreffend, dass es glaubens- und ritusbezogene Gemeinsamkeiten gibt, die von vielen Muslimen weitgehend akzeptiert werden, die historische, unparteiische Methode muss jedoch auch Unterschiede in Betracht ziehen. Aber ebenso zutreffend ist die Feststellung, dass gewisse muslimische religiöse Autoritäten stark mit dem Konzept der Einheit aller Muslime sympathisieren. Während die Einheit einer idealen Religionsgemeinschaft sicherlich ein wichtiges Symbol ist, entspricht diese Vorstellung nicht der Realität und hat ihr auch nie entsprochen. Muslime haben immer wieder ablehnend auf historische Berichte über einander widersprechende Auslegungen ihres Glaubens und seiner Ausübung reagiert und haben ausländische Orientalisten beschuldigt, sie würden Unruhe stiften, indem sie die Muslime gegeneinander auszuspielen versuchten. Diese Theorie von einer angeblichen Verschwörung des Westens mag zwar rhetorisch eindrucksvoll sein, sie ist jedoch ganz einfach falsch.

Erhebliche Differenzen hinsichtlich des Glaubens und seiner Ausübung gibt es unter den Muslimen beispielsweise zwischen den die Mehrheit repräsentierenden Sunniten und der schiitischen Minderheit, obwohl in Bezug auf die oben erwähnte wichtigsten Elemente der Glaubenspraxis theoretisch alle miteinander übereinstimmen. Die Unterschiede zwischen Sunniten und Schiiten reichen von der Haltung der Hände während des rituellen Gebets bis hin zu der Frage, ob die Ehe auf Zeit erlaubt sei oder nicht. Daneben gibt es erhebliche Meinungsverschiedenheiten über die Art und Weise, wie die Nachfolge des Propheten geregelt wurde sowie über die Natur der Attribute Gottes. Ein interessantes Beispiel ist in diesem Zusammenhang die schiitische Praxis, bei der Verrichtung des rituellen Gebets die Stirn auf eine kleine, meist rundliche Scheibe aus Ton zu neigen, die aus der Erde von Kerbela (arab. *Karbala'*), der irakischen Pilgerstadt, dem Schauplatz des Märtyrertums des Prophetenenkels Imam al-Husain, hergestellt wurde. Husain starb dort im Jahre 680 n. Chr. an der Spitze einer kleinen Schar im Kampf gegen einen nach Ansicht der Schiiten tyrannischen Kalifen [Yazid I.]. Die Schiiten rechtfertigen den Gebrauch dieser Scheibe mit dem Argument der Reinheit und der Verehrung. Die Sunniten dagegen haben diesen Brauch nicht und betrachten ihn als völlig bedeutungslos.[1] Ich werde hier nicht den Versuch unternehmen, eine Liste der islamischen Glaubensrichtungen und -praktiken in ihrer ganzen verwirrenden Vielfalt zu geben, sondern möchte vorschlagen, dass wir nach Beispielen suchen, die Licht in die Frage bringen können, wie die Muslime heute ihren Glauben praktizieren. Die nun folgende Erörterung befasst sich vor allem mit bekannten Beispielen, erhebt jedoch keinen Anspruch auf Vollständigkeit.

Wen wir uns also dem Thema der islamischen Ethik, d.h. der idealen Verhaltensnormen, nach denen jede muslimische Gemeinde strebt, zuwenden, müssen wir zunächst eine Bestandsaufnahme einer komplexen Situation vornehmen. Das gängige arabische Wort für Ethik, *akhlaq*, ist in der Tat eine passende Parallele zu dem griechischen Terminus Ethik (*ethiké*) und dem lateinischen *mores* (wovon der Begriff „Moral" hergeleitet wird). In allen drei Fällen haben wir es mit Pluralformen von Substantiven zu tun, die mit Bräuchen und korrektem Verhalten zusammenhängen. Indem wir über diese Verhaltensweisen nachdenken, wird die philosophische Ethik zur Wissenschaft bzw. Theorie, wie wir handeln sollten. Die Ethik bekommt einen religiösen Sinn, wenn man ideale Verhaltensnormen von der göttlichen Macht oder von bedeutenden religiösen Gestalten herleitet. Um den Unterschied ganz deutlich zu machen: dass gewisse Dinge richtig und andere unrichtig sind, wissen wir auf Grund unserer Urteilsfähigkeit (der philosophischen Ethik), oder wir wissen es, weil Gott es uns sagt (religiöse Ethik). In der Praxis verbinden die meisten ethischen Systeme, um zu Schlussfolgerungen bezüglich des korrekten Verhaltens zu gelangen, Urteilsvermögen und vorbildhafte Autorität. Die islamische religiöse Ethik war nur in seltenen Fällen völlig autoritärer Natur, da Gesetzestheoretiker die heiligen Texte intensiv auf deren praktische Anwendbarkeit hin abgesucht haben. Diese Art ethischer Urteilsfähigkeit war erforderlich für den Umgang mit neuen Situationen, von denen im Heiligen Buch der

Muslime zwar nicht die Rede ist, die aber natürlich unvermeidlich auftraten. Hinzu kommt: Während die Ethik in überwiegend muslimischen Gesellschaften zumindest teilweise von religiösen Quellen wie dem Koran, dem Hadith und dem islamischen Recht hergeleitet wird, gibt es daneben viele weitere normative Verhaltensweisen, deren Ursprung wir in lokalen Bräuchen oder in bedeutenden vorislamischen Kulturen, einschließlich des Erbes der griechischen Philosophie, zu suchen haben. Sind einige Formen lokalen Brauchtums (wie etwa die berühmte Gastfreundschaft der vorislamischen Araber) in hohem Maße für verschiedene muslimische Kulturbereiche charakteristisch geblieben, so gibt es daneben auch zahlreiche normative Verhaltensweisen, die immer noch auf sehr spezifische Umfelder beschränkt sind, wie etwa das Erbrecht in der mütterlichen Linie, wie wir es auf den Malediven finden, oder die Pilgerrituale an Heiligenschreinen in den marokkanischen Bergen.

Der Koran ist für die Muslime die verehrungswürdigste Quelle für die Normen korrekten Verhaltens, da er als das Wort Gottes angesehen wird. Die Grundlage für ethische Vorschriften im Koran wird zurückgeführt auf den Vertrag, den Gott am Beginn der Schöpfung mit den Menschen geschlossen hat (Sure 7,172): „Und (damals) als dein Herr aus der Lende (…) der Kinder Adams deren Nachkommenschaft nahm und sie gegen sich selber zeugen ließ! Er sagte: ‚Bin ich nicht euer Herr?' Sie sagten: ‚Jawohl, wir bezeugen es.'" In diesem vor-ewigen Augenblick wurde das Schicksal der ganzen Menschheit besiegelt, und die bekanntesten Kommentatoren betrachten dies als einen Ausdruck der göttlichen Prädestination. Diejenigen, die mit „Ja" geantwortet haben, sollten die gehorsamen Diener Gottes sein, jene, die nicht geantwortet haben, die Rebellen. Diese uranfängliche Szene wurde zum Vorbild sowohl für die Ethik als Anerkennung der göttlichen Macht als auch für die Spiritualität als Zeugnis der innigen Verbindung zwischen Gott und den Menschen.

Weiter oben habe ich darauf hingewiesen, dass es im Koran relativ wenige eindeutige Vorschriften gibt, die man als rechtliche Verordnungen auslegen könnte, während sich daneben eine Vielzahl von Versen findet, die von den Gläubigen verlangen, über die Allmacht Gottes nachzudenken, wie sie sich in der Schöpfung und in der menschlichen Seele offenbart. Die göttliche Macht wird nicht nur betont, sie wird auch als Schlussfolgerung präsentiert, die jedermann bewusst sein sollte, der ein offenes Herz hat. „Wir werden sie (draußen) in der weiten Welt und in ihnen selbst unsere Zeichen sehen lassen, damit (…) ihnen klar wird, dass es die Wahrheit ist (die verkündet wird)." (Sure 41,53). Dankbarkeit für Gottes Gnade und Segnungen ist die angemessene Antwort der Menschen, woraus sich auf natürliche Weise Gehorsam gegenüber dem göttlichen Gebot ergibt. Undankbarkeit und Ablehnung gegenüber Gott (beide Begriffe sind in dem arabischen Terminus *kufr* enthalten) sind in gleicher Weise intellektuelle Irrtümer und Zeichen von Arroganz. Auch wenn also der Koran nicht für jede vorstellbare Einzelheit eine Anleitung enthält, so weist er die Menschen dennoch auf die Notwendigkeit der Entwicklung eines moralischen Bewusstseins und der Verpflichtung gegenüber Gott hin, so zu beten, als würde der Mensch Gott sehen, und falls der Mensch dies nicht tut, sollte er doch wissen, dass Gott ihn sieht. Genau an diesem Punkt setzt die nun folgende Darstellung der Entwicklung des ethischen Denkens im Islam an, wobei außer dem Koran noch einige weitere richtungweisende Texte ins Spiel kommen.

Ein gutes Beispiel für die Art und Weise, wie islamische Texte als Quellen für korrektes Verhalten dienen können, wäre etwa eine der gängigen Sammlungen von Hadithen (Äußerungen und Handlungsweisen des Propheten Mohammed). Es gibt viele solcher Sammlungen, eine der nützlichsten ist jedoch die *Nische für Lampen* des Khatib al-Tabrizi (gest. 1337), bis heute eines der Standardwerke an bedeutenden islamischen Akademien wie etwa im indischen Deoband. Interessant ist die umfangreiche Liste von Themen, die von diesem nach Themen geordneten Sammelwerk abgedeckt werden:

1. Glaube
2. Religiöses Wissen
3. Reinheit
4. Rituelles Gebet

5. Begräbnisse
6. Almosengeben
7. Fasten
8. Vorzüge des Korans
9. Beschwörungen des Korans
10. Die Namen Gottes
11. Pilgerfahrt
12. Handel
13. Ehe
14. Freigelassene Sklaven
15. Strafen
16. Regierung und Gerechtigkeit
17. Kampf (*dschihad*)
18. Jagd und Opfer
19. Nahrung
20. Kleidung
21. Medizin und Wahrsagerei
22. Träume
23. Sitten
24. Erweichen der Herzen
25. Rebellion

Auf diese wichtigen Unterteilungen folgen dann Abschnitte über Ereignisse, die am Tage der Auferstehung stattfinden werden. Hinzu kommen weitere biographische Materialien über die Vorzüge des Propheten Mohammed und seiner Nachfolger. Es ist spannend, hier eine Abhandlung vorzufinden, die alle diese Themen in sich vereint. Rein religiöse Themen nehmen beinahe die gesamte erste Hälfte ein, daneben befasst sich der Autor auch mit Politik, Wirtschaft, Familie und anderen Aspekten des Alltagslebens.

Als maßgeblicher Text enthält die *Nische für Lampen* Äußerungen und Handlungsweisen des Propheten Mohammed, wie sie von einer Reihe anerkannter Autoritäten überliefert werden. Wie es für gelehrte Werke typisch ist, enthält der Text in Randnotizen Erklärungen schwieriger Wörter sowie Kommentare zu delikaten Themen. Die zitierten Aussprüche und Handlungsweisen Mohammeds sind eindeutig als Vorbilder gedacht, die von den Gläubigen nachgeahmt werden sollen. Die Hadith-Gelehrten haben Mohammeds Äußerungen nach vertrauenswürdigen Überlieferern gesammelt und zusammengestellt. Eine andere Gruppe von Gelehrten, die auf rechtliche Fragen spezialisiert waren, haben diese Äußerungen dann für die Schaffung allgemeiner rechtlicher Prinzipien verwendet. Spezialisten der Rechtsgelehrsamkeit konnten diese Prinzipien schließlich auf theoretische Fälle anwenden, die in Koran und Hadith nicht vorkommen, und Richter konnten so über Fälle entscheiden, die vor Gericht anstanden. Wir müssen uns darüber im Klaren sein, dass der Hadith neben dem Koran, dem Konsens der Gelehrten und den analogen Entscheidungen nur eine der Quellen des islamischen Rechts war. Experten gingen jedoch noch weiter und suchten nach Zweck und Absichten, die ihrer Meinung nach ebenfalls Bestandteile dieses Rechts waren: Dabei handelte es sich um die Bewahrung der Religion, das Leben, die Nachkommenschaft, das Eigentums und die Rationalität.[2] Hinzu kommt die Tatsache, dass das islamische Recht selbst nur ein einzelner Bestandteil vormoderner muslimischer Gesellschaften war, da seine Anwendung außer durch auf das islamische Recht spezialisierte Gerichte auch durch von einander unabhängige Verwaltungsgerichte, durch königliche Erlasse sowie unter Berufung auf Stammestraditionen erfolgte.

Die technischen Details der Entwicklung des islamischen Rechts und seiner komplexen Anwendung in unterschiedlichen Regionen gehören nicht zum Themenkreis dieses Buches. Es ist jedoch verlockend, das komplexe Material in den Hadith-Sammlungen als Beweis für einen weitgespannten religiösen Ethik-Begriff zu betrachten. Dieser Begriff ist religiös geprägt, da der vorbildhafte Wert der oben angeführten Beispiele im Prinzip eher von dem religiösen Vorbildcharakter des Propheten hergeleitet wird als von unabhängiger Urteilsfähigkeit – obwohl dabei unvermeidlich auch die Interpretation ins Spiel kommt. Er ist weitgespannt, weil er das religiöse Ritual ebenso mit einbezieht wie ethisches Verhalten in der Gesellschaft. Von besonderem Interesse ist die in den Kapiteln „Sitten“ und „Erweichen der Herzen“ vorhandene Bandbreite der angesprochenen Themen. Das Wort „Sitten“ ist ein vielschichtiger Begriff, der Dinge wie Grüßen, um Erlaubnis fragen, Händeschütteln, Stehen und Sitzen, Lachen,

Dichtung, Freundlichkeit, Gottesliebe, Bescheidenheit, Zorn, Stolz und Ungerechtigkeit einschließt. Der zweite Begriff repräsentiert eine in noch höherem Maße psychologisch ausgerichtete Kategorie, dazu bestimmt, Sympathie für andere zu erzeugen: Hierher gehören Armut, Hoffnung, Geduld, Heuchelei, Weinen, Furcht und das Erteilen von Ratschlägen. Naturgemäß handelt es sich bei den dabei aufgeführten Beispielen durchweg eher um ideale Verhaltensformen als um alltägliche Vorkommnisse, aber dies entspricht genau dem Wesen der Ethik.

Einige wenige Hadithe aus dieser Sammlung, in welchen Mitglieder der frühen muslimischen Gemeinde von Aussprüchen des Propheten erzählen, sollen zeigen, welche Art von Materialien als Basis für die islamische Ethik herangezogen werden können. Einige dieser Aussprüche machen deutlich, dass bei dem einzelnen Gläubigen eine erhebliche Verantwortung für sein ethisches Verhalten liegt.

Ibn ʿUmar sagte: „Der Gesandte Gottes (Gott segne ihn und gebe ihm Heil) sagte: ‚Gehorsam obliegt dem Muslim hinsichtlich dessen, was wünschenswert und was nicht wünschenswert ist, solange er nicht zur Sünde verführt wird; wenn er aber zur Sünde verführt werden soll, sollte er ungehorsam sein.'"

Al-Miqdad ibn Maʿdi Karib sagte: „Der Gesandte Gottes (Gott segne ihn und gebe ihm Heil) sagte: ‚Niemand isst bessere Speisen als die, die er selbst zubereitet hat.'"

ʿAbdallah ibn ʿUmar sagte: „Ein Mann kam zum Gesandten Gottes (Gott segne ihn und gebe ihm Heil) und bat um Erlaubnis, in den gerechten Kampf (*dschihad*) zu ziehen. Er erwiderte: ‚Leben deine Eltern noch?' Der Mann sagte: ‚Ja'. Er erwiderte: ‚So kämpfe denn in ihrem Namen'. Dies ist ein bestätigtes Hadith. Aber in einer anderen Überlieferung lesen wir: ‚So kehre zu deinen Eltern zurück und passe gut auf sie auf'".

Wir können hier nicht die Tausende ähnlicher Hadithe anführen, wir sehen jedoch, wie groß die Bandbreite der zur religiösen Ethik gehörenden Themen ist, die sich immer am Vorbild des Propheten orientieren.[3]

Wie in der jüdischen Tradition vermischt sich auch im Islam die religiöse Ethik unmerklich mit dem religiösen Recht. In dieser Hinsicht stehen sowohl die jüdische als auch die islamische Tradition im Gegensatz zur christlichen Betonung der Unabhängigkeit vom Gesetz, wie dies Paulus im Neuen Testament zum Ausdruck gebracht hat. Wegen der überwältigenden Bedeutung der Gnade in der christlichen Theologie hat man die Erarbeitung von Gesetzes-Codices anfangs weltlichen Repräsentanten, insbesondere jenen des Römischen Reiches, überlassen. Als dann schließlich die Kirche in Gestalt des kanonischen Rechts ihre eigenen Gesetzesmechanismen entwickelte, machte auch sie das Römische Recht zur Grundlage ihrer Gesetzeswerke. Wegen des für Minoritäten typischen Status der Juden in vormoderner Zeit war die Anwendung des jüdischen Rechts im Allgemeinen auf jüdische religiöse Praktiken und die Gemeinde betreffende Angelegenheiten beschränkt. Die Gesamtheit des islamischen Rechts in seiner idealen Form, der *shari'a*, betraf jedoch außer der religiösen Praxis und dem ethischen Verhaltenskodex auch Politik, Wirtschaft und Familie und war somit eine wichtige Quelle für die muslimischen Gesellschaften. Charakteristisch für das islamische Recht ist, dass es für die Entwicklung großer Reiche im Mittelmeerraum und in Asien eine entscheidende historische Rolle gespielt hat, obwohl es keineswegs das einzige oder gar das dominierende Element innerhalb dieser Gesellschaften gewesen ist.

Inwieweit unterscheidet sich nun die islamische religiöse Ethik von anderen ethischen Systemen? Zwischen den im islamischen Recht enthaltenen ethischen Vorschriften und vielen von anderen religiösen Traditionen gemeinhin akzeptierten ethischen Geboten und Verfügungen gibt es zahlreiche Überschneidungen, wie etwa das Verbot von Mord, Diebstahl, Ehebruch, Lügen und anderen Vergehen. Gleichzeitig gibt es aber, insbesondere im rituellen Bereich, eindeutige Regeln, durch welche sich die Muslime klar von den Anhängern anderer Glaubensgemeinschaften unterscheiden. So sind beispielsweise die Vorschriften bezüglich der rituellen Reinheit beim Gebet für die muslimische Praxis in besonderer Weise charakteristisch. Zu einigen spezifischen Bräuchen gibt es Analogien im Judentum: Dies gilt etwa für dietische Verbote bestimmter Speisen wie Schweinefleisch, oder die Bestimmung, dass Tiere im Namen Gottes geopfert werden müssen, bevor man sie dem Gesetz entsprechend verspeisen darf. Was die islamische Ethik von der anderer Religionen unterscheidet, ist ihre historische Verwurzelung in der arabischen Gesellschaft und in Mohammeds prophetischen Erfahrungen: Alle diese Dinge wurden durch die nachfolgenden Generationen im Lichte der vielfältigen kulturellen Bedingungen, die zwischen Afrika, Südosteuropa, China und Indonesien herrschen, interpretiert und geformt. Einige muslimische Gelehrte betonten die große Bedeutung herkömmlicher Praktiken, durch welche sich die Muslime sogar hinsichtlich ihrer Kleidung von anderen Gemeinschaften unterschieden, und sie verboten ihren Glaubensgenossen ganz entschieden die Teilnahme an nichtmuslimischen Festen wie etwa Ostern. Ihrer Meinung nach war jegliche Neuerung, die über die Normen der islamischen Gesellschaft zur Zeit des Propheten hinausging, verwerflich. Gleichzeitig entstanden neue Bräuche wie etwa die Erinnerung an den Geburtstag des Propheten und an seine Himmelsreise, oder die Beklagung der schiitischen Märtyrer. Dabei kam es bei lokalen religiösen Bräuchen zu vielfältigen Überschneidungen mit denen anderer Religionsgemeinschaften wie etwa der Christen oder Hindus.

Spezifisch muslimische rechtliche und ethische Normen wurden sowohl durch Vorbildfunktion, Autorität als auch durch die Vernunft gerechtfertigt. Man denke beispielsweise an das islamische Verbot des Konsums von Alkohol und anderen berauschenden Mitteln, das sich deutlich von den meisten christlichen wie auch jüdischen Bräuchen unterscheidet. Insofern als derartige ethische und rechtliche Normen ihre Berechtigung von Gott herleiten, bedürfen sie nicht der Unterstützung durch die Vernunft oder praktische Privilegien. Weder im jüdischen noch im islamischen Recht gibt es irgendeinen triftigen Grund für das Verbot von Schweinefleisch, wenn man auch einwenden könnte, das Schwein sei prinzipiell ein unreines Tier. (Die moderne Erklärung, das Verbot von Schweinefleisch sei vor der Erfindung der Tiefkühltechnik als vorbeugende Gesundheitsmaßnahme verfügt worden, ist nicht überzeugend.) Der Koran verbietet lediglich den Verzehr bereits toter Tiere, sowie von Blut, Schweinefleisch und Fleisch, das einer heidnischen Gottheit geopfert wurde, ohne dass dafür im einzelnen Gründe genannt würden. Die Darlegung der Begründung derartiger Verbote überließ man den späteren Juristen. So vertraten muslimische Rechtsgelehrte die Ansicht, das Verbot von Alkohol und Betäubungsmitteln sei dadurch begründet, dass damit Schaden vom Verstand abgewendet werden sollte. Die Entwicklung des islamischen Rechts zu einem System vollzog sich also in Form einer Kombination aus Offenbarung und Vernunft.

Da zur islamischen Ethik auch soziale und politische Themenstellungen gehören, umfasst diese auch Fragen nach Krieg und Frieden. Viele kennen den Begriff *dschihad* nur in der Bedeutung „Heiliger Krieg“, wobei wir es bei dieser Übersetzung in Wirklichkeit mit der Anwendung einer christlichen Terminologie zu tun haben. *Dschihad* bedeutet eigentlich „Streben, Sichmühen, oder Anstrengung für die Wahrheit“. Der etymologisch verwandte Terminus *idschtihad* bezeichnet die Anstrengung, das Bemühen um unabhängige rechtliche Argumentation und Interpretation durch einen hochqualifizierten Juristen. Gewiss wurde der Terminus *dschihad* auf den militärischen Kampf gegen Feinde des Glaubens angewandt, so, wie ihn die frühislamische Gemeinde in den Schlachten gegen die heidnischen Mekkaner erfahren hatte. Diese Bedeutung wurde aber nicht als die wichtigste betrachtet. Als einmal eine arabische Truppe aus der Schlacht zurückkehrte und sich wegen ihres Dschihad brüstete, wurde sie vom Propheten getadelt: Dieser sagte ihnen, sie hätten nur den geringeren Dschihad, den des physischen Kampfes, praktiziert; der größere Dschihad sei der Kampf gegen die eigenen niedrigen Instinkte. In dieser Bedeutung besaß der Dschihad einen hohen moralischen Wert und wurde metaphorisch auf eine Vielzahl verdienstvoller Handlungen angewandt.[4]

Wegen seiner eigentlichen Bedeutung „Bemühung um Wahrheit und Recht“ haben politische Führer den Begriff *dschihad* jedoch unvermeidlicherweise als positives Symbol interpretiert, um so ihren eigenen Handlungen Gesetzeskonformität zu verleihen. Unter der Herrschaft der frühen Kalifen wurde der Begriff zum Synonym von Streben nach Weltherrschaft, und es gab Juristen, die eine Interpretation unterstützten, wonach die Eroberung aller nichtislamischen Gebiete eine religiöse Pflicht sei. Einige Rechtsgelehrte haben diese Definition jedoch zurückgewiesen und argumentierten, der Dschihad in seiner militärischen Variante sei nur zur Selbstverteidigung gestattet. Nichtsdestoweniger waren europäische Kolonialbeamte und Orientalisten gleichermaßen der Meinung, die Muslime seien von Natur aus zum Krieg gegen die Nichtmuslime bereit, und sie beharrten auf der Ansicht, allein die extremistische Position könne die wahre muslimische Einstellung sein. So wurden im 19. Jh. Aktivitäten gegen die Kolonialmächte häufig als Dschihad bezeichnet, und jene, die damals gegen die Franzosen, Briten und Russen kämpften, nannten sich „Kämpfer für die Wahrheit“ (*mudschahid*; Pl. *mudschahidun*).

Der Islam war jedoch nicht das einzige untadelige System göttlichen Rechts. Da die islamischen Theologen die Meinung vertraten, jedes Volk habe seine eigenen Propheten, eine eigene Offenbarung und ein eigenes Recht erhalten, gab es bei der Anerkennung der Existenz dieser unterschiedlichen Rechtssysteme keine Probleme. Im Prinzip war es den religiösen Minderheiten innerhalb der islamischen Gesellschaften erlaubt, bzw. sie wurden sogar dazu aufgefordert, ihre inneren Angelegenheiten im Rahmen ihrer jeweils eigenen religiösen und rechtlichen Systeme in Eigenregie zu regeln. Auch musste man, um als tugendhaft zu gelten, nicht unbedingt Muslim sein. Darauf hat ʿAli, der Vetter und Schwiegersohn des Propheten und vierte Kalif, angespielt, als er sagte: „Die Herrschaft kann mit Unglauben, nicht jedoch mit Unrecht fortbestehen.“

Wir müssen die Aussage, dass es unterschiedliche Arten religiöser Ethik geben kann, unbedingt ernst nehmen. Einige

Kommentatoren argumentieren, es gebe ein universelles System religiöser Ethik, das den Idealen dessen entspreche, was man heute die westliche Zivilisation nenne. Wenn wir einmal die Unterschiede zwischen ethischen Ansprüchen und tatsächlicher Praxis außer Acht lassen, stellen wir fest, dass das Verwirrendste an dieser Behauptung die Tatsache ist, dass damit heute gängige europäische und amerikanische Gewohnheiten und Symbole in den Status von Idealen erhoben werden. Die letzte große Konfrontation der europäischen Moderne mit einer anderen religiösen und ethischen Tradition fand im 19. Jh. statt und betraf das Judentum. Nach der Französischen Revolution haben fortschrittliche Denker die Befreiung der Juden aus der Isolation ihrer Ghettos in die Diskussion eingebracht. Man ging davon aus, dass die Integration der Juden in die moderne Gesellschaft diese Menschen auf natürlichem Wege dazu bringen werde, ihren mittelalterlichen Aberglauben aufzugeben und schließlich ihrem Judentum als etwas Irrationalem abzuschwören. Als die Juden jedoch weiterhin an ihrem Glauben und an ihren Bräuchen festhielten, entstand der moderne Antisemitismus mit aller Macht und behauptete, es werde den Juden niemals gelingen, wirklich zu Bürgern eines modernen Nationalstaates zu werden. Eine ähnliche Logik der Ausschließung richtete sich auch gegen die nordamerikanischen Katholiken, und noch im Jahre 1960 stellten einige die Frage, ob die Loyalität gegenüber dem Papst einen katholischen Präsidenten kompromittieren könne. Der vage und unerfreuliche Ausdruck „jüdisch-christlich" ist in gewisser Weise der Versuch, deutlich zu machen, dass es zwischen Juden und Christen grundsätzliche Übereinstimmungen gebe. Dabei werden aber beträchtliche theologische Gegensätze ebenso übersehen wie die Geschichte des Antisemitismus einschließlich des Holocausts. Insofern jedoch, als er immer noch Muslime und andere ausschließt, ist der Anspruch eines eurozentrischen Ethikbegriffs auf universelle Gültigkeit nach wie vor fragwürdig. Die Anerkennung von Unterschieden hinsichtlich der religiösen Ethik wird ein bedeutender Schritt hin zur Schaffung der Voraussetzungen für eine globale Zivilisation sein.

Die griechische Philosophie als Quelle der Ethik

Neben dem Themenkomplex der religiösen Ethik des Islams mit ihren Bezügen auf Koran und Hadith gab es eine umfangreiche Literatur über Ethik und angemessenes Verhalten, die sich auf berühmte Beispiele aus den Gesellschaften der vorislamischen Zeit, insbesondere aus der griechischen Philosophie, berief. Als das Arabische Reich im 9. Jh. seine größte Ausdehnung erreicht hatte, war dort eine kosmopolitische Zivilisation entstanden. Der Eroberung Nordafrikas und Spaniens im Westen entsprach im Osten die Ausdehnung über den Irak, Anatolien, Persien bis hin zu den Grenzen Indiens.

Entgegen einem in unseren Tagen weit verbreiteten Missverständnis war das neu entstandene Arabische Reich kein religiöses Gebilde. Es war vielmehr ein höchst effizienter Eroberungsmechanismus, in welchem die Zugehörigkeit zu arabischen Stämmen wichtiger war als religiöse Einstellung. Die Araber waren nicht an der Bekehrung von Nichtmuslimen zum Islam interessiert. Als Ersatz für den Militärdienst mussten nichtmuslimische Untertanen eine anfangs an den von Römern und Persern erhobenen Steuern für Handwerker orientierte zusätzliche Abgabe entrichten. Somit hätte deren Bekehrung zum Islam für den Staat den Verlust von Steuergeldern bedeutet, was für die Herrscher kein besonders angenehmer Gedanke war. Häufig blieben die arabischen Eroberer in eigenen Garnisonsstädten unter sich, damit sie sich nicht mit den mit der lokalen Bevölkerung vermischten, und christliche Araber erhielten ebenso wie die Muslime Anteile an der bei den Eroberungen anfallenden Beute. Als Syrer, Perser und Ägypter, sei es nun aus praktischen oder aus spirituellen Gründen, begannen, Interesse an dem neuen Glauben der Eroberer zu zeigen, war dies für die muslimischen Machthaber zuerst eine erstaunliche Feststellung. Viele hielten den Islam offensichtlich für eine Religion für die Araber und, diesbezüglich dem Judentum vergleichbar, für einen ethnisch definierten Glauben. Der Übertritt zum Islam war anfangs nur auf dem Weg über die Aufnahme in arabische

Stämme vorstellbar. In den mittelalterlichen Reichen war, anders als heute, die ethnische Zugehörigkeit häufig ein wichtigeres Identitätsmerkmal als die Religion. Schreiben moderne Autoren üblicherweise über muslimische Eroberungszüge nach Indien, so erwähnen mittelalterliche indische Quellen diesbezüglich lediglich ethnische Gruppen wie Araber, Belutschen oder Türken, wobei sie häufig alle Fremden unter den Begriff „Barbaren" zusammenfassen. Ganz offensichtlich war der Islam also für die Inder kein Organisationsprinzip hinter militärischen Invasionen. Erst in vergleichsweise neuerer Zeit sind derart unterschiedliche Gruppen unter dem Druck neuer gemeindebezogener Ideologien unter der Bezeichnung Muslime zusammengefasst worden.[5]

Zur selben Zeit, als eine arabisch-muslimische Gesellschaft durch den Kontakt mit alten Kulturen aus Asien und dem Mittelmeerraum bereichert wurde, hat die Struktur der Reichsregierung die Araber mit dem Lebensstil des römischen Caesars und des persischen Schahs bekannt gemacht. Die Araber haben damals nicht nur die bestehenden römischen und persischen Praktiken zur Erhebung von Steuern aus Landwirtschaft und Handwerk übernommen, sie haben sich auch alle Kennzeichen königlicher Herrschaft wie Münzprägung, Hofzeremoniell, Behauptung gegen rivalisierende Reiche, etc., angeeignet. Dies bedeutete natürlich, dass es nun in dem neu entstandenen Arabischen Reich wichtige Institutionen gab, die mit den früher, zu Lebzeiten des Propheten geschaffenen Einrichtungen nur noch wenig gemein hatten. Wollte man [also] die Probleme, die sich aus dieser neuen politischen Lage ergaben, in Angriff nehmen, musste man auf die hoch entwickelten Zivilisationen der Alten Welt zurückgreifen. In den Bereichen Ethik und Politik gehörten die indischen Tierfabeln, das mächtige persische Königtum und das philosophische Erbe der Griechen zu den wichtigsten Quellen.

Schon bald nachdem Bagdad im Jahre 762 n. Chr. zur Hauptstadt der Kalifen geworden war, wurde es zu einem Hort für Übersetzerschulen und wissenschaftliche Forschung, wo arabische Übersetzungen bedeutender griechischer philosophischer Texte entstanden. Auf diese Weise wurde die Weisheit eines ARISTOTELES und eines Platon bald Teil des Repertoires gebildeter Menschen, zu denen auch die Bürokraten gehörten, die das Kalifenreich verwalteten. Wenige hundert Jahre später gab es zahlreiche arabische Werke, die auf griechischem Gedankengut zum Thema Philosophie und Religion basierten. Die aristotelische Ethik war besonders populär, und es lässt sich eine ununterbrochene Reihe arabischer (und später auch persischer) Werke nachweisen, in denen die Erkenntnisse dieses griechischen Denkers über die Natur der Moral weiterentwickelt wurden. Diese Art philosophischer Literatur zu ethischen Themen wurde, insbesondere in den östlichen Ländern der islamischen Welt, weiterhin gepflegt, und zwar bis zum Heraufdämmern der Kolonialzeit zu Beginn des 18. Jh. Herausragendes Merkmal der philosophischen Ethik war der Gebrauch der Vernunft an Stelle der reinen Autorität als Standard von Gerechtigkeit und korrektem Verhalten.

Ein Beispiel für die Synthese von griechischer philosophischer Ethik und islamischen Werten ist die *Dschalalische Ethik*, die der Philosoph und Minister Davani (gest. 1502) in persischer Sprache verfasst hat. Ein Blick in das Inhaltsverzeichnis zeigt, wie Davani die Ansichten der griechischen Philosophen in sein Werk integriert. Der Text ist in drei Abschnitte gegliedert: eigentliche Ethik, Wirtschaft und Politik. Der Abschnitt über die Ethik behandelt Themen wie die Reinigung des Charakters, Tugenden und Laster, Gerechtigkeit, sowie die Krankheiten der Seele und deren Heilung. Das Kapitel über die Wirtschaft erörtert vorrangig den Begriff der Haushaltsführung und behandelt Dinge wie Eigentum, Familie, Essen und Trinken, Rechte der Eltern und Dienstleistungen. Davani beginnt das Kapitel über die Politik in der Art des Aristoteles mit der Notwendigkeit des Lebens in Städten, d.h. der Zivilisation, und den Grundlagen des Königtums. In diesem Zusammenhang erörtert er das Bedürfnis der Menschen nach Zivilisation, die Vorzüge der Liebe, verschiedene Stadttypen, die Natur der Gerechtigkeit, die Sitten der Könige, die Notwendigkeit der Barmherzigkeit und die verschiedenen sozialen Klassen. Den Abschluss bilden umfangreiche Ratschläge aus Platon und Aristoteles. Davani zitiert häufig aus dem Heiligen Koran und den Propheten (insbesondere Mohammed). Der Aufbau seines Buches unterscheidet sich jedoch beträchtlich von den oben beschriebenen Hadith-Sammlungen. Dessen Organisation und logischer Aufbau orientieren sich an der ethischen und politischen Tradition der Griechen, wie diese über Jahrhunderte hinweg von muslimischen Denkern weitervermittelt wurde. Das Werk hat eher die Form eines so genannten Fürstenspiegels, der sich an einen Herrscher wendet, als den eines allgemeinen Lehrbuches für Religionsgelehrte.

Davanis Ethik präsentiert ein faszinierendes Zusammenspiel der griechischen philosophischen Tradition mit der religiösen Ethik des Islams. Diese Kombination wird in seiner ausführlichen Erörterung der Tugenden des idealen Herrschers deutlich, insbesondere, wenn es um die Darstellung der Tugenden der Gnade und der Vergebung in Kriegszeiten geht:

> Solange man einen Gefangenen lebendig ergreifen kann, sollte er nicht getötet werden, denn vielfältige Verwendungen von Gefangenen sind vorstellbar: beispielsweise Versklavung, Verschenken [von Sklaven] oder Gefangenenaustausch, wodurch man die Herzen der Gegner besänftigen kann. Im Koran heißt es an einer Stelle: Nach einem Sieg ist es nicht gestattet, die Feinde zu töten, es sei denn, es lässt sich keine Sicherheit erreichen, ohne diese zu töten. Hat man eine Situation unter Kontrolle, sollte man sich nicht zu Feindseligkeit und Fanatismus hinreißen lassen, denn in dieser Situation sind die Feinde Eigentum und Untertanen, und die eigenen Sklaven zu bekämpfen, steht im Gegensatz zu dem Prinzip der Gerechtigkeit. In den Schriften der Philosophen wird berichtet, dass Aristoteles, als Alexander nach einem Sieg die Bewohner einer Stadt nicht vor dem Schwert verschonte, ihm in aller Eile einen Brief folgenden Inhalts schrieb: Wenn Du Deine Feinde töten magst, bevor Du sie besiegt hast, welche Entschuldigung hast Du dann, jene zu töten, die sich in Deiner Macht befinden?
>
> Vergebung zu üben ist eine der Tugenden der großen Könige: Sie schafft ein fest geeintes Reich und festigt die Prinzipien der Pracht und der Freigiebigkeit. Gleichgültig, wie groß die Macht wird, die wachsende Bereitschaft zur Vergebung lässt es eindrucksvoller und sicherer werden, denn auf diese Weise wird die Nachfolge gesichert und eine ruhmreiche Ordnung garantiert. Jemand hat gesagt: „Wenn Verbrecher wüssten, welches Vergnügen es mir bereitet, zu vergeben, würden sie mir ihre Verbrechen als Geschenke überreichen." In Wirk-

lichkeit besteht die menschliche Vollkommenheit darin, durch die göttlichen Attribute „gesalbt zu sein". Und auf Grund des Zitats (Sure 11,119) „Dazu hat er sie geschaffen" besteht der ursprüngliche Zweck der Schöpfung der Welt und der Menschheit in dem Beweis der realen Existenz Gottes. Gottes Gnade und Vergebung schaffen den Glanz der göttlichen Allmacht anstelle der menschlichen Schwäche und Unvollkommenheit. So steht in einem Hadith geschrieben, dass, wenn jemand keine Sünde begeht, Gott, der Erhabene, eine andere Gruppe schafft, die Sünden begehen wird, so dass seine spontane Gnade im Spiegel der Vergebung offenbar werden kann. Deshalb kann die göttliche Allmacht, geschmückt durch die Vergebung, dem wirklichen Ursprung ähnlich sein, welcher die Quelle aller guten Dinge ist.[6]

Die Betonung der Tugend der Vergebung entspricht nicht nur dem Rat griechischer Philosophen wie ARISTOTELES, sondern lässt auch eine der, wie es im Koran heißt, wesentlichsten Eigenschaften Gottes sichtbar werden. Indem dort ausgeführt wird, die islamische Ethik sei gleichermaßen religiöser und philosophischer Natur, zeigt uns dieser Text zugleich, wie das Konzept dessen, was wir westliche Zivilisation nennen, notwendigerweise den Islam mit einbeziehen sollte. Das heißt: Muslimische Denker wie DAVANI haben gleichermaßen aus dem Erbe der hebräischen Propheten und ihrer Nachfolger wie auch aus den Schriften der griechischen Philosophen geschöpft.

Indem wir die Bedeutung der griechischen Philosophie für die islamische Zivilisation festschreiben, stoßen wir auf einen der großen Bereiche selektiver Amnesie bezüglich des Charakters der westlichen Zivilisation. Betrachten wir irgendeine neuere Publikation zum Thema Philosophie- oder Wissenschaftsgeschichte, so stellen wir fest, dass diese Darstellungen bis vor kurzem durchweg bei den alten Griechen begannen; ihren Höhepunkt bildeten PLATON und ARISTOTELES, und ihr Niedergang erfolgte in der frühchristlichen Epoche. Im Allgemeinen bot ein Kapitel einen kursorischen Überblick über die Rolle der Araber bei der Übersetzung griechischer Werke, insbesondere jener des ARISTOTELES. Dann erfahren wir, dass europäische Denker wie THOMAS VON AQUIN die Philosophie zuerst auf der Basis dieser arabischen Übersetzungen der aristotelischen Werke studiert haben, welche von jüdischen Gelehrten im mittelalterlichen Spanien ins Lateinische übersetzt worden waren. Die meisten Gelehrten behaupten, AVERROES (IBN RUSHD, gest. 1198), der letzte arabische Philosoph, dessen Werke ins Lateinische übersetzt wurden, sei das Totenglöcklein für die Philosophie unter den Arabern gewesen. In Wirklichkeit gab es jedoch im islamischen Osten, insbesondere im Iran, bedeutende Philosophenschulen, wo Gelehrte wie MULLA SADRA (gest. 1640) eigenständige Systeme entwickelten, innerhalb derer sie auch kritische Betrachtungen über altgriechische Philosophen wie PLATON und ARISTOTELES anstellten. Ähnliches gilt für frühe Lehrbücher zur islamischen Geschichte, in denen oft behauptet wird, im zehnten Jh. sei „das Tor unabhängiger Erörterungen" auf allen Gebieten des islamischen religiösen Denkens „geschlossen" worden, was unvermeidlich zu Verdummung und Niedergang geführt habe. Erst in jüngster Zeit haben Wissenschaftler die Existenz reicher innovativer Traditionen und kontinuierlicher Entwicklungsstränge auf Feldern wie dem islamischen Recht in vielen unterschiedlichen Regionen nachgewiesen.

Das Erstaunlichste an dieser Theorie eines wissenschaftlichen Niedergangs ist, abgesehen von ihrer Ungenauigkeit, die Art, wie sie einen engen, eurozentrischen Geschichtsbegriff an den Tag legt. Weil nach ca. 1200 keine weiteren philosophischen Werke mehr aus dem Arabischen ins Lateinische übersetzt worden sind, haben die Europäer angenommen, die Philosophie habe damals bei den Arabern aufgehört zu existieren. Diese kühne Behauptung ging Hand in Hand mit der Doktrin, die arabische Zivilisation (und die muslimische Zivilisation ganz allgemein) sei dem Untergang geweiht, vor dem sie nur der europäische Kolonialismus bewahren könne. So konnte man also die Philosophie im Großen und Ganzen als Teil des legitimen Erbes der westlichen Zivilisation, d. h. der Westeuropäer, ausgeben. Man glaubte, das Interesse der Araber an der Philosophie sei nur ein Zwischenspiel gewesen, während dessen sie diese solange wie in einem Gefrierschank aufbewahrt hätten, bis ihre „wahren" Eigentümer in der Renaissance endlich von ihr Besitz ergreifen konnten.

Die Behauptung, die Muslime hätten keine Philosophie gekannt, diente dabei als Argument für die Überlegenheit der Europäer. Diese Ansicht vertrat Ernest Renan in seiner surrealen Debatte mit Afghani im Jahre 1883, als er die Fähigkeit der Semiten zu philosophischem Denken in Abrede stellte. Europäische Gelehrte wussten jedoch, dass Muslime in späterer Zeit philosophische Werke verfasst hatten (von Davanis *Dschalalischer Ethik* gab es ab 1839 eine englische Übersetzung), bis in jüngste Zeit waren aber Hinweise darauf selten. Es bedurfte der Anstrengungen von Einzelgängern wie des französischen Gelehrten Henry Corbin (1903–1978), um die Existenz hochkomplexer philosophischer Traditionen in den Jahrhunderten nach Averroes, insbesondere im Iran und in Indien, zu dokumentieren.[7] Andere Gelehrte haben dargelegt, dass der Einfluss griechischen Denkens auf die islamische Zivilisation weit über die zahlenmäßig begrenzten Zirkel von Experten hinausreichte, die sich mit philosophischen Texten beschäftigten. Allein schon, indem man sie als kraftvolles Instrument zur Organisation des Denkens und der Logik und als Werkzeug für Diskussionen betrachtet, erkennt man die griechische Philosophie als Sauerteig, der auf so unterschiedlichen Feldern wie arabischer Grammatik, Rhetorik, Theologie und Rechtsprinzipien zu neuen Resultaten führte. Griechische Logiker wie Porphyrios und Mathematiker wie Euklid waren in vielen islamischen Ländern weiterhin und bis in die jüngere Zeit hinein Bestandteil der Studienpläne. Aber irgendwie wird der Islam weiterhin als dem westlichen Erbe fremdes Element betrachtet.

Die Europäer sind indes keineswegs die einzigen, die sich hinsichtlich ihres Zivilisations- und Kulturbegriffs ethnozentrischen Argumenten gegenüber aufgeschlossen gezeigt haben. Inder, Chinesen und Araber haben sich in der Vergangenheit ähnlicher Überheblichkeit schuldig gemacht. Das Selbstverständnis der modernen Europäer jedoch beherrscht den uns allen als Erbe eigenen Begriff dessen, was Zivilisation ist. Und daher müssen wir diesen Begriff einer sorgfältigen Prüfung unterziehen. Wir brauchen uns nur ein beliebiges nordamerikanisches College oder die philosophische Fakultät einer Universität anzuschauen, um festzustellen, dass der vorherrschende Philosophie-Begriff fast ausschließlich europäisch geprägt ist: ein säkulares Produkt der Aufklärung. Der Standard-Lehrplan im Fach Philosophie beginnt mit den alten Griechen und streift kurz die christlichen Denker des Mittelalters. Der Schwerpunkt jedoch liegt auf modernen aufgeklärten europäischen Denkern, ab der Zeit von René Descartes (gest. 1650) bis zur Gegenwart. Nichts weist in unseren modernen Lehrplänen darauf hin, dass es auch in mehrheitlich islamischen Ländern sowie in anderen Teilen Asiens und Afrikas provokative und originelle Denker gibt. Indem wir den Begriff der Zivilisation so eng definieren, dass wir darunter nur Europäer und Amerikaner subsumieren, überlassen wir den Rest der Welt dem Barbarentum. Diese eurozentrische Haltung kann jedoch nur unter Hinnahme einer den Rest der Welt betreffenden selektiven Amnesie aufrechterhalten werden.

Die islamische Ethik im Kolonialzeitalter

Das Zeitalter der europäischen Kolonialherrschaft war, wie wir oben gesehen haben, eine Wasserscheide in der Geschichte der islamischen Länder. Wie hat sich nun auf Grund dieser begrenzten Periode die Beschäftigung der Muslime mit ethischen Themen verändert? Eine Folge der Kolonialherrschaft war die Aufhebung lokaler Rechtssysteme, einschließlich sämtlicher Aspekte der *shariʿa*, und die zwangsweise Einführung der Rechtsvorstellungen der Eroberer. In den französischen Einflussgebieten war dies der *Code Napoléon*, in den britischen Besitzungen das *Common Law*, und in den russischen Territorien das zaristische Rechtssystem, das nach der Russischen Revolution durch das sowjetische Recht ersetzt wurde. Wenn dabei auch das europäische Handels- und Strafrecht entscheidenden Einfluss ausübte, so haben die [von den Kolonialverwaltungen eingeführten] neuen Rechtssysteme dennoch das jeweils bestehende alte Recht nicht vollständig verdrängt. Lokale Gepflogenheiten bestanden in vielerlei Hinsicht fort, und die Eroberer zögerten, sich allzu sehr in Bereiche wie das

Familienrecht einzumischen, aus Furcht, dadurch unnötigerweise Widerstand hervorzurufen. Das Ergebnis war ein vielschichtiges Familienrecht, wie etwa das in Britisch-Indien geltende anglo-islamische Recht. In den Bereichen Ehe-, Scheidungs- und Erbrecht bezogen sich die Gerichte auf klassische islamische Rechtstexte, die in Form von englischen Übersetzungen von britischen Richtern unter Heranziehung einheimischer Gelehrter interpretiert wurden. In Ländern wie Ägypten, wo erst die Franzosen und danach die Briten an die Macht kamen, basierte die Struktur der Gesetze auf mehreren europäischen Gesetzeswerken. So kam es in einigen Fällen zu im Vergleich zu dem zuvor gültigen üblichen Gewohnheiten viel rigideren Interpretationen des islamischen Rechts. Eine Überprüfung von ägyptischen Gerichtsakten aus der Periode vor und während der Kolonialzeit belegt, dass unter europäischer Regierung Frauen in viel stärkerem Maße der Zugang zu den Gerichten verwehrt wurde. Darüber hinaus verfassten europäische Richter Erlasse zu Themen wie häusliche Gewalt, wodurch Rechte ausgehöhlt wurden, die muslimischen Frauen zuvor zugestanden worden waren.[8]

Ein weiteres Ergebnis der europäischen Eroberung und des europäischen Kolonialismus war die Beseitigung lokaler Eliten, die Abschaffung bestehender Patronatsverhältnisse und daraus resultierend die Verkümmerung der traditionellen Philanthropie einschließlich des Erziehungswesens. Letzten Endes bedeutete dies, dass im 19. Jh. islamische Erziehungseinrichtungen gezwungen wurden, ihre fortschrittlichen Angebote einzuschränken und zurückzufallen auf einen Rumpf-Lehrplan, der ausschließlich auf das Heilige Buch fokussiert war. Ein Beispiel für diese Entwicklung ist Nordindien. Dort hatte um das Jahr 1700 ein Gelehrter namens Nizam al-Din ein islamisches Erziehungskonzept erarbeitet, das der Ausbildung von Beamten für den Verwaltungsapparat des Mogul-Reiches dienen sollte. Dieser „Nizami Curriculum“ genannte Lehrplan (*dars-i Nizami*), der anderen Lehrplänen, die damals im Osmanischen Reich und in Persien gültig waren, stark ähnelte, legte großen Wert auf die logikbezogenen Wissenschaften einschließlich der Logik und der Philosophie. Er breitete sich rasch über ganz Südasien aus und wurde im 19. Jh. das Standardwerk des islamischen Erziehungswesens in Indien. Obwohl die Bezeichnung „Nizami Curriculum" bis heute an vielen Akademien gebräuchlich ist, hat sich sein Inhalt durch die Aussonderung der logikbezogenen Wissenschaften drastisch verändert.

Zu einschneidenden Veränderungen im Bereich des islamischen Erziehungswesens in Indien kam es, nachdem die Briten im Jahre 1857 eine Revolte niederschlugen und damit die letzten Spuren muslimischer politischer Macht beseitigten. Klassische Formen des islamischen Erziehungswesens waren fortan für eine erfolgreiche Karriere in der Regierung unwichtig, da nun die Beherrschung der englischen Sprache Grundvoraussetzung für die Aufnahme in die Dienste der Briten war. Die traditionelle höhere Ausbildung in den vernunftbezogenen Wissenschaften verschwand infolgedessen, und die Ausrichtung der in der Kolonialzeit eingerichteten neuen islamischen religiösen Akademien war völlig anders: Schwerpunkt des Unterrichtssystems an der 1867 gegründeten Islamischen Akademie von Deoband wurde nun das Studium der Hadithe des Propheten. Der Auftrag dieser Hochschule war nicht die Ausbildung von Elitebürokraten, sondern die Heranbildung einer frommen Gemeinde. Die Gründer von Deoband bemühten sich von nun an nicht mehr um Förderung durch den Staat (der jedenfalls nicht islamisch orientiert war), sondern durch die Bevölkerung. Die neue Technik des Buchdrucks wurde *das* Medium für die massenhafte Verbreitung maßgeblicher religiöser Texte, und die zunehmende Alphabetisierung unter der britischen Kolonialherrschaft förderte diese Entwicklung zusätzlich. In früheren Zeiten waren die islamischen Akademien kleine Institutionen ohne festgelegte Organisation gewesen, mit auf den Einzelnen bezogenem Unterricht. Die neuen Akademien dagegen richteten ihr Augenmerk auf britische Vorbilder mit festgelegten, auf mehrere Jahre angelegten Lehrplänen und vielgliedrigen bürokratischen Strukturen.

Mit der neuerdings autoritären Hervorhebung des Vorbildcharakters des Propheten für das Verhalten des Einzelnen wurde das Lehrpersonal von Deoband zur Vorhut reformistischen muslimischen Denkens in Südasien und die Akademie wurde zum Zentrum eines riesigen Netzwerks von spin-off Akademien. Für die Deobandis bestand Ethik in der Nachahmung des Vorbildes des Propheten Mohammed bis in alle Einzelheiten. Sie umfasste ihre ethischen Urteile, indem sie ihre Rechtsgutachten (*fatwas*) mit Antworten auf Fragen aus der muslimischen Gemeinde über den ganzen südasiatischen Subkontinent verteilen ließen. Weil sie sich strikt auf die Hadith-Texte bezogen, tendierten sie dazu, lokale Gewohnheiten aller Art, die in diesen frühen Texten nicht vorkamen, zu verurteilen. Somit kritisierten sie viele weit verbreitete Bräuche wie etwa Hochzeitsriten, die übertriebene Verehrung des Propheten, Sufi-Heilige oder jegliche Art von ritusbezogener Praktiken, die mit der Schia in Verbindung standen. Auch legten sie Wert auf die Absonderung der Frauen als ein Kennzeichen einer moralischen Gesellschaft, während sie gleichzeitig in ihren eigenen Lehren die Erziehung der Frauen, insbesondere deren religiöse Erziehung, förderten.

Worin liegen nun die Neuerungen der in Deoband praktizierten Ethik? Dies ist nicht einfach eine Frage der zu Grunde gelegten Texte, sondern dabei geht es um die generelle Orientierung, d. h. um die Gegebenheiten der Gegenwart. Die Verwendung von Hadith-Texten, die letzten Endes aus der Zeit des Propheten stammen, bedeutet nicht, dass die Studenten damit in die Zeit vor 1400 Jahren zurückversetzt würden. Die neuen Religionsakademien agieren im Schatten des modernen säkularen Staates, sei er nun kolonial oder postkolonial. Sie bedienen sich der vorbildhaften Texte um ihre Rolle als Interpreten der Tradition, indem sie eine Vielzahl eindeutig moderner Probleme ansprechen, die die Gemeinde der Gläubigen ihnen vorgetragen hat. Haben religiöse Lehrer zu allen Zeiten für sich Autorität beansprucht, sind die bürokratische Organisation und die massenhafte Verteilung originärer Schriftzeugnisse durch die neuen Akademien ein charakteristisches Merkmal einer modernen Erfahrung. Hinzu kamen der Aufbau ideologisch orientierter politischer Parteien und eine Argumentationstechnik, die jener der christlichen Missionare nahe stand. In Südasien hat die nominell säkulare indische Regierung führenden Akademien wie Deoband gegenüber eine Haltung der Nichteinmischung eingenommen, die Regierungen der offiziell islamischen Republiken Pakistan und Bangladesh konnten sich jedoch der Einmischung in die Angelegenheiten dieser Institutionen nicht enthalten. Dies hat zum Teil mit dem modernistischen Bemühen zu tun, den Nutzen traditioneller Akademien für die Gesellschaft durch die Aufnahme „praktischer" Disziplinen in ihre Lehrpläne zu erhöhen. Derweilen sehen sich jedoch postkoloniale islamische Länder in einer schweren Krise hinsichtlich der Definition des islamischen Staates. Während die in Deoband vertretene Ethik nicht nach einem speziellen politischen Vorbild zu verlangen scheint (führende Persönlichkeiten dieser Akademie haben die Schaffung des Staates Pakistan abgelehnt und sind im säkularen Indien geblieben), wird ein so genannter islamischer Staat, hat er sich erst einmal etabliert, zu einem zentralen Faktor bei der Definition der muslimischen Identität.

Das Ende des Kalifats und das Konzept des islamischen Staates

Das Beispiel Deoband ist nur eine unter zahlreichen islamischen Bewegungen, die in der Moderne entstanden sind, und wie alle anderen ist sie geprägt durch die zwiespältige Erfahrung des europäischen Kolonialismus und des Aufkommens des modernen Nationalstaats. Die überlegene Feuerkraft der europäischen Militärtechnologie hat überall in Asien und Afrika Lokaldynastien ausradiert. Einer der letzten Schauplätze von Konflikten war das Osmanische Reich, welches das östliche Mittelmeer und Teile Südosteuropas beherrscht hat. Die entstehende Handels- und Militärmacht Europa konnte den Osmanen indes durch formelle Verträge vorteilhafte Zugeständnisse und rechtliche Immunität für Europäer und christliche Minderheiten innerhalb des Reiches abringen. Diese erzwungenen Abmachungen, die unter [themenbezogenen] Überschriften, so genannte *capitula*, zusammengefasst waren, sind als die osmanischen Kapitulationen bekannt geworden und lieferten so den Terminus für eine Aufgabe jeglicher Souveränität.

Die Regierungsform des Osmanenreiches war als das *Sultanat* bekannt, die Sultane beanspruchten jedoch auch ein religiöses Amt: das Kalifat, d.h. die Nachfolge der Autorität des Propheten Mohammed. Dies war ein Anachronismus, da die letzte Dynastie, die diesen Titel für sich beanspruchte, die Abbasiden, im Jahre 1258 durch die Mongolenstürme ausgelöscht worden war. In der Zeit danach haben Politiktheoretiker den Ehrentitel „Kalif" jedem muslimischen Herrscher zuerkannt, der die islamische Religion, deren Ausübung und Institutionen geschützt hat. Die Osmanensultane jedoch haben 1774 in einem Vertrag mit Russland in eindeutig religiöser Absicht den Kalifentitel angenommen: Durch eine neuartige Interpretation beanspruchten sie auf diese Weise eine Art politischer Vormundschaft über die unter russischer Herrschaft lebenden Muslime. Durch ein Nachhutgefecht und in dem Bestreben, die religiöse Autorität über alle Muslime zurückzugewinnen, versuchten die letzten Osmanen, das Kalifenamt ins Spiel zu bringen, obwohl ihre politische Macht stetig abnahm.

Die großartigen Pläne des Sultans Abdülhamid II. (reg. 1876–1909), unter seiner Führung eine panislamische Bewegung ins Leben zu rufen, zerbrachen in einer umfassenden Krise. Das auf europäischen Vorbildern basierende Nationalismus-Konzept breitete sich zu Beginn des 20. Jh. rasch über das ganze Osmanische Reich aus und führte zur Entstehung einer türkischen Nationalbewegung, der so genannten „Jungtürken" sowie weiterer national ausgerichteter Bewegungen unter Minderheiten wie etwa den Armeniern. Die vom Nationalismus eingeforderte bedingungslose Loyalität wurde zu einer spaltenden Kraft, die schließlich zum Zerfall des Osmanenreiches führte. Die Niederlage der Osmanen im Ersten Weltkrieg war dann der endgültige Todesstoß. Damals gingen nicht nur der Balkan und die Provinzen im Nahen Osten verloren, es standen außerdem vier europäische Armeen auf osmanischem Boden. Der säkular orientierte Nationalistenführer Kemal Atatürk („Vater der Türken") vertrieb die Invasoren und rief 1922 die säkulare Türkische Republik aus.

Er schaffte neben dem Sultanat auch die meisten religiösen Institutionen des Reiches ab. Der ehemalige Sultan durfte jedoch den inzwischen rein symbolisch gewordenen Titel „Kalif" weiterhin führen, der so für die Muslime auf der ganzen Welt zu einem beeindruckenden Symbol vergangener Macht wurde. Da er der von ausländischen Muslimen zu Gunsten des Kalifen eingebrachten Einsprüche müde geworden war, verfügte Atatürk 1924 auch die Abschaffung des Kalifats. Das höchste Symbol internationaler islamischer Souveränität hatte aufgehört zu existieren.

Auch wenn der Stellenwert des Kalifats zur Osmanenzeit fragwürdig geworden war, so brachte die Auslöschung dieses symbolträchtigen Amtes den Muslimen doch das Thema Politik mit nie dagewesener Dringlichkeit zu Bewusstsein. Zwar war keine der nominell islamischen Dynastien, die in Afrika und in Asien an der Macht waren, von ihrem Charakter her besonders religiös, ihre fast vollständige Niederlage gegen europäische, russische und chinesische Streitkräfte wurde aber doch als Schlag gegen den Islam empfunden. Als die Kolonialherrscher den Niedergang der islamischen Zivilisation als Rechtfertigung für ihre Eroberungszüge verkündeten, haben reformistische muslimische Denker, wenn auch etwas widerwillig, dieses Argument akzeptiert. Ihrer Meinung nach hat nicht ein dem Islam innewohnender Defekt zum Niedergang der islamischen Nationen geführt; deren Niederlage wurde vielmehr dadurch herbeigeführt, dass es die Muslime versäumt haben, nach Gottes Geboten zu leben. Aus dieser tragischen Situation, die für jeden Prediger maßgeschneidert war, erwuchs der neue Begriff des islamischen Staates, der für viele zeitgenössische muslimische Denker zu einem wesentlichen Thema geworden ist. An dieser Stelle begannen reformistisch orientierte Muslime den Islam neu zu definieren: als Ideologie, auf der der islamische Staat aufgebaut ist.

Die Mobilisierung islamistischer Gruppen im kolonialen Indien und in Ägypten hatte keinen guten Start. In den 1920er und 1930er Jahren organisierte Hasan al-Banna' in Ägypten die Muslimbruderschaft, und 1941 gründete Abu l-'Ala' Maududi in Indien die Dschama'at-i Islami („Islamische Vereinigung").

Als Prototypen aller später entstehenden so genannten fundamentalistischen Gruppen bedienten sich diese Organisationen reformistischer Rhetorik und forderten die Rückkehr zu der originären und unverfälschten Form des islamischen Glaubens. Diese Strategie sollte auch dazu dienen, Rivalen unter den muslimischen Führern durch die Behauptung zu diskreditieren, sie verträten korrupte Abweichler vom wahren Pfad. MAUDUDI und HASAN AL-BANNA' waren trotzdem durch und durch modern orientiert (keiner der beiden hatte eine Ausbildung an einer traditionellen islamischen Akademie durchlaufen), und beide waren im antikolonialen Widerstand aktiv gewesen.

Trotzdem konnten sich die islamistischen Parteien an den Wahlurnen nicht behaupten, und sie scheinen bei der Masse der Bevölkerung keinen wirklichen Rückhalt gehabt zu haben. Als sich die Kolonialmächte dann schließlich zurückzogen, schienen sich in den post-kolonialen Staaten neue Gelegenheiten zur Machtausübung zu ergeben – obwohl sich MAUDUDI ironischerweise der Gründung des Staates Pakistan mit dem Argument entgegenstellte, dadurch würde die weltumspannende „islamische Nation" gespalten. Die neuen Anführer unabhängiger Staaten waren jedoch Sozialisten und Säkularisten, und sie ergriffen auf wirkungsvolle Weise die Hebel der zentralisierten Macht, welche ihnen von ihren kolonialistischen Vorgängern vererbt worden waren. So begann die neue Tradition der Ein-Parteien-Regierungen und der Präsidentschaften auf Lebenszeit, die für die post-koloniale Epoche weltweit, gleichgültig, ob es sich dabei um muslimische Regierungen handelte oder nicht, nur allzu typisch wurde. In Ägypten hat der Sozialist Gamal Abdel Nasser die Muslim-Bruderschaft unterdrückt, nachdem einige von deren Mitgliedern versucht hatten, ihn zu ermorden. Er ließ deren Anführer ins Gefängnis werfen und hinrichten. Militärmachthaber in Algerien und Tunesien haben ebenfalls islamistische Parteien verfolgt. Grundsätzlich war der der reformistische Islam gegen den modernen Nationalstaat eingestellt.

Allgemeine Darstellungen der islamischen Politik müssen, auch wenn sie besonders auf reformistische Bewegungen eingehen, hinsichtlich des wichtigsten Themas, des einzelnen Nationalstaates, völlig zuverlässig sein.[9] Während also postkoloniale Regime im Allgemeinen mit denselben Problemen zu kämpfen haben, nämlich dem Fehlen demokratischer Repräsentanz und ungleicher Verteilung der Ressourcen, haben sich reformistisch orientierte Gruppen in mehrheitlich islamischen Ländern in ähnlicher Weise positioniert. Einer der wenigen öffentlichen Räume, die von säkularen Regimen nicht kontrolliert werden können, ist die Moschee, und die Ansprachen beim Freitagsgebet geben die beste Gelegenheit zur Kritik an repressiven Regierungen. Hinzu kommt, dass islamistische Gruppierungen wie die Muslim-Bruderschaft in Ägypten oder die Hamas unter den Palästinensern den Menschen manchmal wichtige soziale Dienste wie etwa Schulen und Gesundheitsversorgung anbieten, in Bereichen also, welche die jeweiligen Regierungen zu versorgen versäumt haben. Ebenso wie jüdische und christliche Fundamentalisten in anderen Ländern üben auch die Islamisten heftige Kritik an der Tatsache, dass Gott in den Regierungen und in den öffentlichen Räumen keine Beachtung mehr findet. Nach ihrer Ansicht sollten alle Lebensbereiche nach Gottes Geboten gestaltet werden, wodurch dann Sünde und Schwäche, denen alle menschlichen Entscheidungen unterliegen, beseitigt werden könnten. Diejenigen, die in amerikanischen Gerichtsgebäuden Tafeln mit den Zehn Geboten anbringen wollen, argumentieren unter ganz ähnlichen Prämissen wie die islamistischen Reformer.

Die antisäkulare Argumentationsweise der Verfechter einer islamischen Staatsidee schöpft jedoch die Möglichkeiten religiös motivierter sozialer Aktivitäten in muslimischen Gesellschaften keineswegs aus. Nichtregierungsgebundene Organisationen wie die Grameen Bank in Bangladesh oder die Eidhi-Stiftung in Pakistan stellen soziale Hilfseinrichtungen wie etwa Mikro-Kredite und Gesundheitsdienste für die Armen zur Verfügung. Gestützt sowohl auf traditionelle islamische Begriffe wie „Mildtätigkeit“ wie auch auf neuere Entwicklungs- und Erziehungskonzepte entwickelten diese Organisationen selbst gestrickte Methoden zur Lösung sozialer Probleme.

Der Traum von einem islamischen Staat ist häufig kraftvoller, wenn er vage und unpräzise bleibt. Eine Anekdote aus dem vorrevolutionären Iran beschreibt, wie die Berufung auf den Islam dort als universale Lösung dargeboten wurde. Teheran ist eine Stadt, die sich in den letzten Jahrzehnten auf Grund der Zuwanderung von Millionen von Menschen aus ländlichen Gebieten weit über ihre ursprünglich geplante Infrastruktur hinaus ausgedehnt hat. Dies hat unter anderem dazu geführt, dass es entlang der Straßen noch ein System von offenen Abwässerkanälen gibt. Dies kann insbesondere dann zu einer widerwärtigen Erfahrung werden, wenn man seinen Halt verliert. In den letzten Jahren der Schah-Herrschaft hörte man jemand bitter über diese Kanäle klagen. „Mach dir nichts draus!", antwortete ihm einer, der diese Klage gehört hatte: „Das wird erledigt – durch den Islam!" Obwohl der Mann, der dies sagte, vermutlich kein spezielles Zitat im Sinn hatte, das von Texten des klassischen Islams direkt zu der Einrichtung der neuen Kanäle führte, zeigt diese Bemerkung, wie die Lösung aller modernen Probleme vom Islam erwartet werden kann.

Islamische Vorbilder und die Praxis des modernen Staates

Angesichts des entscheidenden Einflusses des Kolonialismus auf das islamische politische Denken, ist ein Blick auf die politischen Erscheinungsformen jener vier islamischen Länder interessant, die nicht vollständig unter koloniale Regime gekommen sind: Türkei, Saudi-Arabien, Afghanistan und Iran. Jedes dieser Länder hat in den letzten hundert Jahren eine ausgesprochen eigenständige politische Geschichte gehabt. Die Türkei wurde zu einem säkularen nationalistischen Staat, in dem der Islam zwar zufällig die Religion der Mehrheit ist, jedoch innerhalb des Regierungssystems keine bedeutende Rolle spielt. Saudi-Arabien ist nach wie vor eine Stammesmonarchie, die auf Grund ihres durch das Erdöl bedingten Wohlstands und ihrer starken Allianz mit der puritanischen Sekte der Wahhabiten überlebt.

Afghanistan wurde 1921 eine konstitutionelle Monarchie, deren Macht auf einem komplizierten Netzwerk aus unterschiedlichen ethnischen Gruppen beruhte, wobei seine Grenzen nach drei Kriegen im 19. Jh. von den Briten gezogen wurden. 1978 kam ein von Moskau gestütztes marxistisches Regime an die Macht, das jedoch im Jahre 1992 durch die Widerstandsbewegung der Mudschahidin gestürzt wurde. Darauf folgte 1996 die theokratisch orientierte Stammesbewegung der Taliban. Der Mangel an Einheitlichkeit unter diesen unterschiedlichen nationalen Erfahrungen lässt den umstrittenen Charakter der Politik in der islamischen Staatsform deutlich werden. Der Fall Afghanistan, der auf Grund des 2001 erfolgten Sturzes des Taliban-Regimes derzeit in aller Munde ist, zeigt sehr deutlich, welch entscheidende Rolle die Invasion fremder Mächte für das Schicksal dieser Nation gespielt hat.

Der Iran ist jedoch in den letzten Jahren das faszinierendste Beispiel für die Anwendbarkeit der islamischen politischen Theorie, wobei erneut betont werden muss, dass kein einzelnes islamisches Land als Beispiel für andere herhalten kann: die nationale Geschichte ist von Fall zu Fall anders. Unter einer schwachen Monarchie balancierte der Iran im 19. Jh. unsicher zwischen der aggressiven Macht der Russen im Norden und den Briten, die vom Persischen Golf und von Indien her kamen. Im Jahre 1906 kam es zu einer konstitutionellen Revolution, danach dann eine demokratische Nationalversammlung eingeführt. Der Schah jedoch, gestützt auf eine in Russland ausgebildete Kosaken-Brigade, entließ wenige Jahre später das Parlament. Im Ersten Weltkrieg wurde der Iran von europäischen Mächten besetzt, 1921 übernahm ein iranischer Kosaken-Offizier die Macht und ernannte sich kurz darauf zum Schah. 1941 wurde er jedoch von den Russen und Briten gestürzt, weil er mit den Nazis zusammengearbeitet hatte. Als 1953 eine demokratisch gewählte Regierung mit der Verstaatlichung der Erdölindustrie drohte, stürzte der US-Geheimdienst, die C.I.A. (Central Intelligence Agency), diese Regierung und setzte Mohammed Reza Shah Pahlavi auf den Königsthron. Irans enge militärische und wirtschaftliche Bindung an die Vereinigten

Staaten führte in den 60er Jahren zum Abschluss einer Reihe von Verträgen, die den Amerikanern und ihren Verbündeten die völlige Unabhängigkeit vom iranischen Recht garantierte. Diese Abkommen, die den im 19. Jh. mit den Osmanen geschlossenen Kapitulationen sehr ähnlich waren, lösten in den Kreisen der religiösen Würdenträger wütende Proteste aus, da sie diese als vollständigen Verzicht auf die nationale Souveränität interpretierten. Die Opposition wurde unter der Führung des im Exil lebenden Ayatollah Khomeini immer stärker, und schließlich führte eine von der Regierung praktizierte Mischung aus Unterdrückung und Korruption zu der Revolution von 1978–1979 und zum Sturz des Schahs.

Die iranische Revolution wurde durch ein Zusammenspiel von islamischen und säkularen Kräften vorangetrieben, es war jedoch Ayatollah Khomeini, der der Staatsform, die heute als Islamische Republik Iran bekannt ist, seinen Stempel aufgedrückt hat. Zeitweise verfolgte Khomeini für den Bereich der Wirtschaft eine sozialistische Perspektive, er vertrat indes eine durchweg antikolonialistische Interpretation der nationalen Souveränität. Die Regierungsform, die schließlich aus der Revolution hervorging und in der auf Khomeinis Ideen gründenden Verfassung von 1979 festgeschrieben wurde, ist in vielerlei Hinsicht eine sehr moderne Angelegenheit.[10] Die Iranische Revolution wird als auf einer ideologischen islamischen Bewegung basierend und gegen den Kolonialismus gerichtet beschrieben. Die Regierung besteht aus Legislative, Exekutive und Rechtsprechung, und bei neulich durchgeführten Wahlen war eine hohe Beteiligung der Bevölkerung zu verzeichnen. Zu den Zielen der Regierung gehören die Förderung der Moral, die Entwicklung der Massenmedien und des Erziehungswesens, der Widerstand gegen Imperialismus und Despotismus, die Erweiterung der Freiheit im Rahmen des Gesetzes, die Sicherstellung der öffentlichen Teilnahme an der Politik, die Abschaffung der Diskriminierung, die Herstellung von Effizienz innerhalb der Regierung, die Schaffung wirtschaftlicher Gerechtigkeit, die Weiterentwicklung der wissenschaftlichen und technologischen Leistungsfähigkeit, die Unterstützung der Bürgerrechte und die innere wie auch internationale Stärkung der Brüderlichkeit unter den Muslimen. Frauenrechte und Rechte religiöser Minderheiten werden in diesem Dokument ebenfalls detailliert beschrieben. Viele der hier angeführten Punkte würde man auch in der Verfassung jeder modernen Nation erwarten.

Was jedoch zunächst einmal auffällt, ist die starke Rolle der Religion in der iranischen Verfassung. Die offizielle Staatsreligion ist der schiitische Islam. Die religiöse Macht liegt in den Händen eines Wächterrates, dem Richter mit Vetorecht in der Legislative angehören. Khomeinis kühnste Neuerung war die Theorie vom „Wächter-Juristen", der mit der höchsten Macht über die ganze Nation ausgestattet ist. Die Autorität dieses obersten politischen Führers ist theoretisch der des Propheten oder seiner zwölf Nachfolger, der so genannten Imame, gleichgestellt. Bei näherem Hinsehen ist jedoch in der heutigen Welt das Vorhandensein einer dominanten Religion keineswegs ungewöhnlich. Eine ganze Reihe von Nationen hat eine vorherrschende „nationale" Religion oder hat die religiöse Zugehörigkeit ihres jeweiligen Staatsoberhauptes festgeschrieben. In der Praxis kann man die Islamische Republik Iran mit dem jüdischen Staat Israel vergleichen, wo die Religion ebenfalls ein entscheidender Faktor ist. In der Verfassung des Staates Israel ist zwar der rechtsbezogene Status der Religion formell nicht festgeschrieben, die Kandidaten für das israelische Parlament müssen jedoch anerkennen, dass Israel ein jüdischer Staat ist, und jüdische religiöse Parteien üben einen Einfluss aus, der weit über ihre jeweilige zahlenmäßige Stärke hinausgeht. Letzteres gilt insbesondere, wenn sich die wichtigsten Parteien in etwa die Waage halten. In jedem Fall ist jedoch die Sprache, die die Religion als Quelle der staatlichen Prinzipien verkündet, in einem wichtigen Punkt trügerisch: Insofern nämlich, als der Staat die Stelle ist, von der diese Erklärung ausgeht – und somit ist es der Staat, der die Religion festlegt, und nicht anders herum. In der Praxis wird der Islam im Iran durch den obersten Führer und die kleine Gruppe von Männern definiert, die den Wächterrat ausmachen.

Der liberale Islam

Die vorangegangenen Bemerkungen zum Thema islamischer Staat sollen nicht den Eindruck erwecken, als habe der reformistische Islam im modernen muslimischen Denken in den Bereichen Ethik und Politik eine Monopolstellung inne oder spiele dort doch zumindest eine dominierende Rolle, denn dies würde überhaupt nicht der Realität entsprechen – auch wenn sich die Nachrichtenmedien auf Grund ihrer auf Sensation und Konfrontation ausgerichteten Interessen bezeichnenderweise immer wieder die extremsten Beispiele aus dem islamischen Reformismus (der als Fundamentalismus bekannt geworden ist) herausgegriffen haben. Eine der wichtigsten der im vergangenen Jahrhundert in Erscheinung getretenen Alternativen zum reformerischen Islam ist als liberaler Islam bekannt geworden, und diese Bezeichnung ist, wie ein Gelehrter festgestellt hat, alles andere als ein Widerspruch.[11] In der Tat haben ab dem Ende des 19. Jh. Muslime in allen Teilen Afrikas und Asiens von den Debatten Kenntnis bekommen, die damals Europa erregten, wenn auch die entsprechenden Informationen nur allzu oft durch die Kolonialmächte vermittelt wurden, die die „Eingeborenen" nicht als gleichwertige Partner akzeptiert haben.

Im frühesten Stadium des liberalen Islams haben modernistisch orientierte Muslime auf einen Ausbau bzw. eine Reform des Erziehungswesens hingearbeitet, für politische Liberalisierung bzw. Entkolonialisierung plädiert und versucht, zur Darlegung ihrer Ansichten Tageszeitungen und Periodika einzuführen. Im 20. Jh. waren Demokratie, Gedanken- und Religionsfreiheit, Frauenrechte und Menschenrechte allgemein die wichtigsten Ziele liberaler Muslime. Man muss hier auch feststellen, dass Sozialismus und Marxismus in einer ganzen Reihe von islamischen, insbesondere arabischen, Ländern eine außerordentlich wichtige Rolle gespielt haben. Obwohl der Liberalismus auch in islamischen Ländern seine Kritiker hat, ist es dennoch bemerkenswert, dass Europäer wie Amerikaner gelegentlich liberale muslimische Denker als unbedeutend abstempeln, und dies ganz offensichtlich auf

Grund einer überkommenen Tendenz, nur den fundamentalistischen Islam als den wirklichen Islam zu betrachten. So fragen sich beispielsweise manche Leute, ob Islam und Demokratie miteinander vereinbar seien. Diese Frage ist ungewöhnlich, nicht nur, weil damit die Hoffnungen, die Millionen von Muslimen seit mehr als einem Jahrhundert in die Demokratie gesetzt haben, beiseite gewischt werden, sondern auch deshalb, weil dadurch unterstellt wird, andere Religionen, wie etwa das Christentum, seien (anders als der Islam) mit der Demokratie vereinbar. Man muss sich dabei in Erinnerung rufen, dass die Demokratie in der Geschichte des Christentums keine sichtbaren Spuren hinterlassen hat, sondern dass sie vielmehr, ebenso wie die Trennung von Staat und Religion, erst zu den Errungenschaften der Aufklärung gehört. Hier haben wir ein weiteres Beispiel vor uns, wie von den Medien verbreitete Stereotype den Fundamentalismus stärken können. Ironischerweise macht dieser Prozess Nichtmuslime zu Unterstützern des Fundamentalismus, da sie sich, wenn sie islamistische Gruppen kritisieren – und gerade dann – eine enge Auslegung des Islams zueigen machen.

Auch wenn man den modernen Islam nicht vollständig vom Thema Kolonialismus trennen kann, so wäre es doch falsch, würde man den liberalen bzw. den reformistischen Islam als Antwort auf europäische Ideen bezeichnen. Viele außerordentlich fähige modernistische und liberale muslimische Denker waren bzw. sind sich des reichen und vielschichtigen Erbes ethischen und politischen Denkens in der frühen islamischen Tradition durchaus bewusst. Für sie „müssen ethische Fragen (…) die Vielfalt und den Pluralismus miteinbeziehen, die die Muslime in der Vergangenheit wie in der Gegenwart geprägt haben."[12] Frühe islamische Theologenschulen wie etwa die als Muʿtazila bekannte rationalistische Schule, vertraten die Ansicht, nach dem Koran sei die Vernunft Voraussetzung für eine angemessene Interpretation der Offenbarung. Zeitgenössische Denker wie der indonesische Theologe Harun Nasution haben diese rationalistische Sehweise neu belebt, die den Koran als eine notwendige Quelle grundlegender moralischer Themen, nicht jedoch, wie dies von den Islamisten vertreten wird, als der endgültige Plan für die menschliche Gesellschaft betrachtet.[13]

In ähnlicher Weise ist der zeitgenössische iranische Denker ʿAbd al-Karim Sorush heftiger Kritik und Unterdrückung von Seiten eines Teils der iranischen Regierung ausgesetzt gewesen, weil er behauptet hat, die absolute Religion gelte nur für Gott, während es für die Sphäre der Menschen eine ganze Reihe von möglichen Interpretationen des Religionsbegriffs gebe. Seiner Ansicht nach besteht die Leistung vormoderner iranischer Denker wie Mulla Sadra (gest. 1640) in „einer Neuinterpretation der *shariʿa* (des islamischen Gesetzes) gemäß den Prinzipien der Philosophie, d.h. sie wird unter philosophische Kategorien subsumiert."[14] Denker wie Sorush wenden sich gegen autoritäre Islamisten und befürworten stattdessen den Pluralismus, wobei sie sowohl Texte aus dem heiligen Buch des Islams als auch die umfangreiche theologische und philosophische Tradition dieser Religion zu Rate ziehen. Darüber hinaus verfügen sie über fundierte Kenntnisse der Werke moderner europäischer Philosophen von Kant und Hegel bis in unsere Tage. Bedauerlicherweise bleiben fast alle diese modernen muslimischen Denker wegen der sich aus der Globalisierung ergebenden massiven kulturellen Blindheit bezüglich der nichteuropäischen Welt selbst breit gebildeten Menschen im Westen unbekannt. Solange wir nicht in der Lage sind, die Stimmen dieser Denker wenigstens wahrzunehmen, wird es uns nicht gelingen, einen ergiebigen Dialog unter den Kulturen in Gang zu bringen.

Geschlecht und Schleierfrage

Nach schiitischer Tradition endete die Revolte des Imams al-Husain gegen den tyrannischen Kalifen Yazid I. im Jahre 680 n.Chr. in der größten Tragödie in der Geschichte des Islams. Nicht nur wurden der Prophetenenkel und seine Gefolgsleute umgebracht, darüber hinaus beraubte man die Frauen seiner Familie ihrer Schleier und hat sie so öffentlich der Schande preisgegeben. Nachdem man Husains Schwester Zainab vor den Kalifen gebracht hatte, blieb diese abweisend, stellte Yazids Autorität öffentlich in Frage und beklagte den Tod ihres Bruders, des rechtmäßigen Erben der Autorität des Propheten. Ihre Entrüstung war so heftig, dass sie damit den Kalifen beschämte, so dass er sie und die andern in Frieden abziehen ließ.[15]

Dieses dramatische Bild, das in zahlreichen Trauergedichten heraufbeschworen wurde, ist eine machtvolle Erinnerung an die wichtige Rolle, welche die Frauen innerhalb der frühislamischen Gemeinde gespielt haben. In der gesamten islamischen Geschichte waren Frauen zu keinem Zeitpunkt nur Nummern oder unbedeutende Menschen. Die Frauen des Propheten Mohammed waren seine Partnerinnen und unterstützten ihn bei der Schaffung einer neuen Gesellschaft, und ihre dominierende Stellung dauerte auch nach seinem Tode noch fort. ʿA'ishas Leistung besteht in der Überlieferung von mehr als 2000 Hadithen des Propheten (von denen jedoch in den wichtigsten Sammlungen nur etwa 300 beibehalten wurden), und sie war die treibende Kraft hinter einer letztlich erfolglosen Revolte gegen ʿAli. Die herausragende Rolle der Frauen in der frühislamischen Gesellschaft steht im Kontrast zu dem Bild von muslimischen Frauen in unseren Tagen, zumindest zu der Art, wie sie in Europa und Amerika wahrgenommen werden. Das Standardbild der islamischen Frau zeigt ein Wesen, das von den Männern unterdrückt wird, auf das häusliche Leben beschränkt ist und sich in der Öffentlichkeit nur verschleiert bewegen darf, und dies, wobei wir es hier zugegebenermaßen mit einem anonymen Bild zu tun haben, das nicht an einen spezifischen Ort gebunden ist. Das in jüngster Zeit von den Taliban in Afghanistan an den Tag gelegte ungewöhnliche Verhalten, die den Frauen die Inanspruchnahme von Erziehung und selbst der grundlegendsten Rechte verweigert haben, hat im Westen den Eindruck verstärkt, der Islam propagiere die Unterdrückung der Frauen. Wie können wir nun diese sich widersprechenden Bilder von muslimischen Frauen miteinander versöhnen?

Wie wir gesehen haben, enthält das islamische Recht für Frauen theoretisch Möglichkeiten wie etwa das Recht auf Eigentum, die bis in die jüngste Zeit hinein europäischen Frauen nicht zur Verfügung standen. In der Praxis jedoch wurde die komplexe Umsetzung des islamischen Rechts auf vielerlei Ebenen durch Bräuche und Traditionen gefiltert, so dass die ethischen Grundsätze der Gleichheit der Geschlechter nur allzu häufig den Privilegien der Männer geopfert wurden. Die Auferlegung patriarchaler Autorität über die Frauen ist keineswegs eine Eigenheit der islamischen Zivilisation: Wir müssen uns darauf besinnen, dass für ARISTOTELES Frauen naturgegeben Sklavinnen waren. Und obwohl es im Neuen Testament Passagen gibt, die sich zur Gleichheit der Geschlechter äußern, finden sich dort auch starke Traditionen, die jahrhundertelang Frauen von Machtpositionen innerhalb der Kirche ausgeschlossen haben. Misogynie und die Festschreibung männlicher Autorität über die Frauen sind in der Tat charakteristische Faktoren in der Geschichte eines großen Teils der Welt, einschließlich Indiens und Chinas. Die Entwirrung der Fäden bezüglich der Ethik der Geschlechterrollen und des patriarchalischen Geschichtsbegriffs ist eine Aufgabe, die nun in allen Kulturen dieser Welt ansteht, auch wenn diese Bemühungen nicht mit dem Begriff „Feminismus“ in Zusammenhang stehen.

Was die Diskussion über die Beziehungen zwischen den Geschlechtern in der islamischen Welt besonders brisant macht, sind wieder einmal die Auswirkungen des europäischen Kolonialismus.[16] Im späten 19. Jh. hatten sich die Europäer eine ganze Reihe von Argumenten zurechtgelegt, anhand derer sie die kulturelle Unterlegenheit der orientalischen Nationen, insbesondere der islamischen Länder, zu beweisen hofften. Wie wir oben gesehen haben, dienten dabei die wissenschaftlich geprägte Sprache rassistischer Kategorien und die angeblich entwicklungsbedingte Überlegenheit der Europäer als Schlüsselbegriffe der Ideologie der kolonialen Herrschaft. Eine neue und unerwartete Waffe im Arsenal der Kolonialisten war in diesem Zusammenhang die Sprache des europäischen Feminismus. Wie unangenehm die feministische Agitation für gleiche Rechte im häuslichen Bereich den viktorianischen Beamten auch gewesen sein mag, sie befleißigten sich dennoch einer heuchlerischen Kritik der asiatischen und insbesondere der muslimischen Männer, weil diese ihre Frauen schlecht behandelten. Einige Kolonialbeamte wie etwa Lord Cromer und Lord Curzon waren allerdings aktive Gegner der britischen Suffragetten-Bewegung. Indem sie die Meinung vertraten, der Islam sei generell frauenfeindlich, und indem sie die Rückständigkeit der Muslime mit dem Brauch in Verbindung brachten, dass muslimische Frauen den Schleier trugen, konnten Kolonialverwalter ihre Rolle in Asien und Afrika rechtfertigen, da sie ja die Repräsentanten der aufgeklärten Moderne waren. Sie waren außerdem davon überzeugt, dass die Muslime nur durch die Abschaffung des Schleierzwangs – d.h. indem sie das aufgaben, was man im Westen für eine der wesentlichen Vorschriften des Islams hielt – zu zivilisierten Menschen werden könnten. Dieselbe Rhetorik herablassender Bestürzung über verschleierte Frauen wird, obwohl die Gleichberechtigung der Geschlechter in Europa und Amerika alles andere als befriedigend ist, dort bis heute gepflegt.

Ein Blick in die maßgeblichen islamischen Schriften zeigt uns jedoch, dass wir hier bedeutende Belege für eine ethisch begründete Gleichheit der Geschlechter vor uns haben. In christlichen und jüdischen Kreisen ist die auf das Thema geschlechterbezogene Sprache der Bibel erst in den letzten Jahren Gegenstand von Diskussionen geworden, was zu neuen Übersetzungen geführt hat, die das maskuline Genus nicht automatisch als normal betrachten. Die geschlechterspezifische Sprache war jedoch schon in der frühislamischen Gemeinde eine übliche Erscheinung. Einmal kamen einige Frauen zum Propheten und befragten ihn wegen des Übergewichts männlicher Pronomina im Koran. Sie wollten wissen, ob die betreffenden Aussagen auch für Frauen Gültigkeit hätten. Die darauf folgenden Offenbarungstexte gaben dann eine direkte Antwort auf diese Bedenken, und zwar in ausgewogenen Sätzen, die klarstellten, dass Männer und Frauen gleichermaßen am religiösen Leben teilhaben. [Parets Übersetzung, etwas abweichend:] „Was muslimische Männer und Frauen sind, Männer und Frauen, die gläubig, die (Gott) demütig ergeben, die wahrhaftig, die geduldig, die bescheiden sind, die Almosen geben, die fasten, die darauf achten, dass ihre Scham bedeckt ist, (...) und die Gottes ohne Unterlass gedenken – für sie (alle) hat Gott Vergebung und gewaltigen Lohn bereit." (Sure 33,35). Es findet sich wohl in keiner anderen bedeutenden heiligen Schrift ein Beispiel, welches das Thema geschlechterbezogene Sprache auf so spezielle Art und Weise anspricht. An einer anderen Stelle im Koran betrachtet Gott die Taten von Männern und Frauen als gleichwertig: „Ich werde keine Handlung unbelohnt lassen (...), die einer von euch begeht, (gleichviel ob) männlich oder weiblich. Ihr gehört (ja als Gläubige) zueinander (ohne Unterschied des Geschlechts)" (Sure 3,195).

Nichtsdestoweniger enthält der Koran neben allgemeinen Ausführungen über Bescheidenheit, die für Männer und Frauen gleichermaßen bestimmt sind, auch spezifische Bemerkungen über die Frauen des Propheten. In den Hadithen finden wir ausführliche Berichte über die Umstände, die zur Offenbarung bestimmter Koranverse geführt haben.[17] Inwieweit diese Verse für spätere Situationen von Belang sind, ist unklar. Als der Prophet beispielsweise seine Hochzeit mit Zainab feierte, blieben einige männliche Gäste bis zu später Stunde, und sie ärgerten den Propheten, da sie zu lange in den Gemächern der Frauen blieben. Dies führte dann zur Offenbarung eines Verses, in dem es heißt: „Und wenn ihr die Gattinnen des Propheten um (irgend) etwas bittet, das ihr benötigt dann tut das hinter einem Vorhang!" (Sure 33,53) Dieser Vorhang (*hidschāb*) ist der Ausgangspunkt für das Schleiergebot. Zu jener Zeit wurde er jedoch ganz speziell für die Frauen des Propheten gebraucht. Wie in dem soeben zitierten Vers werden sie im Koran besonders hervorgehoben, und es wird von ihnen gesagt, sie seien anders als die übrigen Frauen. Hierher gehört auch die Vorschrift, dass sie nach dem Tode des Propheten nicht wieder heiraten durften. Im Koran wird den Frauen jedoch keine besondere Kleidung vorgeschrieben; dort finden wir nur die allgemeine Anweisung, die Frauen sollten sich bescheiden kleiden und ihre Brüste bedecken. (Sure 24,31; Paret: „Und sie sollen darauf achten, dass ihre Scham bedeckt ist.")

Nach den Eroberungszügen in der Zeit der auf den Propheten folgenden Generation kam es jedoch in der islamischen Gesellschaft zu erheblichen Veränderungen. Insbesondere als sie die Territorien des Oströmischen und des Persischen Reiches überrannten, wurden die Muslime mit hoch entwickelten Zivilisationen konfrontiert, die hinsichtlich der Absonderung der Frauen über fein ausgearbeitete Bräuche und große Harems mit Konkubinen für den Herrscher verfügten. Dies war ein fernes Echo von der einfachen arabischen Gesellschaft aus der Zeit des Propheten. Mohammed hatte eine einzige Konkubine, jedoch keine Sklavinnen gehabt, und er pflegte seine Kleidung selber in Ordnung zu bringen. Das Kalifenreich verfügte über einen enormen Wohlstand, und Männer konnten sich zahlreiche Sklavinnen halten. In zunehmendem Maße ahmten muslimische Frauen in ihrem religiösen Verhalten die Bräuche der Frauen aus den oberen Schichten der Perser, Griechen, Römer und Juden nach, die alle den Schleier trugen, um auf der Straße nicht den Blicken der Männer ausgesetzt zu sein. Dies ist ein Beispiel dafür, wie das religiöse Verhalten durch den sozialen Status beeinflusst wird. Der Schleier, der anfangs ein Vorhang war, hinter dem sich die Frauen des Propheten aufhielten, wurde allmählich mit dem verhüllenden Kleidungsstück identifiziert, das, vor allem in den Städten, von allen ehrenhaften Frauen getragen wurde.

Im Alltagsleben der heutigen muslimischen Gesellschaften gibt es kein einzelnes Kleidungsstück das als „der Schleier“ bezeichnet wird, noch ist „verschleiern“ ein Synonym von „das Gesicht bedecken“. Vor dem Beginn der Kolonialzeit unterschied sich die Kleidung der christlichen und jüdischen Frauen in Ländern wie Ägypten in nichts von jener der muslimischen Frauen. Erst im späten 19. Jh. begannen weibliche Angehörige religiöser Minderheiten in islamischen Ländern sich nach der europäischen Mode zu kleiden. Besucht man heute Länder mit mehrheitlich islamischer Bevölkerung, dann fällt einem sofort auf, dass die Frauen in den einzelnen Ländern unterschiedlich gekleidet sind. Soziale Zugehörigkeit, Herkunft aus dem städtischen bzw. ländlichen Umfeld, Erziehung und Gewohnheiten sorgen für eine breite Palette unterschiedlicher Kleidung der Frauen, die indes nicht unbedingt eine religiöse Bedeutung zu haben braucht. An die Stelle des iranischen Chadors, eines den ganzen Körper bedeckenden Kleidungsstücks ohne Knöpfe, können nun ein Regenmantel und ein mit dem französischen Wort *manteau*, „Mantel“, bezeichneten Kopfschleier treten. Im Iran sind die Frauen gehalten, in der Öffentlichkeit eines dieser beiden Kleidungsstücke zu tragen, und sie dürfen sich nicht schminken. Der Chador ist nicht mit der schwarzen *abaya* identisch, die von den Frauen in Arabien getragen wird. Daneben gibt es zahlreiche charakteristische stammesbezogene Varianten der Kleidung der arabischen Nomaden. Zur gepflegten weiblichen Mode in Westafrika können bunte Umhänge und eine Art *bare midriff* [ein zweiteiliges Kleid, welches die Zwerchfellpartie frei lässt] gezählt werden, während auf Form bedachte muslimische Frauen in Südostasien eher weiße Kopfschleier und lange Kleider bevorzugen. Die Kleidermode der Türkinnen reicht von rein europäischer Mode in Istanbul bis hin zum konservativen Nomadenkleid in ländlichen Gebieten, wobei der offiziell praktizierte Säkularismus das Tragen des Kopfschleiers an Universitäten und in Regierungsgebäuden verbietet. Pashtunenfrauen in Afghanistan tragen gemäß den lokalen Stammestraditionen den ganzen Körper verhüllende *burqa*s, und ihre Ehemänner rühmen sich, dass ihre Frauen das Gebot „Schleier und vier Wände“, d.h. die totale Abschottung, befolgen. Keines dieser Beispiele kann jedoch als Norm für muslimische Frauen in anderen Gegenden bzw. Ländern bezeichnet werden.

Gelegentlich führen offizielle Versuche, eine bestimmte Kleidervorschrift für Frauen einzuführen, zu seltsamen Ungereimtheiten. Als der pakistanische Regierungschef General Zia ul-Haqq in den 80er Jahren versuchte, ein Islamisierungsprogramm durchzusetzen, verfügte er, der indische Sari sei in Regierungsgebäuden nicht hinnehmbar, vielmehr sollte der *shalwar kamis*, ein langes Hemd, das über Gürtelhosen getragen wird, die islamische Kleidung für Frauen sein. Dabei handelt es sich ja um eine für das nördliche Indien typische lokale Kleidung, die dort von Männern und Frauen getragen wird. Per staatliches Dekret wurde sie jedoch zur islamischen Kleidung gemacht. Das Gewicht, das diesen Kleidervorschriften beigemessen wurde, war so erheblich, dass aufmerksame Beobachter des pakistanischen politischen Lebens schworen, sie könnten konservative bzw. liberale Trends innerhalb der Regierung an der Art erkennen, wie die Nachrichtensprecherin des pakistanischen Fernsehens ihren der Kopfschleier trage. Bedeckte der Schleier das Haar dieser Dame vollständig, so war dies ein Hinweis auf konservative Einstellung, trug sie den Schleier dagegen lose zurückfallend oder ließ ihn auf die Schultern fallen, so war dies ein Hinweis auf Entspannung innerhalb der Regierung.

Die Definition einer spezifischen Art von weiblicher Kleidung als islamisch hat viel mit antikolonialistischen Einstellungen zu tun. Vor der Ankunft der europäischen Eroberer galt sie als normale Kleidung der Frauen. Betrachteten die europäischen Kolonialbeamten den Schleier noch als ein Zeichen von Rückständigkeit, so kam diese Deutung in jüngster Zeit auf den Prüfstand: In Ländern wie Ägypten und der Türkei erhielt der Schleier für die Frauen eine neue Bedeutung. Hatten ihre Mütter und Großmütter noch unbekümmert Kleider im europäischen Stil getragen und die Kopfbedeckungen beiseite gelegt, so begannen die Frauen in diesen Ländern in den 80er Jahren wieder den Schleier zu tragen, um ihrem antiwestlichen Nationalismus Ausdruck zu verleihen. Der Schleier wurde für sie auch zum Zeichen des Widerstandes gegen die unmoralische Zurschaustellung des weiblichen Körpers in der Werbung multinationaler Konzerne. Dabei fällt auf, dass die beiden unvernähten Stoffbahnen, die offizielle Kleidung der Frauen bei der Pilgerfahrt nach Mekka, das Gesicht unverschleiert lassen. Ganz offensichtlich steht die egalitäre Geisteshaltung, die bei diesem gewaltigen Ereignis herrscht, im Konflikt mit der aristokratischen Attitude, die das Verhüllen des Gesichts fordert.

Diese Vielfalt der weiblichen Kleidung führt zu der Frage nach den Perspektiven der muslimischen Frauen und ihrer Selbstdarstellung in dem Bestreben, für sich eine eigene Tradition geltend zu machen. Was für viele Amerikaner und Europäer auf den ersten Blick überraschend ist, ist die Tatsache, dass muslimische Frauen überhaupt eine Stimme haben. Auch hier gibt es viele Beispiele, wie man dieser Art von Amnesie und Achtlosigkeit begegnen kann, und die ersten Fälle liegen viele Jahre zurück. Muslimische Feministinnen aus den ersten Jahren des 20. Jh., die von einigen Männern unterstützt wurden, legten, ebenso wie ihre frühen europäischen und amerikanischen Kolleginnen, Wert auf Häuslichkeit, Erziehung und Hygiene, und sie unterstrichen gleichzeitig die wichtige Rolle der Frauen bei der Erziehung der nachfolgenden Generation. In vielen Ländern haben aus der Oberklasse kommende muslimische Frauen eine Tradition der Gründung von Mädchenschulen ins Leben gerufen. In den 20er Jahren hatten feministische Autorinnen in Syrien und Ägypten Organisationen geschaffen, öffentliche Demonstrationen angeführt und Bücher geschrieben, in denen sie die patriarchalische Ausrichtung des Islams kritisierten. 1928 hat die libanesische Feministin NAZIRA ZAIN AL-DIN ein Buch mit dem Titel *Entschleierung und Verschleierung* geschrieben, das enormes Aufsehen erregte, da die Autorin darauf bestand, dass die Männer das Tragen des Schleiers zu Unrecht als ein religiöses Gebot interpretiert hätten.[18] Die Strategie der islamischen Feministinnen weist starke Ähnlichkeit mit jener ihrer christlichen und jüdischen Kolleginnen auf, wobei viele muslimische Frauen die Bezeichnung „Feministin" eher zu vermeiden suchen, da dieser Name häufig mit dem europäischen Kolonialismus und mit antiislamischen Einstellungen in Verbindung gebracht wird. Männer wie Frauen können die ursprünglichen schriftlichen Quellen kritisch untersuchen, und dabei ist eine erneute Überprüfung der Art und Weise besonders wichtig, wie männliche Gelehrte diese interpretiert haben. So hat sich die marokkanische Autorin FATIMA MERNISSI daran gemacht, Hadithe, in denen der Prophet erklärt haben soll, Frauen würden nicht zur Übernahme der Regierung taugen, einer erneuten Überprüfung zu unterziehen. Sie wollte nicht glauben, dass ein Mann, der Zeit seines Lebens Frauen gegenüber so respektvoll und umsichtig war, zu einer derart negativen Aussage fähig gewesen sein sollte. Unter Anwendung traditioneller gelehrter Methoden auf den Hadith fand sie Anhaltspunkte, welche die Glaubwürdigkeit des wichtigsten Überlieferers dieser Aussage in Frage stellten: Dieser scheint gegen ʿA'isha, die Lieblingsfrau des

Propheten, voreingenommen gewesen zu sein.[19] So haben gelehrte muslimische Feministinnen durch direkte Auseinandersetzung mit den maßgeblichen Passagen des heiligen Buches die von Männern dominierte Interpretation in Frage gestellt.

Dies bedeutet jedoch nicht, dass es in mehrheitlich muslimischen Gesellschaften keine Probleme mit der Durchsetzung des modernen Familienrechts gebe.[20] Es gibt vielmehr in allen islamischen Ländern heftige Debatten über diese Thematik, und solche Debatten sind nicht nur für das tägliche Wohlergehen der Frauen, sondern ebenso für die wechselnden Interpretationen des islamischen Rechts von großer Bedeutung. Heute gibt es überdies, wie unter den Christen in Europa und Amerika, auch unter Muslimen ernsthafte Streitgespräche zum Thema Homosexualität. Hinsichtlich der Frauenrechte gibt es unter den Mullas, die seit 1979 die Islamische Republik Iran regieren, feministisch ausgerichtete Denker, die für die Gleichheit von Männern und Frauen vor dem Gesetz eintreten, wobei sie sich auf Quellen aus der islamischen Jurisprudenz stützen.[21] In jüngster Zeit haben iranische Behörden ein erstaunlich gediegenes Familienplanungsprogramm entworfen, das auf Empfängnisverhütung und Vasektomie beruht und bereits wesentlich zur Verminderung der Geburtenrate beigetragen hat. Zu den in islamischen Ländern viel debattierten Themen gehören auch Dinge wie die (bisher immer noch seltene) Praxis der Vielweiberei, Scheidungsprozesse, Abtreibung, sowie Gesetze zu Themen wie Vergewaltigung und Ehebruch. Postkoloniale Regierungen hatten häufig Probleme mit der Vereinbarkeit von islamischem Personenrecht und dem breiteren Begriff eines einheitlichen Codex Civilis für alle Bürger, unabhängig von deren jeweiliger Religionszugehörigkeit. Einer der am heftigsten umstrittenen Fälle der letzten Jahre in Indien betraf eine geschiedene Muslimin namens Shahbano. Nichtmuslimnische Richter regelten diesen Fall durch eine enge Gesetzesauslegung, die ihr unter Berufung auf die komplexen Gesetze der anglo-muslimischen Rechtsprechung eine kümmerliche Unterstützung zusprach. Der Fall erregte den Zorn von Säkularisten und Hindus, die sich dagegen wehrten, dass der Staat dem islamischen Recht in dieser

Weise entgegenkomme, und er führte außerdem zu Massenprotesten seitens der Muslime, die befürchteten, der indische Staat könnte sich in islamische Angelegenheiten einmischen. Hinzu kommen Probleme, die sich aus Stammesbräuchen wie etwa „Ehrenmorden" ergeben, welche sich gegen Frauen wandten, denen man vorwarf, durch ihr unangemessenes Verhalten die Ehre ihrer Familien beschmutzt zu haben. Ein weiterer Streitpunkt ist die Clitoridectomie, die Verstümmelung der Klitoris, eine seit alters her übliche Methode, die in vielen Teilen Afrikas immer noch praktiziert wird. Im Niltal wird sie von etwa 70 % der Muslime und fast 100 % der Christen praktiziert, und sie ist auch im Sudan und in Westafrika unter den Anhängern traditioneller Religionen noch weit verbreitet. Diese Praktiken haben mit dem islamischen Recht nichts zu tun, liefern aber Zündstoff im Konflikt zwischen der islamischen *shari'a* und lokalem Brauchtum.

Trotz aller Herausforderungen, mit denen sich die Frauen in mehreren islamischen Ländern konfrontiert sehen, dürfen Europäer und Amerikaner diesen Menschen auf keinen Fall mit Herablassung begegnen, in der irrigen Annahme, der Islam sei ein Gefängnis, aus dem muslimische Frauen befreit werden wollten. Wie wir oben gesehen haben, war diese Art von Kritik an muslimischen Verhaltensweisen gegenüber Frauen ein wesentliches Element für die Rechtfertigung des Kolonialismus, und es ignoriert überdies das wichtige Thema des Verhältnisses der Geschlechter zueinander, wie es in den europäischen und amerikanischen Gesellschaften besteht. Diese herablassende Haltung wird von den Millionen muslimischer Frauen, die auf ihre muslimische Identität größten Wert legen, zutiefst verachtet, während sie sich mit denselben Problemen auseinandersetzen wie alle Frauen auf der ganzen Welt: der Aufrechterhaltung des Familienlebens bei gleichzeitig steigenden wirtschaftlichen Anforderungen an die Frauen, dem Umgang mit der Geburtenkontrolle und der Suche nach einem authentischen Verständnis für ihre Rechte als Frauen. Außerdem muss man darauf hinweisen, dass Frauen in muslimischen Gesellschaften häufig Zugang haben zu für sie geschaffenen sozialen Netzwerken, die auf familiären Strukturen gründen, häufig jedoch über den traditionellen Begriff der Familie hinausgehen. Dererlei Strukturen sucht man sucht man in den in stärkerem Maße atomisierten Gesellschaften Europas und Amerikas i.a. vergebens. Es gibt außerdem lokale Traditionen der frauenbezogenen Religionsausübung wie etwa in den Frauen vorbehaltenen Moscheen in China, die den muslimischen Frauen Chancen eröffnen, die Außenstehende auf Grund ihrer stereotypen Einstellung und ihrer Bereitschaft zu Verallgemeinerungen niemals erwarten würden.[22] Wie Zainabs Beispiel zeigt, darf man muslimische Frauen niemals unterschätzen.

Islam und Wissenschaft

Wie oben angedeutet wurde, war die islamische Welt Heimstätte für eine Vielzahl von Traditionen, zu denen nicht nur die Offenbarung gehörte, sondern auch die menschliche Vernunft, insbesondere die Disziplinen, die mit der griechischen Philosophie in Verbindung standen. Eine der für die klassischen arabischen Autoren typischen Klassifizierungen der Wissenschaften unterteilte alle Themen in zwei Kategorien: die traditionellen Wissenschaften, d.h. autoritative Wissensgebiete, die auf der Religion und der Geschichtstradition beruhten, und die auf die Vernunft gegründeten Wissenschaften, die ständig ausbaufähig waren. Anders als die moderne Philosophie, die sich auf eine Reihe theoretischer Probleme wie Wissenstheorie und Philosophie des Geistes beschränkt, ging die islamische Philosophie (arab. *falsafa*) Hand in Hand mit zahlreichen praktisch orientierten wissenschaftlichen Disziplinen, wobei auf Astronomie und Medizin besonderes Gewicht gelegt wurde. Teilweise war diese Betonung der Naturwissenschaften durch die Anforderungen der Sicherung des Arbeitsplatzes bedingt, denn viele Philosophen verdienten ihren Lebensunterhalt als beratende Ärzte und Astrologen im Sold von Fürsten. Auf diese Weise besaßen die Wissenschaften Medizin und Astrologie auch unmittelbare praktische Bedeutung für die Patrone der Philosophen. Die alte, auf ARISTOTELES zurückgehende philosophische Tradition umfasste stets auch diszipliniertes und kritisches Nachdenken über Mathematik und Natur. Die Fortsetzung der alten wissenschaftlichen Tradition in vom Islam beeinflussten Gesellschaften war daher eine ganz natürliche Begleiterscheinung der philosophischen Tradition, und daran beteiligt waren Wissenschaftler mit unterschiedlichen, d.h. muslimischem, christlichem, jüdischem und heidnischem religiösem Hintergrund.[23]

Die Beschäftigung der Muslime mit den Wissenschaften erschöpfte sich jedoch nicht ausschließlich in äußerlichen Betrachtungen. Auf Grund ritueller Erfordernisse wie etwa der täglichen Gebete und der Vorschrift, sich dabei nach Mekka zu wenden, mussten sich die Muslime bemühen, über einfache astronomische Beobachtungen und den Mondkalender der vorislamischen Araber hinauszugehen. Fürstliche Mäzene hatten also religiöse Gründe, astronomische Observatorien sowie die Sammlung und Zusammenstellung astronomischer Tabellen zur Bewegung von Sternen und Planeten zu fördern.[24] Ab dem frühen neunten Jh. forschten muslimische Gelehrte auch über Materialien aus den astronomischen Traditionen der Inder, Griechen und Perser, die Beobachtungen wie auch theoretische Überlegungen umfassten. Dabei übernahmen sie das geozentrische Weltbild des ptolemäischen Systems mit seinen Planetensphären als Grundstruktur für den Kosmos. Zu den berühmten Observatorien in der islamischen Welt zählte eines, das im Jahre 1074 in Persien gebaut wurde. Zu den dort tätigen Wissenschaftlern zählte auch der berühmte Mathematiker und Dichter ʿUmar-i Khaiyam (der durch einen historischen Zufall in Europa und Amerika eher als Dichter bekannt ist). Ein weiteres berühmtes Observatorium hat Ulugh Bek im Jahre 1420 in Samarqand im heutigen Usbekistan eingerichtet. Es diente als Modell für frühe europäische Observatorien. Wie groß der Einfluss der islamischen Astronomie auf Europa war, wird u.a. am Beispiel der über 200 Sternnamen deutlich, die auf arabische Formen zurückgehen. Die vermutlich letzten großen Beispiele vor dem Beginn der Kolonialzeit sind eine Reihe von Observatorien, die der adlige Hindu Jai Singh zu Beginn des 18. Jh. in Delhi und mehreren anderen nordindischen Städten erbauen ließ und die heute noch besucht werden können. Er überreichte seine Beobachtungen, die er zuvor mit älteren astronomischen Tabellen aus indischen, persischen und europäischen Quellen hatte vergleichen lassen, im Jahre 1728 dem Mogulherrscher Muhammad Shah.

Wie im Falle der Astronomie gab es auch auf medizinischem Gebiet religiös begründbare Motive, Forschung zu betreiben – abgesehen von den praktischen Vorteilen, welche die Mäzene aus diesen Aktivitäten zu ziehen hofften. Der Bau von Krankenhäusern war in der vorkolonialen Zeit in islamischen Ländern ein herausragender philanthropischer Faktor. Mit der Unterstützung früher Herrscher wie etwa des Kalifen Harun al-Rashid im Bagdad des neunten Jh. haben führende Ärzte in den großen Städten des Nahen Ostens Hospitäler konzipiert. Bemerkenswerte Beispiele kennen wir darüber hinaus auch aus dem muslimischen Spanien, dem Osmanischen Reich und Persien. Gründungsurkunden von wohltätigen Vereinigungen, die die Gründung von Krankenhäusern förderten, enthalten oft nicht nur Tätigkeitsbeschreibungen und Angaben zu Gehältern des medizinischen wie auch des übrigen Personals, dort konnte darüber hinaus auch vorgeschrieben werden, dass die Ärzte allen Patienten mit einem Lächeln begegnen und Schimpfwörter und beleidigendes Verhalten vermeiden sollten.[25] Ein berühmtes Beispiel war das Mansuri-Hospital in Kairo aus dem Jahre 1284.

Dies war ein riesiges Gebäude auf der Basis eines nachgebauten Palastes mit getrennten Stationen Zugängen für Männer und Frauen und freiem Zutritt für alle Menschen, unabhängig von Rasse, Glauben und Geschlecht. Das Hospital selbst trug die Kosten, und die Dauer des Aufenthaltes war nicht begrenzt. Führende Ärzte in islamischen Ländern bauten auf dem Erbe ihrer griechischen Kollegen wie Hippokrates und Galen auf und brachten überdies ihre eigenen Erfahrungen bezüglich klinischer Praxis und Heilmitteln ein. Der große Arzt und Philosoph Ibn Sina, der in Europa als Avicenna bekannt ist, wurde nicht nur in Persien und Indien, sondern auch an europäischen Universitäten, wo seine medizinischen Werke noch um das Jahr 1600 gelesen wurden, zu einer allgemein anerkannten Autorität.[26]

Die Errungenschaften mittelalterlicher muslimischer Wissenschaftler fanden die ihnen gebührende Anerkennung und wurden fast durchweg als Resultate eines lange vergangenen Goldenen Zeitalters bezeichnet. In Werken zur Wissenschaftsgeschichte und zur Geschichte der Zivilisation ist inzwischen üblicherweise von einem Niedergang der islamischen Welt die Rede, der zur unvermeidlichen Resignation vor dem Ansturm der überlegenen europäischen Kulturen geführt habe. Diese Haltung ist in den meisten Diskussionen der jüngeren Zeit über dieses Thema deutlich sichtbar geworden, und in den letzten Jahren wurde der frühere Princeton-Professor BERNARD LEWIS zum Hauptvertreter der Theorie vom „Niedergang des Islams". In einer Reihe von Publikationen hat er im Laufe der letzten zwanzig Jahre die Meinung vertreten, die Muslime seien wegen ihres politischen Übergewichts während des Spätmittelalters selbstgefällig geworden, so dass sie die Veränderungen, die in der Moderne in Europa stattgefunden haben, nicht mehr wahrgenommen hätten. Ihnen sei insbesondere jegliche Art von Neugier in Bezug auf die Fortschritte im Bereich der Naturwissenschaften und der Technologie abhanden gekommen, was sich als fataler Fehler erwiesen und zu ihrem Scheitern beigetragen habe.[27] Diese Behauptungen zeigen eine erstaunliche Ähnlichkeit zu Argumenten, die im 19. Jh. von Kolonialbeamten über das Verschwinden der Philosophie aus den islamischen Ländern vertreten wurden. Für den antisemitischen Gelehrten ERNEST RENAN waren ja Araber und Juden gleichermaßen unfähig, sich mit Philosophie und Naturwissenschaft zu beschäftigen. Seltsamerweise hielt es RENAN nicht für erforderlich, seine Aussage zu belegen. Da die Muslime ja angeblich völlig interesselos und wissenschaftlich unbegabt seien, brauche man folglich auch nicht nach intellektuellen Leistungen Ausschau zu halten, die nach dem Mittelalter von ihrer Seite erbracht worden wären.[28]

Forschungen aus jüngster Zeit zeigen jedoch, dass es zwischen Muslimen und europäischen Christen auf wissenschaftlichem

Gebiet sehr viel mehr Austausch gegeben hat, als man sich bisher hatte vorstellen können.[29] Die Europäer haben, insbesondere auf Gebieten wie Schifffahrts- und Militärtechnologie, mit nie dagewesenem Erfolg eindeutig überlegene technologische Anwendungen naturwissenschaftliche Erkenntnisse entwickelt. Die wirksame bürokratische Anwendung der Technologie auf herrschaftsbezogene Themen ist jedoch etwas ganz anderes als grundsätzliche wissenschaftliche Neugierde. Im 17. Jh. hat der französische Arzt François Bernier von den Diskussionen berichtet, die er mit seinem Förderer, dem begabten Mogul-Herrscher Danishmand Khan, für den er eine Reihe von wichtigen Texten ins Persische übersetzt hatte, über die wissenschaftlichen und philosophischen Theorien von René Descartes und Pierre Gassendi geführt hat. In den 20er Jahren des 17. Jh. hat der italienische Reisende Pietro della Valle die in lateinischer Sprache verfassten Werke Johannes Keplers zum Nutzen iranischer Intellektueller, mit denen er viele naturwissenschaftliche und theologische Fragen diskutierte, ins Persische übersetzt. Einer der Hauptarchitekten des Tadsch Mahall hat Kommentare zu den mathematischen Werken des Euklid verfasst. Um das Jahr 1654 hat der persische Astronom Muhammad Mahdi Yazdi zwei Astrolabien gebaut, die Karten der nördlichen und der südlichen Himmels-Hemisphäre aufweisen. Dort finden sich auch kurz zuvor von Europäern entdeckte südliche Konstellationen. Im 18. Jh. kamen einige iranische und indische muslimische Reisende nach Europa. Einige von diesen haben Berichte über ihre Besuche bei europäischen Wissenschaftlern und ihr Diskussionen über naturwissenschaftliche Themen hinterlassen. Und der 1799 verstorbene südindische Muslimherrscher Tipu Sultan suchte bei den Osmanen und Franzosen Unterstützung gegen eine letzten Endes erfolgreiche Invasion seines Landes durch die Briten. Im Jahre 1801 hat sein Minister Shushtar, ein ehemaliger Angestellter der East India Company, seine Gedanken zu den astronomischen Theorien von Kopernikus und Kepler niedergeschrieben. Dies sind nur einige wenige Beispiele „heimatloser“ Texte, die ihre Bedeutung für die Kolonialregime wie auch für deren nationalistische

Nachfolger verloren haben.[30] Kurz, die Behauptung, die Muslime hätten ab einem bestimmten Zeitpunkt ihre intellektuelle Neugier verloren und die Naturwissenschaften fortan ignoriert, ist historisch gesehen ganz einfach falsch. Wie die ähnliche These vom Niedergang der Philosophie in der islamischen Welt beruht auch die Theorie von Niedergang der Naturwissenschaften dort auf einer selektiven Amnesie. Das Vorhandensein und das Beharrungsvermögen derartiger irreführender Äußerungen zum Thema islamische Kultur müssen eindeutig im Zusammenhang mit dem europäischen Kolonialismus und seinen Rechtfertigungsversuchen gesehen werden.

Man muss allerdings anerkennen, dass die Europäer gegen Ende des 19. Jh. im Rahmen ihrer Eroberungen sowohl ihre technologischen Errungenschaften als auch ihre Aura naturwissenschaftlichen Prestiges zu ihrem Vorteil ausgenutzt haben. Trotz der ungeheuren Zerstörungen, die in den beiden Weltkriegen in der ersten Hälfte des 20. Jh. durch wissenschaftlich gestützte Apparaturen angerichtet worden sind, konnten die Naturwissenschaften inzwischen zu dem am höchsten geachteten wissenschaftlichen Disziplinen werden. Im Zusammenhang mit den großen Einwanderungswellen nach Europa und Amerika, die nach der Entkolonialisierung stattgefunden haben, waren die afrikanischen und asiatischen Migranten, die nach Europa kamen, häufig Arbeiter, während viele von denen, die nach Nordamerika kamen, als Berufsziel die akademischen Berufe, vorzugsweise Medizin, angaben, wobei auch das Ingenieurwesen eine akzeptable Alternative darstellte. Zugleich führte die Zunahme der Gründung moderner Universitäten in ehemaligen Kolonialgebieten zur Entstehung einer bedeutenden Klasse von Gebildeten, unter denen Ingenieure und Naturwissenschaftler in der Mehrheit waren. Dabei haben Muslime mit naturwissenschaftlicher Ausbildung ihre religiösen und kulturellen Bindungen keineswegs aufgegeben. Sie suchten nach Wegen, religiöse Wahrheit und naturwissenschaftliche sowie technologische Effizienz miteinander in Einklang zu bringen. So entstand eine Reihe von spekulativen Theorien, die Islam und Naturwissenschaften miteinander verbinden.

In gewisser Weise ähneln die in unseren Tagen festzustellenden Bemühungen, Islam und Naturwissenschaften miteinander in Einklang zu bringen, dem Phänomen der Rezeption griechischer Philosophie durch die Muslime vor mehr als tausend Jahren. Damals allerdings haben muslimische Intellektuelle die Philosophie als wichtigen Rahmen zur Interpretation der neuen Erkenntnisse verwendet, und die Religion war dabei nur ein Beispiel, wie Ethik und Politik den Durchschnittsmenschen zugänglich gemacht werden konnten. Anders als die frühen muslimischen Philosophen haben die christlichen Theologen des Mittelalters die Philosophie als die Magd der Theologie, als einfaches Werkzeug zum Verständnis der Offenbarung, betrachtet. Für die muslimischen Philosophen dagegen wurde die intellektuelle Disziplin Philosophie zum geometrischen Punkt, von dem aus sich die Religion messen lassen musste. Dabei haben sie diese Strategie kunstvoll verbrämt, indem sie verkündeten, das Verständnis der Offenbarung setze das Studium der Philosophie voraus.[31] Die erneuten Bemühungen, die im 20. Jh. zur Versöhnung von Islam und Naturwissenschaften unternommen wurden, waren indes nicht annähernd so ausgefeilt. Als Ausgangspunkt dient die Feststellung, sowohl der Islam als auch die Naturwissenschaft enthalte Wahrheit. Daher muss der Islam in gewissem Sinne die wissenschaftliche Wahrheit mit einschließen. Diese Argumentationsweise enthält jedoch zugleich auch eine deutliche Spitze gegen den Kolonialismus. Die Europäer bestanden auf ihrer Überlegenheit und behaupteten, sie seien die ausschließlichen Repräsentanten der Naturwissenschaften. Und sie stießen somit Asien in die Rolle einer rückständigen und abergläubischen, von religiösen Doktrinen eingeengten Zivilisation. Um diese entwürdigende Verbindung umzukehren, haben muslimische Denker im 19. Jh. zunächst die Naturwissenschaften für sich beansprucht, da sie es waren, die diese an die Europäer weitergegeben haben.[32] Der Schwachpunkt in dieser defensiven Argumentationsweise war jedoch, dass sie weiterhin die europäische Dominanz akzeptierte und den Begriff des Niedergangs des Islams in Kauf nahm. Einige muslimische Autoren unternahmen den nächsten Schritt, indem sie die Ausschließlichkeitsansprüche der Europäer auf Naturwissenschaften und Modernität in Frage stellten. Dieses lose Bündnis, das nach dem Zweiten Weltkrieg aktiv wurde, ist als die „Islamisierung der Wissenschaft" bezeichnet worden.[33]

Der auffallendste Teilnehmer an dieser Debatte war ein zum Islam konvertierter französischer Arzt namens MAURICE BUCAILLE.[34] Seine Grundthese besagt, dass der Koran, anders als die Bibel, eine bemerkenswerte Menge von Informationen enthalte, die mit modernen wissenschaftlichen Erkenntnissen in Bereichen wie der Embryologie übereinstimmten. Bucailles Anhänger in islamischen Ländern haben diese These dahingehend erweitert, dass sie nun auch die Atomphysik mit einschließt. Da der Prophet Mohammed dieses wissenschaftliche Material nicht gekannt haben könne, sei dies ein weiterer Beweis dafür, dass der Koran durch göttliche Inspiration geoffenbart worden sei. Der Bibel mit ihren zahlreichen menschlichen Beiträgern hingegen fehle diese wissenschaftliche Tiefe, und infolge dessen könne sie nicht dasselbe Niveau göttlicher Inspiration für sich beanspruchen. Auch wenn BUCAILLE versucht, für seine Koraninterpretation naturwissenschaftliche Theorien zu bemühen, ist er doch sichtlich irritiert durch die Art, wie der Materialismus das Geflecht des religiösen Lebens erodiert, beschädigt hat. Wie die christlichen Fundamentalisten betrachtet auch er die Darwinsche Evolutionstheorie als verheerend für das religiöse Konzept der menschlichen Natur als Teil der göttlichen Schöpfung. Deshalb bezeichnet er die Evolution als „Theorie", womit er jedoch weder der wahren Wissenschaft noch der wahren Offenbarung gerecht wird.

Die phänomenale Resonanz und Popularität, die BUCAILLE mit seinen Theorien gefunden hat, sind ein bemerkenswerter Beweis für die große Beachtung, deren sich die Naturwissenschaften heute erfreuen. Für BUCAILLE sind die Wissenschaften kein Experimentierfeld zur Verfälschung von Hypothesen, sondern vielmehr eine Kette von Doktrinen, die, nachdem ihre Richtigkeit bewiesen ist, den Rang von Tatsachen erreichen. Ein Problem bei seiner Gleichsetzung von Offenbarung und Wissenschaften ist, wie mehrere muslimische Kritiker angemerkt haben, die wechselnde Beschaffenheit der Wissenschaften selbst.[35] Wie verlässlich ist nun die Autorität der Religion, wenn diese lediglich durch die spezifischen wissenschaftlichen Thesen verifiziert wird, die derzeit zufällig gültig sind? Was kann man sagen über den Glauben von Millionen von Menschen, die über Jahrhunderte hinweg dem Koran, nicht wegen der modernen Wissenschaften, sondern wegen der charismatischen Persönlichkeit des Propheten Mohammed und der koranischen Botschaft als solcher gefolgt sind? Mag auch aus diesem Blickwinkel die Islamisierung der Wissenschaften als Fehlschlag erscheinen, so hat sie dennoch unter den Muslimen in Amerika und in Asien eine erstaunlich breite Gefolgschaft gefunden. Die Anziehungskraft dieser Theorie liegt darin, dass sie das bietet, was Rhetoriker als zusammenfassende Theorie, d. h. als einheitliche und allgemein anwendbare Erklärung, bezeichnen. Darüber hinaus enthält sie auch einen Plan für die Islamisierung der Sozialwissenschaften, um dadurch auf Gebieten wie Anthropologie, Soziologie und Wirtschaft eine islamische Alternative zu dem wertfreien, angeblich objektiven Programm der säkularen Universität zu schaffen.

Indem sie derart kühne Ansprüche anmeldet, ist die Islamisierung der Wissenschaften zu einer modernen Ideologie geworden, die sich aus einer antikolonialistischen Haltung heraus einer islamisch geprägten Sprache und Symbolik bedient. Wie für die „wissenschaftlichen Kreationisten", die sich aus einer christlich-fundamentalistischen Haltung heraus der Darwinschen Evolutionstheorie verweigern, ist es auch für die Befürworter der Islamisierung der Wissenschaften selbstverständlich, dass sie sich der Sprache und der Rhetorik der Wissenschaften bedienen, um die Hegemonie des Atheismus und des Materialismus im öffentlichen Leben unserer Tage herauszufordern. Soziologisch formuliert, ist es erstaunlich, zu sehen, dass dieser Diskurs über Islam und Wissenschaft unter zeitgenössischen Muslimen entstanden ist, die von ihrer Ausbildung her eigentlich Naturwissenschaftler und Ingenieure waren, und nicht unter traditionell ausgerichteten Religionsgelehrten. Interessanterweise rekrutieren fundamentalistische Bewegungen ihre Anhänger in islamischen Ländern aus eben diesen Kreisen von Wissenschaftlern und Ingenieuren. Dieser mechanistisch und rationalistisch orientierte Umgang mit religiösen Texten hat sich für einen beträchtlichen Teil der modernen Muslime als reizvoll erwiesen. Kritiker merken an, dass diese Verwechslung von Wissenschaft und Religion beiden Parteien schadet.

Das Dilemma hinsichtlich der Verbindung von Wissenschaft und Religion ist mit Sicherheit kein ausschließliches Kennzeichen der Muslime. Der so genannte Krieg zwischen Wissenschaft und Religion, der periodisch auch in Europa und Amerika in Erscheinung getreten ist, ist ein wichtiges Kapitel in der modernen Geschichte des Christentums: von Galileos Prozess bis zu Scopes' „Affenprozess" in den 20er Jahren des vergangenen Jahrhunderts. Noch immer gibt es in amerikanischen Schulen Geplänkel um die Kontrolle der Lehrpläne im Fach Biologie und die Frage gleicher Stundenzahl für den Unterricht in Sachen Schöpfungslehre. In gleicher Weise, wie es einerseits unwahrscheinlich ist, dass christliche Fundamentalisten ihren Widerstand gegen den Säkularismus an den Schulen aufgeben werden, ist andererseits die ideologische Positionierung des Islams in seinem Verhältnis zu den Wissenschaften für manche Muslime immer noch eine attraktive Möglichkeit. Und so kann in nächster Zukunft sowohl in mehrheitlich islamischen Ländern als auch unter zuwandernden muslimischen Minderheiten die Islamisierung der Naturwissenschaften tatsächlich weiterhin Unterstützung finden.

Trotz der Bemühungen einiger Theologen und Naturwissenschaftler, für die Verbindung zwischen Natur und Gott zu kreativen Lösungen zu kommen, betrachten viele, unabhängig von ihrer jeweiligen Religionszugehörigkeit, die Wissenschaften (oder zumindest deren theoretische Anwendungsgebiete) als ein autoritatives System sozialer Kontrolle. Neue Entdeckungen, einige davon in den Lebenswissenschaften und der Medizin, führen zu besorgniserregenden ethischen Fragen, auf die es in keiner Religionsgemeinschaft fertige Antworten gibt. So werden sich also die Muslime wie auch die Angehörigen anderer Religionsgemeinschaften intensiv mit den Hinterlassenschaften ihrer Ahnen befassen müssen, um dort Prinzipien zu finden, die auf neue Situationen anwendbar sind.

Kapitel 5

Praktizierte Spiritualität

Das frühe Sufitum und die Pflege mystischer Erfahrung

Bei der Gegenüberstellung mit der Religion wird die Spiritualität häufig als persönlicher und weniger autoritär charakterisiert. Diese Enttäuschung über die institutionalisierte Religion ist in der europäischen und der amerikanischen Gesellschaft eine junge Erscheinung, die auch in anderen Kulturen beobachtet werden kann. Der Begriff „religiöse Erfahrung", der, wie wir uns erinnern, vor mehr als hundert Jahren von dem Psychologen William James erforscht wurde, spiegelt eine entschieden protestantische, ja sogar amerikanische Sehweise der Religion wider.[1] Der englische Terminus für Erfahrung, experience, hängt mit dem Begriff Experiment zusammen und war in der Reformationszeit ein radikales Konzept: Diese Erfahrung schloss die Ablehnung der dogmatischen Orthodoxie der katholischen Kirche und die Suche des Individuums nach Authentizität mit ein. Ein weiterer grundlegender Kontext für den

Begriff „Erfahrung“ war die Alchemie, ein wissenschaftliches und religiöses Unterfangen, bei dem Einzelgänger und Sucher Experimente durchführten, um die allgemeine Gültigkeit der aristotelischen Naturtheorie zu widerlegen.[2] Wenn man in Bestsellerlisten den Abschnitt Spiritualität überfliegt, findet man Dutzende von anderen Titeln, bevor man auf jene stößt, die sich mit der formalen und institutionellen Religion befassen. Häufig führen Buchhandlungen Bücher zum Thema Spiritualität unter der Rubrik Gesundheit und Selbsthilfe, während das Thema Religion einem klein und verloren wirkenden Stoß mit Bibeln und anderen wegweisenden Texten überlassen bleibt. College-Professoren räumen unmutig ein, dass Studenten einen Kurs mit dem Titel „mittelalterliches Judentum“ als langweilig und unattraktiv empfinden. Wird dieser Kurs aber neu verpackt und als „jüdische Spiritualität“ angeboten, kann es passieren, dass man nur über eine Warteliste an dieser Veranstaltung teilnehmen kann.

Parallel zur Spiritualität haben wir die Mystik, und beide Begriffe haben eine Aura des Magischen und des Wunders angenommen, welche deren ursprüngliche Bedeutung verändert hat. Spiritualität bezeichnete ursprünglich nichtmaterielle Themen, es gab aber auch Überschneidungen mit den kirchlichen Institutionen. Der Begriff wird manchmal mit dem Spiritualismus verwechselt, jener okkulten Praxis, mittels derer die Geister jüngst Verstorbener beschworen werden sollen, und die sich im Amerika des 19. Jh. so großer Beliebtheit erfreut hat. In ähnlicher Weise bezieht sich der Begriff „Mystik“ auf das, was man als negative Theologie bezeichnet, weil dort Gott als „nicht dies und nicht jenes“ beschrieben wird, als ein Wesen, dessen Realität letztlich jenseits rationaler Erfassbarkeit angesiedelt ist. Die klassische Formulierung finden wir in der *Mystischen Theologie* des Dionysius, dem Werk eines ostkirchlichen Autors aus dem vierten Jh., der vollständig von der neuplatonischen Philosophie durchdrungen war.[3] Folglich bezieht sich die Mystik, je nach Standpunkt, auf Erfahrungen der Vereinigung mit Gott bzw. der letzten Realität. Vermutlich weil sie sich mit dem jenseits der Rationalität Liegenden befasst, wird die Mystik oft als obskure und verwirrte Denkweise beschrieben, und im Volksmund mit magischen und okkulten Mächten gleichgesetzt. Als ich meine Studenten bat, mir einen typischen Mystiker zu nennen, war der am häufigsten genannte Name der des NOSTRADAMUS (gest. 1566), jenes obskuren französischen Propheten, dessen rätselhafte Vierzeiler zur Vorhersage von Ereignissen aller Art verwendet worden sind. Weitaus geeignetere Beispiele sowohl für die Spiritualität als auch für die Mystik wären der Heilige JOHANNES VOM KREUZ, die Heilige THERESA VON ÁVILA oder MEISTER ECKHART, die alle von der katholischen Kirche als Mystiker anerkannt werden. Keine dieser Persönlichkeiten gab sich mit der Vorhersage der Zukunft oder der Vollbringung von Wundern ab (obwohl die Katholische Kirche den Status der beiden Heiligen als solche durch von ihnen vor Augenzeugen vollbrachte posthume Wunder festgesetzt hat). Vielmehr haben diese Menschen intensive spirituelle Meditationen und Erfahrungen in Prosa und Versen von außergewöhnlicher Qualität festgehalten. Im Gegensatz zu dem modernen Verständnis unabhängiger Spiritualität gehörten die meisten christlichen Mystiker des Mittelalters zu streng organisierten und disziplinierten Mönchsorden, die fest in die hierarchische Ordnung der Kirche integriert waren. Wenn wir daher versuchen, den Mystik-Begriff auf den Islam anzuwenden, müssen wir unbedingt die Grenzen dieses Begriffs beachten, gleichgültig ob auf die Geschichte bezogen oder gemäß der üblichen volkstümlichen Wahrnehmung.

Nach gängiger Auffassung ist der Sufismus der mystische Aspekt des Islams.[4] Heute begegnet man dem Sufismus oft auf dem freien Markt der Spiritualität und der Selbstverwirklichung *à la* New Age. Aber wie die christliche Spiritualität und die christliche Mystik hat auch der islamische Sufismus als Institution eine Geschichte. Der Terminus *Sufi* kommt von dem arabischen Wort *suf* („Wolle"), der Bezeichnung für das härene Gewand von Asketen und Propheten im Nahen Osten, das die Selbstverleugnung symbolisiert. Der bekannteste Repräsentant des islamischen Sufitums ist der klassische persische Dichter DSCHALAL AL-DIN RUMI, der oft als ein Mann dargestellt wird, der alle Religionen überwunden hat.[5] Viele Menschen fragen sich, welche Beziehung der Sufismus zum Islam habe, falls es diese Beziehung überhaupt gebe. Diese Debatte ist nicht neu. Seitdem europäische Gelehrte vor etwa 200 Jahren diese Themen in die Diskussion gebracht haben, galt der Sufismus als attraktive Form der universellen Spiritualität. Nach Ansicht dieser Gelehrten konnte der Sufismus (ein Begriff mit der für Ideologien typischen Endung *-ismus*, engl. *-ism*, etc.) nichts mit dem zu tun haben, was für sie die blutleere, legalistische Religion des Islams war. Während einige europäische Gelehrte die Ansicht vertraten, der Sufismus müsse folglich vom indischen Yoga oder einer anderen nichtislamischen Quelle herrühren, bedienen sich die Sufis in Wirklichkeit eines fast ausschließlich auf arabischen und generell mit dem Islam verbundenen Islamieate Quellen basierenden Vokabulars. Die europäischen Begriffsfelder Sufismus und Islam wurden schon bei ihrer Konzipierung getrennt, als sie zu Beginn des 19. Jh. ins Englische und in andere Sprachen Eingang fanden. In der Folgezeit taten es moderne muslimische Reformer den Europäern gleich und betrachteten den Sufismus als etwas vom Islam Verschiedenes. Der Unterschied war dabei, dass der Sufismus durch die Reformer negativ bewertet wurde: als Neuerung und Einmischung von außen, während er für die Orientalisten etwas Positives darstellte. Diese negative Haltung reformorientierter Muslime gegenüber dem Sufismus ist jedoch eine relativ junge Erscheinung, denn in der Geschichte des Islams war diese Form der Spiritualität und mystischen Praxis fast immer ein bestimmender Faktor innerhalb der islamischen Gesellschaften.[6]

Historisch gesehen, begann das islamische mystische Leben mit dem Koran und dem Propheten Mohammed, die beide unauflöslich miteinander verbunden sind. Als Beispiel möchte ich hier die berühmte „Nacht der Macht“ (arab. *lailat al-qadr*; Paret: „die Nacht der Bestimmung“) aus dem Koran erwähnen, die gemeinhin als die Nacht angesehen wird, in welcher der Koran dem Propheten geoffenbart worden ist. „Wir haben ihn (d.h. den Koran) in der Nacht der Bestimmung hinabgesandt. Aber wie kannst du wissen, was die Nacht der Bestimmung ist? Die Nacht der Bestimmung ist besser als tausend Monate. Die Engel und der Geist kommen in ihr mit der Erlaubnis ihres Herrn hinab, lauter

Logos(wesen). Sie ist (voller) Heil (und Segen), bis die Morgenröte sichtbar wird (w. aufgeht)." (Sure 97,1–5). Der Akt der Offenbarung wird dargestellt als das Herabsteigen des Geistes, der in dem Aufstieg des Propheten durch die Himmelssphären zur Begegnung mit Gott eine entsprechende Bewegung hat. Diese Dialektik der göttlichen Gegenwart und der Himmelfahrt des Propheten wurde für spätere Generationen von Muslimen zum Vorbild spirituellen Erfahrens. Für die Sufis ist insbesondere der Prophet Mohammed, den sie sowohl in seiner äußerlichen religiösen Praxis als auch in seinen inneren spirituellen Befindlichkeiten nachzuahmen versuchen, der Repräsentant der Spiritualität. Seine Aussage: „Ich bin nur gekommen, um [euren] Charakter zu verbessern" ist ein Hinweis auf seine Rolle als Führer. Die Sufis haben Mohammed schließlich als das Lichtwesen erkannt, dessen Erschaffung der Erschaffung des Universums vorausgegangen ist. Seine Mission war universeller Natur, und durch sein Mitleid sollte von allen Propheten allein er für die Menschheit Fürsprache einlegen.

Eng mit der mystischen Erfahrung verknüpft war der Begriff der spirituellen Gemeinschaft, den die Mystiker auf die „Leute der Bank" zurückführen, eine Gruppe von Muslimen innerhalb der frühen mekkanischen Gemeinde, deren einziger Aufenthaltsort eine Nische vor der Moschee war.[7] Sie gelten als das erste Beispiel organisierten spirituellen Lebens einer Gruppe, die alles unter sich teilte. Die frühesten sufischen Zirkel entstanden um Personen von tiefer Frömmigkeit, die in ihre Meditation über den Koran einen asketischen Zug einbrachten. Zu einer Zeit, da sich das noch junge Arabische Reich einer beispiellosen Konzentration des Wohlstandes und der Macht erfreute, war diese Abkehr von weltlichen Verlockungen erstaunlich. Durch öffentliches Predigen und über ihre Schriften übten Persönlichkeiten der Frühzeit wie AL-HASAN AL-BASRI (gest. 728) auf ihre Zeitgenossen erheblichen Einfluss aus, und durch ihr Beispiel machten sie diese Menschen darauf aufmerksam, dass psychologische Introspektion und moralische Analyse ein unverzichtbarer Bestandteil des Gehorsams gegenüber Gottes Geboten sind. Diese Führungspersönlichkeiten knüpften informelle und auf rein persönlicher Ebene angesiedelte

Verbindungen mit Gefolgsleuten und Verbündeten, die anfangs als Asketen und fromme Männer bekannt waren. Der Begriff „Sufi" wurde indes erst um das Jahr 800 n. Chr. allgemein gebräuchlich.

Die Spiritualität der Schia

Der Sufismus war keineswegs die einzige Form der Spiritualität unter den Muslimen. Auch wenn sie nur von einer relativ kleinen Gruppe von Experten betrieben wurde, war die Philosophie dennoch ein wichtiges Hilfsmittel für das Nachdenken über Theologie und Prophetentum. Die mystischen Tendenzen in den Werken griechischer Philosophen, etwa eines Plotin, fanden ihr Echo in den Meditationen und Spekulationen muslimischer Philosophen wie etwa denen des MULLA SADRA. Eine viel breiter angelegte Variante muslimischer Spiritualität entwickelte sich in den unterschiedlichen schiitischen Bewegungen, die im Laufe der ersten Jahrhunderte nach der Hidschra entstanden. Die Schia hat ihren Namen von der Partei oder Fraktion (arab. *shi'a*), die 'Ali, Mohammeds Vetter und Schwiegersohn, auf Grund seiner Verwandtschaft mit dem Propheten als dessen legitimen Nachfolger betrachtete. Während der Streit um die Nachfolge des Propheten deutlich politisch geprägt war, führte die Debatte über die für dieses Amt erforderlichen Qualifikationen dennoch zu Spekulationen über die spirituellen Grundlagen von Autorität und Charisma. Die Parteigänger 'Alis verliehen einer damals verbreiteten Unzufriedenheit Ausdruck, als sie sich der durch Nepotismus bestimmten Politik des dritten Kalifen, 'Uthman, widersetzten, und ihm außerdem vorwarfen, er gehe mit dem Staatsschatz um wie mit seinem persönlichen Besitz. Was 'Alis überzeugte Anhänger auszeichnete, war ihre Überzeugung, Mohammed habe seine Autorität und sein spirituelles Wissen direkt an 'Ali weitergegeben und ihn dadurch zu seinem legitimen Nachfolger erkoren. Der Anlass, bei welchem Mohammed 'Ali an einem Ort namens Ghadir Khumm [„Brunnen von Khumm"[8] zwischen Mekka und

Medina gelegen. KM] zu seinem Nachfolger bestimmt habe, wird von den Schiiten alljährlich als bedeutendes Ereignis begangen. ʿAli wurde schließlich zum vierten Kalifen gewählt, obwohl sich die Familie der Umaiyaden (Banu Umaiya), die zur mekkanischen Aristokratie gehörte, ihm widersetzte. Nach ʿAlis Ermordung machten die Umaiyaden aus dem Kalifat eine königliche Dynastie. Diese unerfreulichen Ereignisse gaben vielen Anhängern ʿAlis die Gewissheit, dass die Kräfte der Ungerechtigkeit den Inhabern der wahren spirituellen Autorität entgegenwirkten.

Die spätere Entwicklung der Schia führte dann zu einem radikalen Gegensatz zwischen dem rechtmäßigen religiösen Führer (*imam*) der Gemeinde und dem jeweils *de facto* herrschenden Kalifen, der lediglich der Militärbefehlshaber (*amir*; daraus dt. *Emir*) des Reiches war. Diejenigen Muslime, die den politischen *status quo* hinnahmen, ohne sich um dessen Rechtmäßigkeit zu kümmern, wurden als *Sunniten* bekannt – d.h. sie betrachteten sich als die wahren Nachahmer des Vorbilds des Propheten (*sunna*). Für die Sunniten ist *imam* („Anführer, Gemeindeoberhaupt") lediglich eine Bezeichnung für den Anführer der Gemeinde beim Gebet, für die Schiiten dagegen ist der Imam der höchste Repräsentant der göttlichen Autorität auf Erden (auch in englischen Texten aus der Feder von Schiiten wird der Terminus *Imam* großgeschrieben, womit die einzigartige Bedeutung dieses Amtes zum Ausdruck gebracht werden soll). Da ʿAli für die Schiiten der erste Imam war, galten seine Söhne al-Hasan und al-Husain (beide waren Enkel des Propheten über dessen Tochter Fatima) naturgemäß als seine Nachfolger. Während al-Hasan sich nicht öffentlich gegen den umaiyadischen Herrscher Yazid I. wandte, führte al-Husain an der Spitze einer kleinen Schar von Anhängern im Jahre 680 n.Chr. eine erfolglose Revolte gegen diesen an, wobei alle den Tod fanden. Die von diesen frühen Anführern abstammenden Imame waren alle wegen ihrer Frömmigkeit berühmt, und viele von ihnen waren ihr Leben lang Gefangene unter den wachsamen Augen der Kalifen.

Innerhalb der Schia gibt es mehrere größere Gruppen, die die Imame als die rechtmäßigen Nachfolger des Propheten verehren.

Die Spaltungen erfolgten meist über Fragen der rechtmäßigen Imamatsnachfolge. Die größte Gruppe sind die so genannten Zwölferschiiten, die, beginnend mit ʿAli, zwölf Imame verehren. Der letzte dieser Imame verschwand am Ende des 9. Jh., und seine Anhänger erwarten, dass er am Jüngsten Tag als Messias zurückkommt. Der Anteil der Zwölferschiiten an der muslimischen Weltbevölkerung beträgt heute etwa 10–15 %, d. h. rund 150 Millionen Menschen. Sie stellen in Iran und im Irak die Bevölkerungsmehrheit und sind als Minderheiten in Pakistan, im Libanon und in anderen Ländern vertreten. Ein weiterer bedeutender Zweig der Schia sind die Ismaʿiliten, deren gegenwärtiger Anführer Agha Khan IV. in dieser Linie der 49. erbliche Nachfolger des Propheten ist.[9] Mit etwa 15 Millionen Gläubigen (vergleichbar der jüdischen Weltbevölkerung) leben die Ismaʿiliten vor allem in Pakistan, Indien, Ostafrika und Tadschikistan. Bedeutende Minderheiten leben außerdem im Mittleren Osten, in Europa und Nordamerika. Eine kleinere Gruppe sind die so genannten Dawudi Bohras, ca. 1 Million Menschen in West-Indien. Ihr derzeitiger Anführer, Saiyidna [„unser Herr"] Muhammad Burhan al-Din, ist in dieser Tradition der 52. Nachfolger des Propheten.[10] Andere Zweige der Schia sind beispielsweise die Nusairier (in der Türkei als Alevis, in Syrien als ʿAlawis bekannt), oder die Drusen im Libanon und in Israel.

Der zentrale Begriff der Schia ist der *Imam* als charismatischer, mit höchstem Wissen und höchster Autorität ausgestatteter Führer. Wie wir oben gesehen haben, gehört zu den Grundkonzepten der Schia die Überzeugung, dass Gott den Menschen seine göttliche Gnade nicht vorenthalten werde. Während die Schiiten die Eigenschaft Mohammeds als des letzten der Propheten akzeptieren, betrachten sie dennoch das Vorhandensein einer Führung als logische und existentielle Notwendigkeit. Die Schiiten wenden sich an ihre frühen Imame mit der Bitte um Weisung und Hilfe, und deren Aussagen bilden ein zusätzliches Korpus von Hadithen mit dem Charakter eines heiligen Buches, dessen Bedeutung nur von den Hadithen des Propheten übertroffen wird. ʿAlis Gebete, Schriften und Reden, die im 10. Jh. unter dem Titel *Gipfel der Be-*

redsamkeit (arab. *Nahdsch al-balagha*) zusammengestellt worden waren, gelten als außerordentlich bedeutende Quelle.[11] Es gab bedeutende auf die Lehre bezogene Debatten über den exakten Status der Imame und ihre wichtige Rolle als Interpreten des göttlichen Willens. Fünf heilige Personen werden von den Schiiten besonders verehrt: die so genannten „Leute des Hauses [des Propheten]", arab. *ahl al-bait*: Mohammed, seine Tochter Fatima, ʿAli, al-Hasan und al-Husain. Zwar symbolisiert die so genannte „Hand der Fatima" diese fünf den Schiiten heiligen Personen, als dekoratives Symbol findet man sie jedoch auch bei den Sunniten. Unter den Vierzehn Sündlosen, die Gott vor der Sünde bewahrt hat, versteht man die zwölf Imame, sowie Fātima und Mohammed. Bei den Schiiten genießt Fātima besondere Verehrung. Nach ihrer Überzeugung wurde sie, ebenso wie die Imame, aus einem uranfänglichen Licht geboren, und ihr Leben war voller wunderbarer Ereignisse. Gelehrte haben ihre Rolle in der Schia mit der Stellung der Jungfrau Maria in der Römischen Kirche verglichen.[12] Einige gemeinhin als Extremisten bezeichnete Anhänger der Imame haben diese in einem derart übertriebenen Maße verehrt, dass sie sie praktisch vergöttert haben. Obwohl die meisten Schiiten die regelrechte Vergöttlichung ihrer Anführer abgelehnt haben, waren die Imame für sie dennoch mit übernatürlichem Wissen und übernatürlicher Tugend begabte Wesen.[13]

Insbesondere die Zwölferschiiten haben die Verfolgung hervorgehoben, der die Imame, die nach ihrer Meinung von ihren Gegnern ermordet wurden, ausgesetzt waren. Eine Ausnahme hiervon bildet nur der zwölfte Imām, dessen Wiederkunft sie am Ende aller Tage erwarten. Dieses tragische Geschichtsbild hat zur Entstehung von Klageriten geführt, in denen die Gläubigen die schrecklichen Leiden der Tugendhaftesten unter allen Menschen anerkennen. Die Leiden der Imame waren indes nicht umsonst, sie sind vielmehr ein unvermeidbares Opfer, das letzten Endes zur Erlösung der Menschheit führen wird. Die Schiiten begehen den Jahrestag von Husains Märtyrertum jedes Jahr am zehnten Tag des Monats Muharram mit der Rezitation von Trauergedichten und -geschichten sowie mit Klagen. Einige Gläubige unterziehen sich selbst heftiger Geißelung, um so ihre Sympathie mit den Leiden der Imame zum Ausdruck zu bringen.[14] Im Iran haben sich die Geschichten vom Märtyrertum der Imame zu ausgefeilten dramatischen Zyklen von Passionsspielen entwickelt, die von Amateur-Schauspielern aufgeführt werden.[15] Dies alles wird einige Leser an die christliche Lehre von Buße und Erlösung der Menschheit durch die Leiden Jesu erinnern. Zwischen den beiden Lehren besteht sicherlich eine Reihe von Ähnlichkeiten, auch wenn sich die Konzentration der Schiiten auf die Imame klar von der Haltung der Christen Jesus gegenüber unterscheidet.

Die Imame wie auch andere Mitglieder der Prophetenfamilie wirken als Vermittler zwischen dem normalen Gläubigen und Gott. In der Zwölfer-Schia bewirkt die physische Abwesenheit des zwölften Imams, dass Angehörige der jeweiligen religiösen Hierarchie an seiner Stelle als seine Stellvertreter handeln. Infolgedessen war die Rolle der schiitischen Religionsgelehrten viel gewichtiger als die ihrer sunnitischen Kollegen.[16] Die schiitischen Religionsgelehrten beanspruchen nicht nur die unabhängige Autorität zu rechtskonformer Urteilsfindung für sich, sie haben gelegentlich auch verfügt, dass die Almosen direkt an sie und nicht auf dem Wege über die jeweiligen Regierungen zu zahlen seien. Diese Politik war dafür verantwortlich, dass die iranische geistliche Hierarchie mit der Zeit über ausgedehnten Landbesitz verfügte, die der letzte Schah durch seine Politik der Landreform einzuziehen versuchte. Auf alle Fälle sind die Gräber der Imame und ihrer Familie zu bedeutenden Pilgerzielen geworden. Die heiligen Orte des Irak, etwa die Schreine von ʿAlı, al-Husain und den anderen Imamen, haben für alle Schiiten eine besondere Bedeutung als Pilgerstätten.[17] Die beiden bedeutendsten Schreine des Iran sind Maschhad (Grab des achten Imams ʿAli Reza) und Qom (Mausoleum der Fatima bint Musa, der Tochter des siebten Imams).

Die Logik der spirituellen Meditation verlangt auf Grund des ungeheuren Erfolges des Protestantismus in Sachen Abflachung des Begriffs spiritueller Hierarchien und Eliten nach einem Kommentar. Während katholische und orthodoxe Christen den Gedanken, Gott könne Heilige hervorheben und sie mit außergewöhnlicher

Heiligkeit und Gnade ausstatten, noch akzeptieren, bevorzugen die Protestanten eine demokratischere Definition der Religion. Ihrer Ansicht nach haben alle Menschen gleichermaßen Zugang zu Gott, und keiner befindet sich in einer privilegierten Position. Das Konzept der Heiligkeit erfordert jedoch ein anderes Verständnis. Wenn es für manche Menschen möglich ist, Gott viel näher zu sein als andere, dann sind diese sozusagen spirituelle Athleten, die ihren Ausnahmestatus einer Kombination aus eigenem Bemühen und göttlicher Gnade verdanken. Oder, um ein älteres politisches Modell zu verwenden: Der Zugang zu Gott gleicht eher einer traditionellen Monarchie: Obwohl die Zugangsmöglichkeiten theoretisch für alle gleich sind, gibt es doch Türwächter, an die man sich wenden muss, will man in das Allerheiligste gelangen. Die Imame und Heiligen haben in der Praxis leichteren Zugang zum göttlichen Hof und können daher für einfache Gläubige von enormem Nutzen sein. Die Kraft persönlicher Beziehungen, durch welche sich viele Muslime mit den Imamen und Heiligen verbunden fühlen, ist, wie jeder Besucher an dem emotionalen Verhalten von Pilgern an ihrem Schrein erkennen kann, in der Tat bemerkenswert.

In gleicher Weise wie protestantische Reformer die Zerstörung der katholischen Klöster und Schreine in England für erforderlich hielten, unternahm auch die puritanisch orientierte Bewegung der Wahhabiten in Saudi-Arabien eine ähnliche Kampagne gegen die Gräber schiitischer Imame und Sufi-Heiliger. Als der religiöse Reformen Ibn ʿAbd al-Wahhab, der Begründer der nach ihm benannten Bewegung, sich gegen Ende des 18. Jh. mit der saudischen Königsfamilie verband, wurde diese neue Ideologie zu einer mächtigen Kraft, welche die Stammeskoalition einte. Im Jahre 1801 suchten wahhabitische Streitkräfte den Irak heim und zerstörten die Kuppel über dem Grab des Imams al-Husain in Kerbela (al-Karbala'). Mehr als hundert Jahre später, als die Familie Al Saʿud die Monarchie in Arabien gefestigt hatte, zerstörte sie in einer großen Aktion alle Gräber in Medina, insbesondere jener der Imame und der Mitglieder der Familie des Propheten.[18] Nach einigen Berichten war sogar der Vorschlag gemacht worden, das Grab des Propheten zu zerstören, um die ihm entgegengebrachte abgöttische Verehrung zu beenden! Dessen Struktur wurde jedoch als Teil der Moschee von Medina beibehalten. Der Jahrestag dieser Zerstörung des Friedhofs des „Ewigen Paradieses" im Jahre 1925 wird von den Schiiten bis heute in großer Trauer begangen.

Die Meinungsverschiedenheiten zwischen Wahhabiten und Schiiten über die Themen Fürsprache und Vermittlung sind ganz erheblich. Nach Ansicht der Wahhabiten ist jede übertriebene Verehrung eines menschlichen Wesens eine Form von Polytheismus und Götzenverehrung und somit eine Ablehnung des wahren Monotheismus. Daher haben die saudischen Autoritäten verkündet, eine Pilgerfahrt nach Mekka bei gleichzeitiger Absicht, auch das Grab des Propheten in Medina zu besuchen, hebe den Wert der Pilgerfahrt auf. Erst 1990 hat der hohe saudische Religionsgelehrte Scheich Bin Dschibrin erklärt, die Schiiten hätten es verdient, getötet zu werden. In gleicher Weise bleibt die Unterdrückung der bedeutenden schiitischen Minderheit in Saudi-Arabien weiterhin ein Problem. Vermutlich hatten die Wahhabiten für die Bekämpfung der Pilgerfahrten zu Heiligenschreinen nicht nur theologische Gründe. Die Schreine sowohl der schiitischen Imame als auch der Sufi-Heiligen waren Zentren enormen Reichtums und großer Macht, und häufig bestanden Verbindungen zu Einkommen aus Grundsteuern und frommen Stiftungen. Die Wahhabiten schätzten sicherlich die Art und Weise, wie die Schreine gewisse Spielarten eingeschränkter religiöser Autorität institutionalisierten, die sie häufig als korrupt kritisierten. Die Beseitigung von Grabstätten [durch die saudische Regierung] war ein mächtiges Symbol der Ausdehnung ihrer religiösen Autorität über alle Muslime, insbesondere dann, wenn diese Aktivitäten an zentralen heiligen Stätten in Arabien stattfanden.

Das spätere Sufitum

Herausragende Sufi-Führer des neunten und zehnten Jh. wie Abu Yazid al-Bistami, Dschunaid al-Baghdadi (gest. 910) und andere wurden später in der Rückschau als die zentralen Organisatoren der Sūfī-Bewegung bekannt. Das Anwachsen dieser Bewegung führte zur Entstehung einer biographischen und historischen Darstellung des Sufismus, in welchem frühe Asketen und fromme Führer als Kette von Meistern und Schülern dargestellt wurden, die ein mystisches Erbe bewahrten und weitergaben, welches in der Zeit des Propheten entstanden war. Die frühen Theoretiker des Sufitums hatten dieses Wissen als den herkömmlichen islamischen religiösen Wissenschaften gleichwertig beschrieben, denen es die innere Kenntnis der göttlichen Realitäten hinzufügte. Im 14. Jh. hatten führende Gelehrte wie Ibn Khaldun das Sufitum als integralen Bestandteil des religiösen Wissens anerkannt. Die spirituellen Praktiken dieser Bewegung wurden indes nicht von isoliert lebenden Individuen spontan und zusammenhanglos ausgeübt. Es gab vielmehr über Jahrhunderte hinweg für eine große Zahl von Menschen, die sich der Intensivierung und Verinnerlichung ihrer Verbindung zu Gott widmeten, eine stetig wachsende Vermehrung gemeinsamen Wissens und gemeinsamer Ausübung. Und diese kollektive historische Tradition nennen wir Sufismus.

Ein wichtiger institutioneller Bestandteil des Sufismus war das Grab des Sufi-Heiligen, das in zunehmendem Maße zum Kern einer lokalen Pilgerfahrt wurde. Die Sufi-Leitfäden hatten den Status des „Freundes Gottes“, des Heiligen, als den eines Menschen bekannt gemacht, der sich vollkommen dem Gehorsam gegen Gott verschrieben hat und der von Gottes Liebe aufrechterhalten wird. Das Sufi-Konzept der Heiligkeit war eindeutig nach dem Vorbild der schiitischen Imame geformt. Diese Heiligen wurden als die unsichtbaren Stützen der Welt betrachtet, als Hierarchie heiliger Männer und Frauen, die unter göttlichem Schutz standen. Es ist zwar wohl nur selten vorgekommen, dass jemand zu seinen Lebzeiten in den Genuss der direkten Führung durch einen Sufi-Heiligen gekommen ist, Menschen aller Klassen ließen sich aber durch nichts davon abhalten, den Beistand von toten Heiligen zu suchen. Dabei müssen wir uns daran erinnern, dass Heilige wie Märtyrer nicht als wirklich tot galten, sondern im Grabe weiter lebten und bei Bewusstsein waren. Auf diese Weise wurden Heilige zu Fürsprechern für jene, die zu ihnen kamen mit ihren alltäglichen Nöten am Tage des Jüngsten Gerichts.

Im Allgemeinen befanden sich die Gräber von Sufi-Heiligen unmittelbar in oder nahe bei deren Häusern. Nach islamischem Recht lagen Besitzrecht und Unterhaltung dieser Gräber bei Familienangehörigen und Nachkommen, die indes nicht unbedingt auch persönlich spirituelle Ziele zu verfolgen brauchten. So unterstützte die Verehrung zahlreicher Pilger in späteren Generationen eine Klasse von erblichen Wächtern, die für die Finanzen und Aufrechterhaltung dieser Heiligengräber verantwortlich waren. Diese Schreine konnten mit funktionierenden Hospizen, in denen Sufis Unterricht erteilten, oder mit anderen Einrichtungen wie Moscheen, offenen Küchen oder religiösen Akademien verbunden sein. In zunehmendem Maße wurden Sufigräber jedoch zu unabhängigen Institutionen, und in einigen Fällen wurden sie an den jährlich wiederkehrenden Festtagen der Heiligen zu Zielen starker Pilgerströme. Diese Feierlichkeiten werden unterschiedlich beschrieben: So im Mittelmeerraum als Geburtstag (*maulid*) des Heiligen oder in Iran und Indien als dessen „Hochzeit" (*'urs*) mit Gott. In letzterem Fall wurde der Todestag symbolisch als die „Hochzeit" der Seele des Toten mit Gott gefeiert. Um die Gräber besonders populärer Heiliger herum entstanden manchmal Friedhöfe, auf denen Könige und Mitglieder des Adels ihre eigenen Gräber errichten ließen, um eine geborgte Heiligkeit zu erlangen oder um im jenseitigen Leben von den frommen Übungen der Pilger für die in der Nähe bestatteten Heiligen zu profitieren. Beispiele für diese Art von Nekropolen sind unter anderen die Sufischreine von Khuldabad und Gulbarga im indischen Dekkan, Tatta in Pakistan, sowie verschiedene Friedhöfe in Kairo.

In vielen Fällen entstanden aus Sufigräbern und -hospizen auch kulturelle Zentren, in denen häufig besondere Arten von Musik und Poesie dargeboten wurden. So wurde die arabische Poesie des bekannten Sufidichters Ibn al-Farid (gest. 1235) regelmäßig, insbesondere an seinem jährlichen Festtag, an seinem Grab in Kairo vor einem Massenpublikum rezitiert.[19] In ähnlicher Weise sind die indischen Chishti-Schreine bis heute Zentren für die Rezitation von Poesie im Rahmen musikalischer Veranstaltungen, die als *qauwali* bekannt sind. Bei großen Festveranstaltungen in Südasien, wie etwa den jährlichen Feiern zum Todestag des Baba Farid in Pakistan, kann man einen Wettbewerb unter Dutzenden von Sängern erleben, bei dem es um die Ehre geht, am Grab des Heiligen singen zu dürfen. Dabei vermischt sich persische Lyrik mit Versen in Hindi, Pandschabi, Sindhi und anderen indischen Sprachen.[20] Spezielle lokale Musiktraditionen haben sich in türkischen Hospizen und Schreinen entwickelt, wobei dort eine von der höfischen Poesie völlig verschiedene Gattung gepflegt wird. Und zu den Aufführungsstilen bei derartigen Musikveranstaltungen gehört schließlich auch der abgemessene Tanz der Mevlevi-Sufis, auch „Tanzende Derwische" genannt.[21] In Nordafrika haben sich andere eigenständige musikalische Stilarten entwickelt, bei denen die griechische physiologische Theorie von den vier Säften eine Rolle gespielt hat, und zwar um durch den positiven Einfluss bestimmter musikalischer Modi heilende Wirkung zu erzielen.[22] In Westafrika hat der senegalesische Sufiorden der Muridiya eine strenge Tradition von religiöser Musik entwickelt, in der die Sufi-Heiligen gepriesen werden, und diese Musik hat durch international bekannte Musiker wie Youssou N'Dour die dortige Volksmusik beeinflusst. Die Muridiya verwendet auch die visuellen Künste, um ihre Anhänger zu motivieren.[23]

Die einschneidendste Neuerung in der Entwicklung des Sufitums war schließlich die Entstehung von Sufiorden. Diese Organisationen werden gemeinhin als Orden bezeichnet, wobei die Analogie zu den christlichen Mönchsorden des Mittelalters (Franziskaner, Dominikaner, etc.) mitschwingt, handelt es sich dabei nicht um eine eigentliche Analogie. Sufiorden sind in viel geringerem Maße zentral organisiert als ihre christlichen Entsprechungen, sie kennen in der Regel kein Zölibat, ihre hierarchische Struktur ist weniger starr, und auch die Entstehung dieser Orden vollzog sich weniger formell. Eine Reihe herausragender Persönlichkeiten des 12. und 13. Jh. gaben Vereinigungen ihre Namen, die jeweils eigenständige spirituelle Techniken oder „Wege" (arab. *tariqas*) einschließlich spezieller Formulierungen für die Namen Gottes für meditative Wiederholungen (arab. *dhikr*) entwickelt haben. Jede dieser Vereinigungen wurde bekannt als „Weg" oder „Kette" (arab. *silsila*), deren Glieder die Meister und Schüler waren. Diese Ketten können zeitlich zurückverfolgt werden und enden in der Zeit des Propheten Mohammed, und zwar fast immer über seinen Schwiegersohn und Vetter ʿAli. Häufig gibt es parallele Ketten, die auch die frühen schiitischen Imame einschließen, welche normalerweise in Sufikreisen verehrt werden. Die Mehrheit dieser Orden ist jedoch sunnitisch, obwohl es auch, insbesondere im Iran, einige schiitische Sufiorden gibt. Eine interessante Variante ist der Naqshbandi-Orden, der über Abu Bakr, den ersten Kalifen, mit dem Propheten verbunden ist und, was für den Sufismus ungewöhnlich ist, eine antischiitische Färbung zeigt, während gleichzeitig der achte Imam zu seiner Linie gezählt wird. Kompliziert wird das Konzept Sufiorden durch das Phänomen der mehrfachen Initiation, das seit dem 15. Jh. zu beobachten ist. Dadurch konnten einzelne Sufis in den Methoden mehrerer Orden unterrichtet werden, obwohl sie nur einem einzigen Orden angehörten.

Der stärkste Einfluss der Sufiorden auf die Religion bestand darin, dass sie die spirituellen Praktiken der Sufis in großem Stil populär gemacht haben. Die innere Ausrichtung der informellen Bewegung des frühen Sufitums wurde dadurch einer viel größeren Öffentlichkeit zugänglich, dass mehr Menschen an den Ritualen in Heiligenschreinen teilnehmen konnten, die Berichte vom Leben dieser Heiligen eine weitere Verbreitung fanden und die verschiedenen Stufen der Unterrichtung durch das Rezitieren der Namen Gottes größere Verbreitung fanden. Es wurden detaillierte Initiationsrituale abgehalten, bei denen die Überreichung von Dingen wie dem Derwischgewand, -hut oder -stab durch den Meister die Aufnahme des Schülers in den Orden bedeutete. Gemeinsamer war allen diesen Initiationsrituale, dass der Schüler den „Stammbaum" des Ordens abschreiben musste, wodurch er mit der bis auf den Propheten zurückreichenden Kette von Meistern verbunden wurde.

Einige Sufiorden, wie etwa die Qadiriya (benannt nach dem 1166 verstorbenen ʿAbd al-Qadir al-Dschilani), sind in allen islamischen Ländern zwischen Nordafrika und Südostasien vertreten. Andere, wie etwa die Shadiliya in Nordafrika (benannt nach dem 1258 verstorbenen Abu l-Hasan al-Shadhili) oder die Chishtiya in Indien und Pakistan (benannt nach dem 1236 verstorbenen Muʿin al-Din Chishti), sind eher auf bestimmte Regionen beschränkt. Einige Orden sind für bestimmte charakteristische Praktiken bekannt: So zum Beispiel laute *dhikr*-Rezitation der Rifaʿiya – im Gegensatz zu der von den Naqshbandis praktizierten leisen Rezitation. Einige Orden, wie etwa die Chishtiya und die Mevleviya, haben Musik und sogar Tanz in ihre Praxis einbezogen, wohingegen andere dererlei Aktivitäten als Ablenkungen vom spirituellen Training entschieden ablehnen. Gelegentlich versuchten Sufimeister wie jene der frühen Chishtiya, sich von der politischen Macht fernzuhalten und wiesen ihre Anhänger an, Angebote von Landbesitz abzulehnen. Einige Sufimeister trugen ihre Abscheu vor der Welt offen zur Schau, indem sie sich weigerten, gewisse Herrscher zu unterhalten oder sie an ihrem Hof zu besuchen.

Andererseits ist die Geschichte einiger Orden eng mit den jeweiligen politischen Herrschern verflochten: Nach Ansicht der Suhrawardiya und der Naqshbandiya in Indien und im Iran war es wichtig, Herrscher in religiösen Dingen zu beeinflussen, und auch die Bektashiya hatte starke Bindungen zu der als Janitscharen bekannten osmanischen Elitetruppe. Die Safawiya, ursprünglich ein gemäßigt-sunnitischer Orden mit Sitz in Ardabil, fand unter den türkischen Stämmen an der persisch-osmanischen Grenze weite Verbreitung und wurde schließlich, inzwischen streng schiitisch ausgerichtet und mit messianischem Charakter, zur Basis der Safawidendynastie, die vom 16. bis zum 18. Jh. in Iran an der Macht war. In der Kolonialzeit des 19. Jh., als ein großer Teil der islamischen Welt unter europäische Herrschaft kam, spielten die Sufiorden unterschiedliche Rollen. Erbliche Wächter von Sufischreinen wurden beispielsweise im indischen Pandschab (Punjab) von den Kolonialbeamten wie bedeutende Grundbesitzer behandelt, und sie wurden durch den britischen Schutz weiter in der Funktion politischer Führer gehalten. Ironischerweise sollte die Mitwirkung dieser Sufiführer später im Zusammenhang mit den Unabhängigkeitsbewegungen gegen die Kontrolle durch die Briten Bedeutung erlangen. In ähnlicher Weise mischte sich der senegalesische Orden der Muridiya mit Unterstützung durch die französischen Kolonialbehörden in großem Stil in die Erdnussproduktion dieses Landes ein und entwickelte sich dann in der postkolonialen Zeit zu einer bedeutenden sozialen Einrichtung. Nach der Absetzung der regionalen Eliten im Rahmen der europäischen Eroberungen waren in einigen Regionen die Sufiorden die einzigen übrig gebliebenen islamisch geprägten Sozialstrukturen, und sie stellten in den Kämpfen gegen die Kolonialmächte in Algerien, Libyen, dem Kaukasus und China die bedeutendsten Führungspersönlichkeiten. Folglich betrachteten die französischen Kolonialbeamten in Nordafrika die Sufiorden mit Misstrauen, und in den Ländern der Kolonialmächte erstellten Gelehrte Polizei-Dossiers über diese Orden, um so deren mögliche Reaktionen auf die offizielle Politik vorhersagen zu können.

In der postkolonialen Zeit ist die Position der Sufiorden und ihrer Institutionen zwiespältiger Natur. Die Regierungen in zahlreichen islamischen Ländern haben die zentralisierte bürokratische Organisation von ihren kolonialistischen Vorgängern geerbt, und in Ländern wie Ägypten oder Pakistan hat man versucht, die Sufiorden der Kontrolle durch die Regierung zu unterstellen. Häufig erscheinen Regierungsbeamte bei Feierlichkeiten und versuchen die öffentliche Verehrung für die Heiligen mit der Unterstützung für die Regierung zu verknüpfen. Indessen gedeihen viele der bedeutendsten Sufiorganisationen auch ohne offizielle Anerkennung. Heute greifen Fundamentalisten die Sufiorden mit einer Heftigkeit an, die nur wenig hinter der ihrer antiwestlichen Umtriebe zurückbleibt. Pilgerfahrten zu Sufigräbern werden häufig als Götzenverehrung gebrandmarkt, welche menschliche Wesen auf das Niveau Gottes erhebe. Auch Modernisten und Säkularisten kritisieren viele dieser Aktivitäten, aber nach deren Meinung liegt das Problem in dem mittelalterlichen Aberglaube und der Manipulation der Masse der Gläubigen. Seit den 20er Jahren, als Atatürk den türkischen Staat säkularisiert hat, sind Sufiorden in der Türkei verboten. Die Durchführung von Sufiritualen wie dem wirbelnden Tanz der Mevlevi-Derwische ist nur als kulturelle Darbietung erlaubt und wird durch Reisebüros und über die elektronischen Medien ins Ausland vermittelt. Das Grab des Sufi-Poeten Dschalal al-Din Rumi im türkischen Konya, das viele Besucher als seinen Schrein betrachten, ist offiziell ein Museum. In Ländern wie Saudi-Arabien und Iran werden Aktivitäten der Sufis in der Öffentlichkeit nicht geduldet, da Sufiführer und Gräberkult eine inakzeptable Alternative zur spirituellen Autorität darstellen würden. Es ist jedoch bemerkenswert, dass die Gründer gewisser fundamentalistischer Bewegungen wie etwa der ägyptischen Muslimbruderschaft und der Dschamaʿat-i Islami in Indien in ihrer Jugend mit Sufiorden in Verbindung gestanden haben, von denen sie gewisse Organisationstechniken und Führungselemente übernommen zu haben scheinen. Der Hauptunterschied besteht darin, dass diese Bewegungen in dem Bestreben, innerhalb eines modernen Nationalstaates zu politischen Massenbewegungen zu werden, die Sufi-Spiritualität gegen die Ideologie eingetauscht haben.

In jüngster Zeit haben Sufiorden ihre Aktivitäten nach Europa sowie nach Nord- und Südamerika hin ausgedehnt, und in den großen Städten vieler westlicher Länder sind heute Zweige von Orden aus Indien, dem Iran, Nordafrika und der Türkei aktiv. Einige Gruppen, die sich ursprünglich von Sufiorden herleiten, haben nur noch schwache Bindungen an den Islam. Sie präsentieren den Sufismus als mystische Universalreligion, die in Tanz und Gesang ihren Ausdruck findet, ohne die Ausübung der rituellen Gebete oder anderer Vorschriften des islamischen Rechts zu fordern. Andere Gruppen haben zum Islam tiefere Beziehungen, die gelegentlich sogar die Übernahme von Kleidung und Bräuchen des Ursprungslandes des betreffenden Ordens verlangen. Es ist noch zu früh, um die Zukunft der Sufiorden im Westen vorherzusagen; diese scheinen jedoch mit einiger Sicherheit gewisse Aspekte der modernen amerikanischen und europäischen Kultur zu übernehmen, wie etwa die gemeinsame Teilnahme von Männern und Frauen an Veranstaltungen, bei denen in islamischen Ländern in vormoderner Zeit die Geschlechtertrennung üblich war. Zugleich bemüht sich der Sufismus im Westen, viele der charakteristischen Rituale und Institutionen seiner Tradition, wie etwa in der Zwischenzeit zu Pilgerstätten gewordene Gräber von Sufimeistern, die in Amerika gestorben sind, zu erhalten. Auf jeden Fall gelingt es diesen Sufiorden, trotz der Einschränkungen von Seiten der modernen Regierungen und trotz der Opposition der Fundamentalisten zu überleben, und sie fungieren weiterhin als Kanäle, über welche einerseits der Einfluss der Heiligen aus der Vergangenheit her fortdauert und andererseits durch spirituelle Disziplin ein direkterer Zugang zu Gott und Seinem Propheten möglich wird.

Die feste Organisationsstruktur der Sufiorden mit ihren Meistern und Schülern ist zusammen mit dem Netzwerk ihrer Grab-Schreine nicht die einzige Art und Weise, wie sich der Sufismus heute bemerkbar macht. Die Poesie eines Rumi ist durch die Leistung von Übersetzer-Poeten wie Coleman Barks und Robert Bly auf dem amerikanischen Büchermarkt zu einem Bestseller-Phänomen geworden. Auch die Bekanntheit der Werke anderer berühmter Sufis wie etwa des Ibn ʿArabi nimmt auf Grund von Übersetzungen bei einer großen Zahl von Muslimen wie Nichtmuslimen ständig zu. Andere kulturelle Leistungen der Sufis, insbesondere ihre Musik, haben durch hervorragende Interpreten wie den verstorbenen Nusrat Fateh ʿAli Khan in der Kategorie Musik der Welt eine internationale Anhängerschaft gewonnen.[24] Manchen mag der institutionalisierte Sufismus autoritär erscheinen, die Darstellung der Bandbreite spiritueller Erfahrungen im Sufismus bietet jedoch eine Möglichkeit, die sich heute großer Beliebtheit erfreut.

Was ist islamische Kunst?

Der Ausdruck von Spiritualität und Religion in Verbindung mit der Kultur wird oft auf dem Weg über Kunst und Kreativität gesucht. Die Geschichte der christlichen Spiritualität kann mit Sicherheit nicht von ihrem Ausdruck durch Malerei, Architektur und andere Künste getrennt werden. Daher erwarten wir, dass die vergleichbare Kategorie islamische Kunst in ihrer Verbindung mit der islamischen Spiritualität eine entsprechende Rolle spielt.[25] Der ästhetischen Dimension kommt innerhalb der muslimischen Kulturen zweifellos eine tiefe Bedeutung zu, und sie entspringt auf natürliche Weise aus der Verherrlichung der göttlichen Kreativität. Wie es der Prophet in einem berühmten Hadith ausgedrückt hat: „Gott ist schön und er liebt die Schönheit". Obwohl die islamische Kunst die Musik und die Literatur ebenso umfasst wie die Architektur, möchte ich die Diskussion hier der Einfachheit halber auf die bildende Kunst sowie auf Objekte begrenzen, die in Museen ausgestellt werden können. Bei genauerem Hinsehen jedoch ist selbst dieses eingeschränkte Konzept der islamischen Kunst erstaunlicherweise nur schwer definierbar. Wie es zwei prominente Kunsthistoriker formuliert haben: „Es ist einfacher, zu sagen, was islamische Kunst nicht ist, als [zu sagen,] was sie ist. (…) [Der Begriff] islamische Kunst bezieht sich weder auf die Kunst einer speziellen Zeitspanne noch auf die eines bestimmten Ortes oder Volkes. (…) Islamische Kunst ist weder ein Stil noch eine Bewegung, und die Menschen, die sie geschaffen haben, waren nicht notwendigerweise Muslime. (…) Während ein Teil der islamischen Kunst zweifellos von Christen und von Juden für muslimische Patrone geschaffen wurde, war ein [anderer] Teil der „islamischen" Kunst, den Muslime geschaffen haben, für Christen und Juden bestimmt."[26] Beschäftigt man sich mit der islamischen Kunst, so ergeben sich eine Reihe weiterer damit zusammenhängender Fragen: nach der Natur der religiösen Kunst im Allgemeinen, nach der Identität der Auftraggeber und der Patrone wie auch der Künstler, nach der Darstellung der Muslime in der europäischen Kunst, nach dem Anteil der Muslime an der modernen Kunst.

Der Begriff „islamische Kunst" wurde von nichtmuslimischen Gelehrten geprägt, um damit schöne Kunstgegenstände aus islamischen Ländern zu bezeichnen.[27] In den vormodernen islamischen Kulturen gibt es dafür keinen adäquaten Ausdruck, die englische Formulierung „fine arts", „schöne Künste", wurde jedoch in unserer Zeit direkt ins Arabische und in andere Sprachen übersetzt. Schon früh haben Handwerker in verschiedenen islamischen Ländern Gegenstände von hoher künstlerischer Qualität sowohl für den täglichen Gebrauch als auch für den Luxusmarkt hergestellt. Zu verschiedenen Zeiten, insbesondere nach dem siebten Jh., waren die Europäer sehr an der Sammlung und sogar der Nachahmung qualitativ hoch stehender Gegenstände aus der islamischen Welt interessiert. Diese künstlerische Produktion war zu einem großen Teil lediglich die Fortführung der Traditionen bereits bestehender Künste aus verschiedenen Regionen: Syrien, Persien, Indien, Ägypten, etc. An diesen Künsten gab es nichts, was zwingend mit dem islamischen Glauben in Zusammenhang stand. Erst allmählich wurden etwa Keramikstücke oder Metallgegenstände mit weisen Sprüchen und Ratschlägen in arabischer Sprache versehen, die mehr oder weniger religiösen Inhalts sein mochten. In gleicher Weise wurden auf islamischen architektonischen Monumenten Formen verwendet, die zu jener Zeit in der gesamten Alten Welt üblich waren: das Gewölbe, das Oktagon, Säulengänge, etc. Mit der eventuellen Ausnahme der gemeißelten Stalaktitenform namens *muqarnas*, die in kunstvollen geometrischen Varianten in den Übergangszonen von Kuppeln und Wänden angebracht wurde, gibt es wohl kein einziges Architekturelement, das man als rein islamischen Ursprungs bezeichnen könnte.[28]

Während der letzten 200 Jahre bezeichnete der Begriff „Kunst" in Europa immer die Schönen Künste, die im Gegensatz zu Dingen, die für den Alltag produziert wurden, keinen Gebrauchswert hatten. In den großen Sammlungen islamischer Kunst wie etwa in New York oder in Washington D. C., finden wir jedoch neben Miniaturmalereien eine unglaubliche Vielfalt schöner Alltagsgegenstände, angefangen bei Federhalterkästchen bis hin zu Kerzenhaltern, Tintenfässern, Metallgegenständen, Bucheinbänden, Teppichen, Münzen, Schwertern und Juwelen. Wie in vielen anderen Bereichen gab es auch in der Kunst die Tendenz, alle Produkte aus der islamischen Welt als Resultate der Religion zu betrachten, während wir vermutlich gewöhnliche im mittelalterlichen Europa hergestellte Gegenstände nicht als „christliche Kunst" bezeichnen würden. Kunstgegenstände als „islamisch" zu bezeichnen, ist nur sinnvoll, wenn sie direkt mit der Religion verbunden sind. Die weitere Sphäre, die mit der muslimischen Religion verbunden ist, könnte man als „mit den Islam verbunden" (engl. *Islamicate*) bezeichnen, wobei man sich darüber im Klaren sein muss, dass der englische Terminus *Islamicate culture* nichtreligiöse Aktivitäten und die Beteiligung von Nichtmuslimen einschließt.

Eine andere Möglichkeit, das Problem der islamischen Kunst zu verstehen, besteht darin, dass man unterscheidet zwischen religiöser Kunst, definiert als Kunst mit religiöser Thematik, und heiliger, sakraler Kunst, d. h. Kunst, die rituell verwendet wird.[29] Zur religiösen islamischen Kunst würden somit auch Bücher mit Miniaturen gehören, welche die Geschichten von Propheten und Heiligen erzählen. Zur sakralen islamischen Kunst würden schließlich fein kalligraphierte Korane und Gebetsbücher ebenso gehören wie verzierte Moscheenlampen, Gebetsteppiche und schließlich die Architektur der Moscheen selbst – kurz, Kunst im Dienste des Glaubens. Malereien religiösen, auf den Koran bezogenen Inhalts entbehren nicht der religiösen Bedeutung, aber da sie für den Gottesdienst ohne Bedeutung sind, könnte man sie nicht als sakral bezeichnen. All die anderen Alltagsgegenstände, die von Handwerkern in mehrheitlich islamischen Ländern hergestellt werden, könnte man am besten als „Islamicate" bezeichnen, einerseits, weil sie keine unmittelbare religiöse Bedeutung besitzen, andererseits, weil sie von Muslimen wie von Nichtmuslimen hergestellt und gebraucht werden können.

Die Erwähnung von Miniaturen führt uns zu der wohlbekannten Problematik des islamischen Bilderverbots. Viele Menschen glauben, das islamische Recht lege einen absoluten Bann auf Abbildungen von lebenden Wesen, weil Bilder und Darstellungen von menschlichen Wesen die Götzenverehrung förderten und versuchten, die göttliche Schöpferkraft zu usurpieren. Die Geschichte der islamischen Kunst zeigt jedoch, dass dort die Malerei eine lange und starke Tradition hat. Die Stellung von Bildern im islamischen Recht ist eine sehr komplexe Angelegenheit. Im Koran selbst finden wir keine direkte Erwähnung der Malerei und der darstellenden Künste, obwohl auch dort, wie in der hebräischen Bibel, die idolatrische Verehrung jeglicher Wesen außer Gott scharf zurückgewiesen wird. Es gibt mehrere Hadithe, in denen Mohammed offensichtlich spezifische Gegenstände mit Bildern von Menschen oder Tieren verurteilt, es ist aber umstritten, ob sich diese Verurteilung auf alle Bilder bezieht oder lediglich auf den Kontext, in dem diese aufgefunden wurden. In einem Fall wurde der Prophet durch Vorhänge, die mit Figuren bestickt waren, vom Gebet abgelenkt. Er hatte aber nichts dagegen, dass diese abgenommen und als Kissen verwendet wurden.

Auf alle Fälle verwendeten die Muslime Bilder in weltlichen Zusammenhängen, etwa in Form von Wandmalereien in Königspalästen oder als Buchillustrationen, wobei die Themen von der Botanik und Astronomie bis zu Erzählungen über die Propheten reichten. Generell ist es allerdings richtig, dass Bilder an den Muslimen heiligen Orten verboten waren. Zu den bedeutenden Ausnahmen hiervon gehört die Umaiyadenmoschee in Damaskus aus dem frühen achten Jh. Dort gibt es Mosaiken mit der Darstellung einer himmlischen Landschaft mit Flüssen, Bäumen und Gebäuden, bemerkenswerterweise jedoch ohne menschliche Wesen und ohne Tiere. Das Fehlen von Bildern in der islamischen Sakralkunst findet seine Parallele im Bildersturm der Ostchristen. Dort kam es etwa zu der Zeit, als die islamische Zivilisation gerade im Entstehen war, d.h. im achten und neunten Jh., zu einer Bilderfeindlichkeit großen Ausmaßes. Andererseits haben die Verbreitung von Bildern mit Hilfe moderner Technologien und neue Stile der politischen Massenkunst, die in den sozialistischen Ländern entstanden waren, an einigen Orten überraschende Veränderungen bewirkt. Wie viele heilige Schreine der Schiiten in Iran enthält das neue Mausoleum des Ayatollah Khomeini in Teheran riesige freistehende Portraits des Religionsführers und seines als Märtyrer gestorbenen Sohnes Ahmad, die einen an die riesigen Gemälde von Lenin oder dem Vorsitzenden Mao Tse Tung in Russland und China aus der jüngsten Vergangenheit erinnern. Friedhöfe für die Märtyrer der Iranischen Revolution und des Iran-Irak-Krieges sind voll von Photos der Verstorbenen. In ähnlicher Weise findet man überall in Iran populäre Abbildungen von Mohammed, ʿAli und al-Husain, entweder als lebensgroße Poster oder als in jedem Geschäft erhältliche Postkarten. Muslime in anderen Ländern mögen dies verwerflich finden, in Iran scheint es kein Thema zu sein.

Die künstlerische Kreativität der Muslime hat sich neuen, nichtfigürlichen Formen zugewandt, die leicht erkennbar sind und als charakteristische Kennzeichen der islamischen Kunst gelten. Die wichtigsten nichtfigürlichen Elemente der islamischen Kunst, ob auf verzierten Kleinobjekten oder an großen Monumenten, sind die Kalligraphie, das Pflanzenornament und das geometrische Muster. In unendlichen Wiederholungen füllen Pflanzenornamente und geometrische Muster, die beide oft als Arabesken bezeichnet werden, die Ränder von Buchseiten ebenso wie die Wände von Gebäuden und sind so eine stete Ermahnung daran, dass Schönheit und Ordnung die Grundlagen des Universums bilden.[30] Die Kalligraphie bezieht ihr Ansehen aus dem Heiligen Buch, dem Koran. Die arabische Schrift gab es bereits in vorislamischer Zeit; sie wurde dann im Laufe der Jahrhunderte sowohl in sakralen als auch in säkularen Bereichen zu einer hoch entwickelten Kunstform. Als Vehikel für Gottes Wort fand die arabische Schrift in Koran-Exemplaren Verwendung, um den Gläubigen die Kontemplation der göttlichen Schönheit zu ermöglichen. Und sie wurde zur Basis der kalligraphischen Ästhetik in vielfältigen Stilen, die sich auf alle Sprachen ausdehnte, die die arabische Schrift benutzen, einschließlich des Persischen, Türkischen und Urdu.[31]

Die besonderen Botschaften, die in den in arabischer Schrift geschriebenen Texten vermittelt wurden, waren in gleicher Weise von Bedeutung für die Gebäude, die sie zierten. Im Felsendom in Jerusalem finden sich Koranverse über die islamische Lehre betreffend die menschliche Natur Jesu. Dieses Gebäude bildet also ein herrschaftliches Edikt gegen die christliche Ideologie des [mit den Muslimen] rivalisierenden Byzantinischen Reiches.

An den Rändern des riesigen Portals des Tadsch Mahall stehen Koranverse, in denen der Paradiesesgarten am Tage der Auferstehung beschrieben wird. Während Reiseführer für Touristen dieses Monument hartnäckig als das romantische Bauwerk eines Mogulherrschers für seine Frau bezeichnen, haben Kunsthistoriker überzeugend nachgewiesen, dass es die mystische Interpretation des Lebens nach dem Tode gemäß der sufischen Metaphysik des Ibn ʿArabi repräsentiert. Die spektakuläre kalligraphische Ausschmückung der Alhambra in Granada umfasst nicht nur religiöse Formeln, sondern auch Verse arabischer Hofpoesie, die auf subtile Weise die Macht eines maurischen Herrschers preisen. Durch die Kalligraphie sind, wie wir u. a. aus einem Poster aus der Zeit der Iranischen Revolution ersehen können, welches das muslimische Glaubensbekenntnis („Es gibt keinen Gott außer Gott") in Form revolutionär gereckter Fäuste wiedergibt, auch entschieden moderne Botschaften vermittelt worden.

Die ungeheuer reichhaltige Geschichte der islamischen Kunst, die hier nur angedeutet werden kann, umfasst Kunstwerke, deren Erzeuger wie Empfänger Muslime wie Nichtmuslime waren, und dieser Austausch vollzog sich auf eine Art und Weise, die die Grenzen religiöser Identität gleichermaßen kompliziert erscheinen lässt und verwischt. Ein auf Sanskrit verfasstes Handbuch für Hindu-Architekten aus dem Indien des 15. Jh. enthält Anleitungen zum Bau von Moscheen, die dort als Tempel ohne Bilder, d. h. dem einen Gott geweiht, beschrieben werden. Und auch die Hindu-Architekten, die im Jahre 1368 das Qutb Minar in Delhi restauriert haben, scheinen von der Struktur einer Moschee ihr eigenes theologisches Verständnis gehabt zu haben.[32] Als der christliche spanische König Pedro der Grausame (der auch als Pedro der Gerechte bekannt war) im Jahre 1351 in Sevilla einen neuen Palast baute, beschäftigte er dort Bauleute aus dem maurischen Königreich von Granada, die dieses Bauwerk dann reichlich mit arabischer Kalligraphie und mit Arabesken ausstatteten. Pedro war sich des religiösen Inhalts und der Implikationen dieser islamicate Schmuckelemente sicherlich bewusst. Sein Gebrauch maurischer architektonischer, dem Islam verwandter

(Islamicate) Elemente scheint eher aus seinem Wunsch, das überzeugendste Modell herrschaftlicher Autorität nachzuahmen, als aus irgendeinem Begriff von interreligiösem Verstehen hervorgegangen zu sein. Trotz der Jahrhunderte andauernden christlichen Militanz der spanischen Reconquista gegenüber den Muslimen haben die spanischen Christen permanent von den Mauren übernommene künstlerische Stile und Motive verwendet – selbst noch nach deren Vertreibung im Jahre 1492. Diese so genannte Mudéjar-Kunst (der spanische Terminus kommt von arab. *mudadschdschan*, „maurischer Untertan im christlichen Gebiet", lat. *tributarius*) war die christliche Aneignung der dem Islam verwandten Kultur, trotz einer tiefen Ambivalenz auf Seiten der Christen gegen den muslimischen Glauben.[33]

Eine andere Form der Übernahme der islamischen Kultur durch die Europäer kam Mitte des 19. Jh. in der realistischen Malerschule der so genannte „Orientalisten" zum Ausdruck. Diese Malerei entstand, überwiegend, jedoch nicht ausschließlich, in Frankreich, etwa zur selben Zeit, in der auch die neue Technik der Photographie entstanden ist, und war das Werk von Künstlern, die mindestens einmal nach Nordafrika oder in den Nahen Osten gereist waren. Für Europa bezeichnete „orientalisch" damals den unmittelbaren östlichen Nachbarn, das östlich anschließende Gebiet, d.h. vor allem das Osmanische Reich, das als Stellvertreter für die muslimischen Länder im Allgemeinen betrachtet wurde. Mit der Weiterentwicklung des Buchdrucks und der ungeheuren Popularität der Reiseliteratur war die bildliche Darstellung exotischer Kulturen zur Massenware visueller Illustrationen geworden. Jedoch weder die Reiseberichte noch die Darstellung weit entfernter Länder boten echte Begegnungen mit anderen Kulturen. Reisende pflegten tiefsitzende Vorurteile mit sich herumzutragen, die oft mehr auf der Lektüre früherer Reisebücher als auf ihren eigenen Beobachtungen basierten. Illustrationen wurden häufig von Verlegern angefordert; dabei handelte es sich oft um wieder verwendete Urbilder auf der Grundlage fest etablierter Stereotype. Ironischerweise erregten Phantasieprodukte oft mehr Interesse als authentische Darstellungen ferner

Länder. Diese Tendenz kann man schon in der mittelalterlichen Literatur beobachten: Damals galt Marco Polos realistischer Reisebericht weit weniger als die unglaubwürdigen Abenteuer eines Sir John Mandeville, die überfliessen von Erzählungen über Begegnungen mit Fabelwesen und Monstern. Der auf diese Weise eingebildete Orient war damals ein Gegenbild, an dem Europa sich selbst definierte.

Sogar noch bevor der europäische Kolonialismus seine Überlegenheit gegenüber dem Osmanischen Reich und anderen islamischen Regionen feststellte, nahmen die Europäer gegenüber den orientalischen Nationen, wie die folgende Erläuterung aus einer Sammlung von Bildern aus dem Nahen Osten des frühen 18. Jh. zeigt, eine herrschaftliche und überhebliche Haltung ein: „Der Leser stellt sich vor, er inspiziere die übrigen Bewohner der Erde und übe über sie eine Art Souveränität aus. Er prüft sie sorgfältig oder verurteilt ihr Benehmen, amüsiert sich und lacht häufig über die Eigenarten einiger von ihnen. Manchmal bewundert er die Schönheit und majestätische Erscheinung anderer, stets aber bevorzugt er die Bräuche seines eigenen Geburtslandes.“[34] Der Impuls, den Orient in Bildern zu beschreiben, erhielt durch Napoleons Expedition nach Ägypten beträchtlichen Aufschwung. Dies führte schließlich zwischen 1803 und 1828 zur Veröffentlichung der umfangreichen *Description de l'Égypte* aus der Feder einiger französischer Gelehrter, welche mit zahlreichen Karten und Bildern des alten wie des neuen Ägypten ausgestattet war. Eines der erstaunlichsten Merkmale der Phantasie der „Orientalisten“ war die Art, wie sie die Gegenwart in die Vergangenheit zurückfallen ließen und dabei die Orientalen als unrettbar in einer zeitlichen Verzögerung befangen betrachteten, was diese angeblich daran hinderte, Teil der Gegenwart zu sein. Diese kraftvolle Metapher ist ein in Reiseliteratur und Journalismus allgegenwärtiges *clichee* geworden. Wie oft hat irgendein Reisender nachdenklich bemerkt, ein Besuch des Landes X sei wie eine Reise in eine 500 Jahre zurückliegende Zeit!

Europäer und Amerikaner betrachteten den exotischen muslimischen Orient vorwiegend aus zwei Blickwinkeln: Der eine war die wissenschaftlich-koloniale Perspektive, welche die Entdeckung alter Kulturen in Ägypten und Mesopotamien in den Vordergrund stellte. Diese Bilder aus der Antike wurden als Zeugen der Größe betrachtet, im Vergleich zu denen die heutigen Bewohner dieser Regionen bedauerlicherweise dem Niedergang anheim gefallen waren. Der wissenschaftliche Impuls der Orientforschung fand seinen Ausdruck in einer umfassenden Identifizierung und Klassifizierung der Völker des Ostens nach „Typen", was sich insbesondere auf die Rassenkategorien bezog, nach denen die Europäer den Rest der Welt sortierten. Der andere Blickwinkel war der der protestantischen Pilger, die mit Eifer jene Orte im Heiligen Land aufsuchten, an denen sich das Leben Jesu abgespielt hat. In beiden Fällen spielte die Zeit eine kuriose Rolle: Die damals übliche Kleidung der Beduinen hielt man für die biblischen Gewänder, was dazu führte, dass sich amerikanische Reisende (die sich nur in seltenen Fällen mit arabischen Christen oder Muslimen unterhalten konnten) in frühere Zeiten zurückversetzt glaubten oder meinten, der Nahe Osten existiere in einem zeitlosen Raum, der von der Geschichte unberührt geblieben sei. Die sehr realen Auswirkungen der im 19. Jh. gängigen Art des weltumspannenden Handels jedoch, der sich u.a. in dem europäischen und amerikanischen Tourismus ausdrückte, hatte die islamischen Länder damals bereits eng an die Wirtschaftssysteme Europas und Nordamerikas gebunden. Diese Verbindungen wurden jedoch durch die eindrucksstarken Bilder des „Osten ist Osten und Westen ist Westen", wie es der imperialistische Schriftsteller und Dichter Kipling formuliert hat, überdeckt.

Einer der bemerkenswertesten Aspekte der Kunst der Orientalisten war die erotische Phantasie, von der viele ihrer Gemälde durchdrungen waren. Die Reisenden, üblicherweise Männer, die die Territorien der osmanischen Herrscher besuchten, hatten natürlich keinen Zutritt zu den Frauenquartieren, die als Harem bekannt waren. Dies tat jedoch ihrer Phantasie keinen Abbruch, und so malten sie zahllose Haremszenen, die jeweils mit Dutzenden nackter Frauen in Bädern bevölkert waren. Diese voyeuristischen Gemälde (für die sich die Künstler europäischer Nacktmodelle bedienten) waren alles andere als realistische Portraits der damaligen türkischen Gesellschaft, sie verwechselten die Wohnräume mit türkischen Bädern und reduzierten die muslimische Frau auf den Status eines Spielzeugs nicht sichtbarer orientalischer Männer.[35] Andere beliebte Orte für die Darstellung von Frauen in den Gemälden der „Orientalisten" waren Sklavenmärkte, wo sie wie Pferdefleisch zum Verkauf angeboten wurden, oder sie waren Tänzerinnen, die männliche Zuschauer unterhielten. In beiden Fällen wurden sie als unterdrückt angesehen. Das erotische Bild ist die Kehrseite der Stereotype des Schleiers, wobei der einzige Unterschied darin bestand, dass der Schleier in der Phantasie entfernt wurde. Der andere Teil der Stereotype bestand darin, dass orientalische Männer oft als Krieger dargestellt wurden, entweder mitten in einer tobenden Schlacht oder indolent entspannt ruhend. Diese Gemälde verstärkten das Bild vom gewalttätigen Islam und sollten zugleich den Eindruck vermitteln, diese rückständigen Soldaten seien leicht zu besiegen.

Die Phantasie der „Orientalisten" bewunderte natürlich die malerischen Landschaften und die charakteristischen Individuen, welche die Maler in Dörfern, in Bazaren oder zwischen Ruinen alter Reiche beobachten konnten. Wie die romantischen Gemälde aus dem amerikanischen Westen mit ihren idealisierten Indianern und Cowboys vermitteln die Bilder der Orientalisten vom islamischen Osten einen nostalgischen Zugang zu einer imaginären Vergangenheit, welche das Publikum auch heute noch in ihren Bann zieht. Diese romantische Faszination, unterstützt durch Phantasien aus *Tausendundeiner Nacht*, die in Disney Cartoons weiterleben, ging bald über die akademische Kunst hinaus und eroberte den Bereich der Volkskultur.[36] Romane, die im islamischen Osten spielen, wie etwa Thomas Moores populäre *Lalla Rookh*, gingen einher mit Opern über orientalische Themen wie etwa Mozarts *Entführung aus dem Serail*, komischen Volksliedern wie *Ahab the Arab* und Werbe-Kampagnen wie die Zigarettenreklame für *Camel* in orientalischer Szenerie. Orientalische Kleidung („Haremshosen") war in den gehobenen Klassen extrem populär und wurde zur Uniform von Freimaurer-Logen wie etwa der amerikanischen Shriners. Messen wie die Columbia Exposition von 1898 machte das amerikanische Publikum mit lebensnahen Nachbildungen ägyptischer Dörfer und mit dem Bauchtanz bekannt. Filme wie *The Sheik* mit Rudolf Valentino oder *Der Dieb von Bagdad* mit Douglas Fairbanks haben die phantastischen Bilder vom muslimischen Osten weiter gefestigt. In Hollywood-Filmen ging es in den wichtigsten Passagen um die Erotik vermeintlich nahöstlicher weiblicher Formen und die gefährliche Gewalttätigkeit des Arabers.[37] Als grausige Parallele zu der filmischen Beschreibung der amerikanischen Indianer wurden Hollywood-Araber in zunehmendem Maße mit Gewalt identifiziert, die sich der Zivilisation entgegenstellt. Der Höhepunkt dieser sensationslüsternen Darstellung fanatischer Muslime ist in Phantasieprodukten wie *True Lies* mit Arnold Schwarzenegger zu sehen, wo hirnlose Gewalttätigkeit als Synonym des Islams präsentiert wird. Dies sind alles Beispiele für die Art und Weise, wie europäische und amerikanische Künstler den Islam und die dem Islam verwandte Kultur mit Hilfe der Phantasie wiedergeben. Das entscheidende Kennzeichen der Triebkraft hinter den Werken der Orientalisten, gleichermaßen im Bereich der Malerei und in der Volkskultur, ist die Verwendung des Fremden in Form des Orientalischen als Kontrast bei der Definition der Zivilisation des so genannten Westens als Gegenstück zur Barbarei.

Eine andere Frage hinsichtlich der islamverwandten Kunst stellt sich, wenn wir uns dem Bereich der modernen Kunst als einem internationalen Phänomen zuwenden.[38] Die Trennlinien zwischen traditionellen Kunstformen können sich allein schon durch die Einführung neuer Malstoffe verwischen: Dies geschah, als im Iran des 19. Jh. die ersten Ölgemälde entstanden: Schlagartig ersetzten Wandgemälde und neue Arten von Portraits den persischen Miniaturenstil der Vergangenheit.[39] Aber selbst in modernen Medien wie dem Film kann es bestimmte künstlerische Methoden geben, die lokale Eigenheiten reflektieren. Iranische Filme aus jüngster Zeit wie etwa *Gabbeh*, in dem Liebe und Schönheit im Milieu der südpersischen Nomadenstämme mit lyrischer Intensität beschrieben werden, oder *Die Farbe des Pa-*

radieses mit seinen vielfältigen Beschwörungen der Spiritualität von Kindern, heben sich radikal von den in Hollywood üblichen Filmstilen ab. Andererseits gibt es in Bangladesh moderne Künstler, deren abstrakte Kompositionen nur schwer von den Werken zeitgenössischer japanischer oder niederländischer Provenienz zu unterscheiden sind. Eine Veröffentlichung von Werken zeitgenössischer iranischer Künstlerinnen widersetzt sich jeglicher Anpassung an scharf umrissene Kategorien, und zwar insbesondere deshalb, weil viele dieser Künstlerinnen ihren Werken keine Titel gegeben haben.[40] Ein Beispiel ist ein Aquarell mit dem Titel *Himmelfahrt* von Firuzeh Golmohammadi.[41] Ihr Gemälde enthält „Details, die an persische Themen erinnern: die Kleider, der Kopfschmuck und der phönixgleiche Vogel am Boden. Ihre Bilderwelt und ihre mystische Thematik erinnern in Stil und Inhalt an das Werk des modernen deutschen Künstlers Sulamith Wülfing ebenso wie an das der bekannten New Age-Künstlerin Susan Seddon Boulet. Das soll aber nicht heißen, dass Golmohammadis Gemälde von anderen Werken hergeleitet sei. Vielmehr zeigt diese Ähnlichkeit der Stile auf exemplarische Weise, wie heute Bilder und Ideen weltweit verfügbar sind und ein in zunehmendem Maße gemeinsam in Anspruch genommenes Medium darstellen."[42] Inwieweit diese Werke als dem Islam verwandt bezeichnet werden können, lässt sich nur schwer sagen, vor allem deshalb, weil viele von ihnen eingebunden sind in globale Entwicklungen der künstlerischen Medien und deren Konzepte.

Diese unterschiedlichen Aspekte dessen, was man oberflächlich als islamische Kunst bezeichnen könnte, sind das Ergebnis einer jahrhundertelangen Weiterentwicklung des Sinnes für Schönheit im Rahmen der islamischen Kulturen. Sogar die Übernahme und Vergegenständlich islamischer Kunst durch die Europäer und die Teilnahme von Muslimen an der internationalen modernen Kunstszene gewährleisten die ästhetische Dimension künstlerischer Kreativität. Indes ist aber in den letzten Jahren in Form gewisser extremer islamistischer Ideologien eine machtvolle Gegenströmung entstanden, die den Schönheitsbegriff insgesamt aus der islamischen Gesellschaft verbannen will.

Die prominentesten intellektuellen Exponenten dieser extremen ikonoklastischen Strömung sind zweifellos die Verfechter der wahhabitischen Ideologie, die sich im 19. Jh. in Arabien entwickelt und unter anderen streng konservativen Gruppen, die sich selbst jedoch nicht als Wahhabiten bezeichnen, eine gewisse Akzeptanz gefunden haben. In unseren Tagen haben Autoritäten aus dieser Schule, wie etwa der Scheich al-Baz in Saudi-Arabien, zu einem vollständigen Bann gegen Bilder jeglicher Art bis hin zum Verbot von Photos in Familienalben aufgerufen. Diese Ablehnung von Bildern muss zum Teil im Zusammenhang mit der tiefen Ambivalenz gesehen werden, die durch die globalisierte Werbung und deren starke Betonung des Sexuellen als Mittel, den Verkauf aller nur vorstellbaren Dinge zu fördern, entstanden ist. Um die Kontrolle über die soziale Ordnung nicht zu verlieren, definieren die maßgeblichen Leute innerhalb der wahhabitischen Bewegung und mit ihnen verbundene Gruppen die Sexualität durch konsequente Einrichtung getrennter Räume für Männer und Frauen. In gewisser Weise scheint die Ausgrenzung des Weiblichen aus dem öffentlichen Raum mit der schroffen Ablehnung von Bildern zusammenzuhängen.

Die afghanischen Taliban haben auf sehr drastische Weise ihren extremen Widerwillen gegen Bilder unter Beweis gestellt, als sie die kolossalen Buddha-Statuen im afghanischen Bamiyan zerstörten, die dort seit Alexanders Zeiten gestanden waren. Die Zerstörung dieser Statuen war lediglich das spektakulärste Ereignis in einer Zerstörungskampagne, welche die unersetzbaren Schätze des Museums von Kabul in Staub verwandelte. Mit einem Schlag vernichteten die Taliban Schätze aus den vielfältigen Kulturen, die über einen Zeitraum von mehr als 2000 Jahren hinweg die Seidenstraße entlang gezogen waren – oder verscherbelten sie auf dem Schwarzmarkt. Außerdem stellten sie ihren nie dagewesenen Fanatismus unter Beweis, indem sie – außer im Falle von Personalausweisen – alle Photographien und, abgesehen von der Koranrezitation, alle Formen von Musik für rechtswidrig erklärten. In der Zwischenzeit haben saudische Regierungsorgane als Echo auf die ikonoklastische Zerstörung von Gräbern unter dem euphemistischen Vorwand, Restaurierung zu betreiben, mit der Zerstörung osmanischer Gebäude in Arabien geantwortet, die nicht zu ihrer starren Definition von Kunst passen. Es ist ihnen darüber hinaus gelungen, unter Verwendung derselben Rhetorik in Bosnien Moscheen zu zerstören, die die Angriffe der Serben während des jugoslawischen Bürgerkrieges überstanden hatten.[43] Verblüffenderweise erklärt nun diese neue Brut von Islamisten, alle Formen von Schönheit, sogar geometrische Ornamente, vegetale Arabesken und die Kalligraphie, müssten von dieser Erde verbannt werden. Ohne Zweifel gibt es bei den Taliban ein starkes Bemühen, den mächtigen und anregenden Bildern in der Werbung zu widerstehen, mit denen das globalisierte *Business* die Welt überschwemmt. Aber die Abschaffung der Bilder durch die Wahhabiten und ihre Verbündeten geht auf Kosten des Verzichts auf Schönheit und Spiritualität.

Kapitel 6

Postscriptum: Das neue Bild des Islams im 21. Jahrhundert

Jenseits von Ost und West

Die am weitesten verbreitete Vorstellung vom Islam in unseren Tagen geht aus von der Dynamik und den inneren Antriebskräften der jüngeren Geschichte, insbesondere der Kolonialzeit. Der Islam ist keineswegs eine ewige und unwandelbare Wesenheit, sondern vielmehr ein Symbol, dessen Bedeutung sich gewandelt, verändert hat, da sich unterschiedliche Akteure seiner bemächtigt haben. In Europa und Amerika ist das Verständnis des Islams nach wie vor von kolonialen Attitüden geprägt, die häufig mit einer nahezu vollständigen Unkenntnis der Geschichte des Kolonialismus einhergehen. Dieses Meinungsklima liefert den Arglosen das verführerische Bild vom Westen als dem Gipfel der Zivilisation. Diejenigen, die aus diesem Rahmen herausfallen, werden entweder als Gegner des Fortschritts oder als Teil einer unentwickelten Kultur angesehen, deren Schicksal es aber letztlich doch sein wird, so wie der Westen zu werden. Es ist zwar zu hoffen, dass das Zeitalter der totalen Herrschaft des Kolonialismus der Vergangenheit angehört, in der wirtschaftlichen Globalisierung aber, welche die Produkte Europas und der Vereinigten Staaten in der übrigen Welt vermarktet, bestehen koloniale Verhaltensmuster unverändert weiter. Koloniale Haltungen liegen auch weiterhin selbst den wohlmeinenden Entwicklungs- und Modernisierungstheorien zu Grunde, die in einer Politik der Hilfe von außen wie auch durch die Schaffung nichtregierungsgebundener Organisationen institutionalisiert wurden. Unter diesen Umständen werden bedeutende kulturelle Unterschiede als mögliche Hinderungsgründe einer rational gesteuerten Verbreitung einer homogenen Zivilisation betrachtet.

Die Gleichsetzung „des Westens" mit fortschrittlicher Wissenschaft und Technologie vermittelt denen, die davon profitieren, ein berauschendes Gefühl der Überlegenheit, so dass schließlich sogar diejenigen unter uns, die mit der Programmierung eines VCR Probleme haben, sich dennoch als die Anstandslehrer der modernen Wissenschaften vorkommen. Die Doktrin des Fortschritts schiebt weniger technologisch orientierte Gesellschaften auf der Zeitlinie der Entwicklung zurück, so dass Touristen und Stammtischreisende sich über den Anblick von Ländern wundern können, die in einer mehrere Jahrhunderte zurückliegenden Zeit stehen geblieben sind. Die Kraft dieser Metapher des technischen Fortschritts entlang einer Zeitlinie kann uns blind machen für die Tatsache, dass Menschen in technologisch weniger gut versorgten Ländern dennoch unsere Zeitgenossen sind. Sogar Menschen, die noch mit Hilfe von Wasserbüffeln pflügen oder in der heutigen Zeit noch das Pferdefuhrwerk benutzen, während sie in ihren Dörfern möglicherweise Fernsehanschlüsse haben, mit deren Hilfe sie MTV sehen können, sind Teil unserer Welt. Indem wir uns zwingen, diese scheinbar einfache Tatsache zu akzeptieren, können wir vielfältige Verbindungen wirtschaftlicher, politischer und kultureller Art wahrnehmen, die Europa und Amerika lange Jahre mit dem so genannten Osten verbunden haben.

Im 19. Jh. stellte koloniales Denken den wissenschaftlichen Westen dem abergläubischen Osten gegenüber, von dem man glaubte, er sei noch immer im Mittelalter befangen. Einige asiatische Denker versuchten diese Stereotype auf den Kopf zu stellen, indem sie den Osten zur Heimat der Spiritualität, den Westen aber zur

Heimstätte eines seelenlosen Materialismus machten. Als antikolonialer Schlachtruf findet diese Haltung bis auf den heutigen Tag beträchtliche Zustimmung, und Führer und Ideologen von Gandhi bis Khomeini haben sie mit großem Erfolg beschworen. Die Gegenüberstellung von Ost und West, Asien und Europa, Orient und Okzident birgt aber ernsthafte Probleme konzeptueller Art in sich. Einer der Befürworter der Idee eines spirituellen Ostens war Rabindranath Tagore, der im Jahre 1913 den Literatur-Nobelpreis bekommen hat. In der Absicht, für seine an Indien orientierte Kritik des Westens Solidarität zu finden, versuchte er, seine Botschaft von der asiatischen Spiritualität auch in China und Japan zu verbreiten. Zu seiner Überraschung musste er aber feststellen, dass Chinesen und Japaner für seinen Begriff von Spiritualität, den sie für obskur und unpraktisch hielten, kein Verständnis hatten. Sie versuchten stattdessen, ihre industriellen und militärischen Einrichtungen auszubauen, um der wirtschaftlichen und politischen Aggression aus Europa und den Vereinigten Staaten standhalten zu können.[1]

Wo liegt eigentlich der Osten? „Asien“, ursprünglich ein griechisches Wort für die Länder des Ostens (Kleinasien entsprach der Küste der heutigen Türkei), ist zu einem sehr elastischen und relativen Begriff geworden. Die meisten Amerikaner meinen, Asien und der Orient seien China, Japan und deren Nachbarländer, auch wenn diese westlich von Amerika liegen. Ist Japan heute wegen seiner hoch entwickelten Wirtschaft ein Teil des Westens? Falls dem so ist, dann sind Länder wie Südkorea, China und Malaysia nicht mehr weit davon entfernt. Aber bis dahin werden die Begriffe „Ost“ und „West“ jegliche geographische Bedeutung verloren haben. Die kulturell orientierte Definition der westlichen Zivilisation als der Erbin der hebräischen Propheten und der griechischen Philosophen ist, wie wir gesehen haben, problematisch, da diese beiden gleichzeitig auch die Quellen der islamischen Zivilisation sind. Nach der Zahl seiner Anhänger ist der Islam die größte Religion Asiens, größer als der Hinduismus und der Buddhismus. Wenn wir uns von der kolonialen Haltung freimachen wollen, scheint ein Festhalten an der Gegenüberstellung von Ost und West absurd, da heute die Angehörigen aller Nationen tatsächlich in dieselben Prozesse und

Erfahrungen verwoben sind. Wenn wir einfach nur wichtige wirtschaftliche Unterteilungen beschreiben wollen, steht uns eine alternative Terminologie zur Verfügung. Die Verwendung der Termini Nord und Süd für die industrialisierten Wirtschaftssysteme bzw. die ärmeren Länder der Welt ist ein Versuch, auf diese Zwiespältigkeit hinzuweisen, allerdings ohne Berücksichtigung der ideologischen und kolonialen Implikationen von „Ost" und „West". Da die beiden letztgenannten Begriffe mit soviel historischem Ballast befrachtet sind, werden nachdenkliche Menschen wünschen, sich dieser Begriffe ein für allemal entledigen zu können.

Ebenso sollte man anerkennen, dass der in jüngster Zeit festzustellenden Entstehung terroristischer Netzwerke, die Angriffe auf die Zentren der politischen, militärischen und wirtschaftlichen Macht der Vereinigten Staaten organisiert haben, eine extreme Form der islamischen Ideologie zu Grunde liegt. Es mag zwar technisch korrekt sein, zu sagen, das Auftreten dieses islamischen Extremismus gehöre in den Rahmen von Kolonialismus und Globalisierung. Eine derartige historische Erklärung darf aber nicht als Entschuldigung für kriminelle Gewaltakte dienen.[2] Die Ermutigung zu fanatischem Hass gegen einen monolithischen und satanischen Westen ist eine verzerrte Betrachtungsweise der Geschichte, die einen unbändigen Willen zur Macht erkennen lässt. Für die Minderheit jener muslimischen Ideologen, die einen apokalyptischen Kampf gegen die gottlosen Europäer und Amerikaner führen, ist das Leben unschuldiger Zivilisten und williger Fußsoldaten gleichermaßen unbedeutend und verbrauchbar. Die gegen den Westen gerichtete islamische Rhetorik kann so gesehen nur zu Konfrontation und Gewalt führen. Die Beibehaltung einer extremistischen und antikolonialen Mentalität in den islamischen Gesellschaften wird weiterhin die ethischen Werte, die der islamischen Tradition zu Grunde liegen, gefährden.

Neue Islambilder

Die Auswirkungen des Kolonialismus auf den Begriff „Islam" führten auf Grund der „wir-gegen-die"-Haltung der kolonialen

Ideologien dazu, dass Prioritäten und religiöse Identitäten weltweit neu sortiert wurden. Dank der durch die Globalisierung entstandenen neuen Kommunikationstechniken wurde der Islam zu einem Zeichen nationenübergreifender Solidarität gegen die europäischen Invasoren. Im 19. Jh. verbreitete sich der Nationalismus als Konzept einer „imaginären Gemeinschaft", wodurch Menschen sich als Teil einer theoretischen Gesellschaft identifizierten, die sie zu Vielheiten von Fremden zusammenfasste. Analog dazu gaben Befürworter des nationenübergreifenden Konzepts des Islams diesem den Vorzug gegenüber konkreten lokalen Gemeinschaften, trotz der ethnischen, kulturellen und sprachlichen Vielfalt dieser Gemeinschaften. Als Hauptkonkurrent des Christentums bezüglich der religiösen Beherrschung des Globus nahm das reformistische Konzept des Islams, teilweise als Reaktion auf die Angriffe christlicher Missionare, den Charakter einer Religion im europäischen Sinne an. Die Kolonialbehörden interpretierten das islamische Personenrecht viel enger und restriktiver als dies in vormodernen islamischen Rechtssystemen der Fall gewesen war. Postkoloniale Befürworter islamischer Selbstregierung benutzten den Mechanismus des modernen Nationalstaates, um unter dem Vorwand, das ursprüngliche islamische Recht, wie es zur Zeit des Propheten in einem idealisierten Medina bestanden habe, wiederherstellen zu wollen, neue Gesetzeswerke von nie dagewesener Rigidität einzuführen.

Der Prozess der Neudefinierung des Islams als Ideologie hat sich unvermindert fortgesetzt und hat einige überraschende Resultate gezeitigt. Dieses ideologische Islam-Konzept erfordert Anstrengungen, unerfreuliche Situationen, insbesondere die Einsetzung einer fremden Kolonialregierung und deren Nachfolger, des säkularen Staates, zu verhindern. Dieser ideologische Aktivismus macht die Umformung des Islams in ein ausgesprochen politisches Werkzeug erforderlich, indem man ihn zu etwas vergegenständlicht, das der Erreichung anderer Ziele dienlich ist. Die radikale Neuprägung dieses ideologischen Islambegriffs hat sich mir vor einigen Jahren in einer Unterhaltung mit einem amerikanischen Studenten iranischer Abstammung in Kalifornien mit

Macht aufgedrängt. Wir unterhielten uns über den prominenten schiitischen Theologen Ayatollah Khu'i, der damals im Irak lebte. „Er ist nur ein religiöser Mulla“ sagte der Student, „weil er eigentlich nicht über den Islam spricht.“ Das Erstaunliche an dieser Bemerkung war die Art, wie dabei ein bedeutender Religionsgelehrter abqualifiziert wurde, nur weil er kein ideologischer Aktivist war. Die Tatsache, dass er sich in seinen Schriften vorwiegend mit der traditionellen Ethik, dem Ritus und der Interpretation autoritativer Texte beschäftigte, machte ihn für die nationenübergreifenden Interessen dieses Studenten bedeutungslos. Damit war der Begriff „Islam“ bemerkenswerterweise in eine fast ausschließlich politische Kategorie abgeglitten.

Eine weitere überraschende Definition des Islams kommt aus Pakistan, das seit seiner Gründung im Jahre 1947 um seine Definition als islamischer Staat gerungen hat. Eines der umstrittensten Themen unter den zahlreichen sektiererischen Disputen, die diesen Staat aufgerüttelt haben, ist der Status der Ahmadiya-Sekte. Diese Gruppierung hat mit ihrem Anspruch, Mirza Ghulam Ahmad, der sie im 19. Jh. ins Leben gerufen hatte, sei nach Mohammed ein weiterer Prophet gewesen, die Grenzen der Orthodoxie auf die Probe gestellt (viele Muslime betrachten Mohammeds Prophetentum als die endgültige Offenbarung, so dass jeglicher von anderer Seite kommende Anspruch auf das Prophetentum mit großem Argwohn betrachtet wird). Im Jahre 1974 hat die Regierung von Präsident Z. A. Bhutto ein Gesetz verabschiedet, das besagt, dass die Ahmadis (auch Qadiyanis genannt) keine Muslime seien. Durch nachfolgende Einsprüche gegen dieses Gesetz, die auf der Basis der von der pakistanischen Verfassung garantierten Grundrechte erfolgten, gelang es, dieses Gesetz in Frage zu stellen.

Im Jahre 1993 kam es jedoch durch einen Rechtsentscheid, der vielleicht erstmals in der Geschichte eine von Regierungsseite kommende detaillierte Definition des Islams lieferte, zu einer entscheidenden Umänderung dieses Urteils. Der vorsitzende Richter erklärte, die Symbole und Riten des Islams, wie etwa das Glaubensbekenntnis, und Gebäude, die Moscheen genannt werden, seien gleichbedeutend mit intellektuellem Eigentum, für das die rechtmäßigen Besitzer ein Copyright erwirken könnten. Er legte aber nicht fest, wie diese Eigentumsansprüche durchzusetzen seien. Somit benutzen also alle diejenigen, die das Glaubensbekenntnis unkorrekt rezitieren oder den Ort, an dem sie sich versammeln, als Moschee bezeichnen, zu Unrecht ein mit Copyright versehenes Logo und müssen daher eine gesetzlich festgesetzte Strafe bezahlen.[3] Die Folgen dieser Entscheidung sind atemberaubend. Nicht nur, dass eine Religion als Ware oder Eigentumsgegenstand bezeichnet wird, die der Richter in der Tat mit Coca-Cola verglichen hat. Die Gerichte – nicht religiöse Gemeinschaften – sind außerdem berechtigt, zu entscheiden, was zu den wesentlichen Bestandteilen einer Religion gehört.[4] Darüber hinaus werden in diesem Entscheid die Grenzen des Islams im Bezug auf eine moderne Sekte definiert. Heute werden pakistanische Reisepässe nur ausgestellt, nachdem die bekennenden muslimischen Staatsbürger eine Erklärung unterschrieben haben, dass sie die Endgültigkeit von Mohammeds Prophetentum anerkennen – d. h. dass sie keine Ahmadis sind. Bei dererlei Auswüchsen, die an Eide auf die orthodoxe Interpretation der Heiligen Kommunion in der Reformationszeit erinnern, kann es sich nur um das Resultat sehr spezifischer lokaler historischer Ereignisse aus allerjüngster Zeit handeln.

Wir befinden uns also in einer verwirrenden Situation, vor allem in Bezug auf die zahlreichen Religionsbegriffe, wie sie oben beschrieben wurden. Meinen wir mit „Islam“ die auf das Heilige Buch bezogene Definition der Durchführung grundlegender Riten (Glaubensbekenntnis, rituelles Gebet, Fasten im Ramadan, Almosengeben und Pilgerfahrt), die die Unterwerfung unter Gott ausdrücken? Falls dem so ist, sollten wir dann den Begriff „Islam“ auf die Ebene minimaler Übereinstimmung mit den Erwartungen einer bestimmten muslimischen Gemeinschaft einschränken? Damit würden wir der Linie klassischer muslimischer Theologen folgen: etwa der des Ghazali, der die Ansicht vertrat, dass all jene, die nach Mekka gewandt ihre Gebete verrichten, zur muslimischen Gemeinschaft gehören. Andererseits hat er jedoch ernsthafte Auseinandersetzungen mit Philosophen und Schiiten über deren theologische Auffassungen geführt. Das Problem der autoritativen Definition von Religion bleibt indes immer dasselbe: Wer ist berechtigt, den Islam zu definieren? Heute ist in allen Gesellschaften der Welt religiöser Pluralismus eine soziologische Tatsache. Beansprucht nun eine einzelne Gruppe Macht über alle andern, indem sie deren Ergebenheit und Unterwerfung fordert, würde dies als Anspruch auf Macht durch religiöse Rhetorik verstanden.

Einen Graben zwischen dem präskriptiven, normativen, idealen Konzept „Religion" und dessen deskriptiven, historischen und soziologischen Beschreibungen wird es immer geben. Im Gegensatz zu den autoritativen Erklärungen der Theologen und des Apparates des Nationenstaates müssen sich Gelehrte und Außenstehende mit einem viel breiteren Begriff dessen begnügen, was man als islamisch betrachten kann. In diesem Sinne könnten wir eine Reihe von mit einander im Wettstreit liegenden Theologien, die indes alle auf dem Koran basieren, als islamisch beschreiben, des weiteren verschiedene ethische Systeme (einschließlich grundlegender Rituale), die sich auf Mohammed als das Vorbild korrekten Verhaltens berufen. Neben anderen islamischen Institutionen sind hier zu nennen: die zahlreichen wichtigen Stränge charismatischer vorbildlicher spiritueller Übermittlung – sufische wie schiitische gleichermaßen – sowie eine Vielzahl lokal gebundener Bräuche wie etwa Pilgerfahrten zu bestimmten Schreinen. Rituale des Lebenszyklus wie Geburt, Hochzeit und Tod würden auch in die Kategorie „islamisch" gehören. Erweiterte kulturelle Themenkreise, die mit der Religion des Islams verbunden sind, d. h. Lebensaspekte wie Musik, Poesie, Kunst, Architektur und Regierungswesen, können wir in ähnlicher Weise als dem Islam nahe betrachten.

Aber weder die Glaubenspraxis noch der Glaube selbst als Definition von Religion haben viel mit der modernen Vergegenständlichung der Religion zu tun, d. h. mit der Tendenz, die Religion als eine Angelegenheit mit fixen charakteristischen Merkmalen zu betrachten. Eine der bedeutenden Neuerungen der islamistischen

Reform war die Einführung des Begriffs „Islam" als eines totalitären Systems, welches alle Aspekte des öffentlichen und privaten Lebens kontrolliert. Da es sich durch häufig wiederholte Slogans wie „es gibt keine Trennung von Politik und Religion" oder „der Islam ist nicht nur eine Religion, sondern eine Lebensart" artikuliert, wurde dieses neue Islam-Konzept mit den Argumentationstechniken des protestantischen Christentums erörtert, welches die Autorität seines Heiligen Buches betont, und wurde so um Jahrhunderte historischer Entwicklung zurückversetzt. Muslimische Fundamentalisten haben eine taktische Entscheidung getroffen: Sie nutzten alle Möglichkeiten der modernen globalisierenden Medientechnologie für die Verbreitung ihrer antimodernen Botschaft, und schufen sich auf diese Weise eine Plattform, die sie aus eigener Kraft niemals hätten beherrschen können. Bemerkenswert an der Verbreitung dieses neuen Islambildes ist dabei nicht so sehr die erfolgreiche Übernahme dieser Ideologie durch traditionelle muslimische Kreise, wobei diese indes immer noch die Ansicht einer Minderheit darstellt. Das eigentlich Überraschende ist vielmehr, dass diese Sehweise des Islams unter Nichtmuslimen überwältigenden Anklang findet. Auf Grund der unkritischen Verbreitung fundamentalistischer Machwerke durch wohlmeinende, jedoch völlig ahnungslose Medien hat es die islamistische Ideologie geschafft, zur einzigen Erscheinungsform des Islams zu werden, mit der die meisten Nichtmuslime jemals in Berührung gekommen sind. Es ist schon mehr als ironisch, dass das Geschenk des protestantischen Prinzips der Autorität des Heiligen Buches mit Zinsen zurückgezahlt wurde, indem die Islamisten die meisten ihrer Gegner zu einer fundamentalistischen Interpretation des Islams bekehren.

Eine unverdächtige Folgeerscheinung dieser ideologischen Betrachtungsweise des Islams war die Gleichsetzung der islamischen Religion mit bestimmten politischen Regimen bzw. Reichen. Diese Identifizierung wird mit Sicherheit von Herrschern gefördert, die für sich religiöse Legitimation beanspruchen, eine Verschmelzung von Religion und bestimmten Regimen ist jedoch höchst problematisch. Wenn sich einerseits Saddam Husain oder

Yasir Arafat zur Untermauerung ihrer politischen Position auf die Autorität des Islams berufen, sollte man dabei nicht vergessen, dass sie weniger religiösen Kredit genießen als amerikanische Politiker wie Richard Nixon. Eine Überlegung grundsätzlicherer Art ist andererseits, dass, wenn uns die Geschichte etwas gelehrt hat, dann dies, dass Aufstieg und Fall von Reichen an sich keine moralische Bedeutung haben, und dass eine überlegene Militärtechnologie noch lange keinen zivilisatorischen Fortschritt bedeutet. Mag es auch menschlich verständlich sein, dass Gewinner ihre Siege gerne der göttlichen Gnade zuschreiben, so gibt es unter diesen doch auch eine ganze Reihe, die aufrichtig-bieder der Behauptung zustimmen, militärische Eroberung sei die Entsprechung moralischer Überlegenheit.

Jenseits dieser moralischen Problematik gibt es bei der Politisierung der Religion weitere konzeptuelle Probleme. Wenn der Islam von Regierungen und nicht von einzelnen Menschen repräsentiert wird, meint das Wort „Islam" dann nur Länder mit mehrheitlich muslimischer Bevölkerung, oder meint es mehrheitlich muslimische Länder plus Länder mit bedeutenden muslimischen Minderheiten? Berücksichtigt man nur Länder mit mehrheitlich muslimischer Bevölkerung, die den Islam als ihre Staatsreligion bezeichnen, dann schließt man damit Länder mit ausgesprochen säkularen Verfassungen wie zum Beispiel Indonesien, das größte islamische Land, die Türkei und jene islamischen Länder aus, die früher zur Sowjetunion gehört haben. Bei genauerem Hinsehen weisen selbst Länder, die sich als islamische Republiken bezeichnen, uneinheitliche, gemischte Strukturen auf. Ihre hybriden Rechtssysteme ersetzen das theoretisch islamische Recht durch Ansprüche auf die islamische Autorität, die umgegossen wurde in Rechtswerke für Nationalstaaten, welche sich ebenfalls auf koloniales Recht, ortsübliches Brauchtum und Verordnungen berufen.

Die Bilder vom Islam, die die beiden letzten Jahrhunderte bestimmt haben, sind entstanden in einer konfliktgeladenen Atmosphäre von entweder – oder und Ost gegen West. Es waren Bilder ohne Dialog, welche, wie die Gemälde der Orientalisten-Maler, die europäisch-amerikanische Kultur als Kontrast zu der exotischen anderen Kultur definierten. Aber ob uns dies nun gefällt oder nicht: Die Muslime haben sich in eben dieser Periode weltweit mit den wichtigsten Fragen der Moderne beschäftigt, während der sie von andern als unmodern, unwestlich und unzivilisiert bezeichnet wurden. Muslime haben über dieselben Fragen debattiert, die auch Europäer und Amerikaner beschäftigten: Frauenrechte, Menschenrechte, Marxismus, Nationalismus, Revolution, Demokratie, und nun die Globalisierung. Bemerkenswerterweise sind die Begriffe, mit denen die Muslime am häufigsten dämonisiert wurden, im Herzen der europäisch-amerikanischen Moderne entstanden. Die Französische Revolution hat die Begriffe „Terrorismus" und „Fanatismus" hervorgebracht, der amerikanische Protestantismus schließlich hat den Begriff „Fundamentalismus" geschaffen. Vermutlich werden die Triebkraft und die Folgeschocks des Kolonialismus auf internationaler Ebene noch einige Zeit nachwirken.

Wie werden nun die neuen Islambilder aussehen? Die wachsende Präsenz gebildeter muslimischer Minderheiten in Amerika und Europa wird das entscheidende Element sein, das letztlich einen echten Dialog ermöglichen wird. Auf diese Weise können dann neue Bilder geschaffen werden, Bilder einer einzigen Welt, in welcher es Muslime wie Nichtmuslime geben wird. Ohne Zweifel wird ein Teil dieses Dialogs in Form von Debatten stattfinden, in denen versucht wird, die Quellen der islamischen Tradition mit zeitgenössischen Problemstellungen in Einklang zu bringen. Bemühungen zur Schaffung neuer Vorstellungen von einer gemeinsamen Welt gibt es indes schon seit vielen Jahren. Die wichtigste Quelle ist dabei, bislang immer noch weitgehend unbemerkt, die kreative Aktivität von Muslimen, und zwar auf dem Weg über den Roman, eigentlich eine typisch europäische literarische Form, die indes seit mehr als einem Jahrhundert in Ländern mit mehrheitlich muslimischer Bevölkerung in beträchtlichem Umfang gepflegt wird. Natürlich haben sich die Muslime in ihrem Bemühen um zeitgenössische Probleme auch anderer künstlerischer Medien wie etwa der Musik (Hip-Hop, Rai, Beur etc.) bedient. Der Roman mit seinen psychologischen Reflexionen und soziologischen Kommentaren ist indes vielleicht die am besten geeignete Quelle für eine realistische Schilderung der Lebensumstände der Muslime.[5] In dieser literarischen Form wird sich, im Gegensatz zu irgendwelchen ideologischen Präsentationen, zeigen, dass der Islam ein mit dem Rest des Lebens wie in einem Teppich verwobener Faden ist, wobei allerdings noch zahlreiche andere Themenkreise einer Prüfung unterzogen werden: säkulare Probleme, Politik, gesellschaftliche Klassen, Geschlechterbeziehungen, Kolonialismus und Lokalgeschichte machen die Substanz der meisten dieser Erzählungen aus. Und gerade diese kreativen Formen sollten wir für die Erarbeitung neuer Islambilder, die unsere Zukunft bestimmen werden, heranziehen.

Noch einen weiteren Aspekt der Moderne müssen wir unbedingt als Quelle der neuen Islambilder berücksichtigen: die Technologie, und zwar insbesondere die Sparte Kommunikation. Dieser Prozess begann eigentlich bereits mit dem Übergang von der manuellen Herstellung von Handschriften zum gedruckten Buch, und er dehnte sich bald auch auf andere Formen der Kommunikation wie Rundfunk und Fernsehen, Kassettenrekorder und das Internet aus. Es ist eine gängige Feststellung, dass die Reformation bis zu einem gewissen Grad ein Kind der Erfindung des Buchdrucks war, denn Gutenbergs Erfindung beweglicher Lettern ermöglichte den ersten Bestseller der Neuzeit: MARTIN LUTHERS Übersetzung der Bibel ins Deutsche. Der Buchdruck legte das Heilige Buch in die Hände des normalen Gläubigen, wodurch der Einzelne in die Lage versetzt wurde, die Heilige Schrift ohne kirchliche Genehmigung auszulegen. Aus einer ganzen Reihe von Gründen, über die noch immer keine Einigkeit besteht, wurde der Buchdruck erst im 19. Jh. zu einem entscheidenden Faktor für die Verbreitung der islamischen heiligen Texte. Auch in diesem Fall ermöglichten die neuen Druckmedien die Verteilung des Heiligen Buches und anderer religiöser Schriften an bisher ungeahnte Zahlen von des Lesens kundigen Gläubigen, und Gruppierungen von den Islamisten bis hin zu den Sufis haben sich inzwischen zur Verbreitung ihrer jeweiligen Botschaften dieses Mediums bedient.

Die modernsten Formen der Kommunikationstechnologie, insbesondere das Internet, haben im Zusammenhang mit dem Islam dem Begriff „religiöse Gemeinschaft“ eine neue Dynamik verliehen.[6] Über das Internet werden Texte als maßgebliche Quellen der Führung in allen Aspekten des Verhaltens verbreitet. Einige mit umfangreichen Texten, Grafiken und *links* beladene islamische Websites sind umfassende Vehikel für virtuelle Gemeinschaften, in denen neue Formen persönlicher Kommunikation praktiziert und durch die Technologie selbst vermittelt werden. Einer der bemerkenswertesten Aspekte dieser neuen Technologie ist der Einsatz der *E-Mail* für die Religion betreffende Fragen, die dann nach Art von „Ask the Imam“ von Expertenteams beantwortet werden. So können Muslime unter völliger Wahrung ihrer Anonymität Fragen zu intimsten Aspekten persönlichen Verhaltens stellen, und sie erhalten Anleitungen von einer breit gefächerten Anzahl kompetenter Stellen. Hinzu kommt aber auch, dass sektiererische Minderheiten ihre Meinung erstaunlich frei äußern können. Es ist zwar noch zu früh, die Konsequenzen des Gebrauchs dieser Technologien vorherzusagen, es erscheint aber möglich, dass vielfältige Stimmen ihre individuellen Definitionen des Begriffs „Islam“ einer globalen Hörerschaft mitteilen werden.

Islam und Pluralismus

Das in diesem Buch vorgetragene historische Argument besagt, dass der Islam nie nur eine eindimensionale Bedeutung hatte und sich dies auch in der Zukunft nicht ändern wird. Die Geschichte offenbart vielfältige Interpretationsmöglichkeiten, die um zentrale Texte und Praktiken herum angeordnet sind, zu denen lokale Traditionen als Varianten hinzukommen. Durch moderne Kommunikationsmethoden und das neue Konzept des Islams als antikoloniale Ideologie ist es reizvoll geworden, die Idee der Einheit aller Muslime zu beschwören. Abweichende Ansichten werden als Brüche innerhalb der weltumspannenden Einheit der Muslime gebrandmarkt. Spezielle lokale Praktiken werden als Abweichungen von einer homogenen Norm beargwöhnt. Aber wer ist berechtigt, ein für allemal zu entscheiden, was der Islam ist?

Während weltumspannende Kommunikationsstränge die Möglichkeit eines monolithischen islamistischen Gedankenaustauschs geschaffen haben, melden sich nun nie zuvor gehörte Stimmen zu Wort. Zu den neuen Entwicklungen gehört eine Neubewertung der Tradition durch die Feministinnen, einschließlich der islamistischen Frauen. Es mag zwar für die auf Entwicklung bedachten europäischen und amerikanischen Feministinnen verlockend sein, ihre eigene Entwicklungsgeschichte als das einzig mögliche Modell für die muslimischen Frauen zu betrachten, sie dürfen jedoch, wenn sie die Stimmern ihrer muslimischen Schwestern vernehmen wollen, dieser Annahme auf keinen Fall nachgeben. In gleicher Weise sind wir nun in der Lage, die Stimmen muslimischer Minderheiten zu hören, einschließlich derer, die als sektiererische Häretiker verstoßen wurden. Länder, die sich als islamische Staaten bezeichnen, ringen mit Fragen wie Frauenrechte und Rechte religiöser Minderheiten als Teil der Menschenrechte. Diese Debatten über den Pluralismus werden nicht nur den Bedürfnissen lokaler Klientelkreise, sondern auch internationaler Nachforschung durch die Medien entsprechen.

Die wichtigere Frage für Nichtmuslime bleibt indes, ob es eine Toleranz pluralistischer Ethik geben kann. Alle ethischen Systeme enthalten Elemente sowohl der Vernunft als auch der Macht, aber insbesondere für heutige Europäer und Amerikaner ist es verlockend, ihre eigenen ethischen Ideale (oder die idealisierten Formen ihrer Gesellschaften) als gleichermaßen rational und allgemeingültig zu betrachten. Die Möglichkeit, dass es in unserer Gesellschaft Elemente des Irrationalen, der Ungerechtigkeit oder der Macht der Gewohnheit gibt, wird nur selten tatsächlich in Betracht gezogen. So gilt beispielsweise die Demokratie gemeinhin als die höchste Regierungsform, und sie enthält Elemente der Tugend. Dabei vergessen wir aber nur allzu leicht, dass sich die Demokratie in den Vereinigten Staaten über einen langen Zeitraum hinweg entwickelt hat, dass sie ursprünglich Frauen, Sklaven und Arme ausschloss, und dass ihre Verwirklichung bis auf den heutigen Tag nicht frei von Problemen ist. Wie wir oben gesehen haben, decken die Materialien zur islamischen Ethik, ob auf die Schrift, die Philosophie oder lokale Varianten bezogen, ein breites Spektrum von Aktivitäten ab, angefangen bei der rituellen Reinheit bis hin zu Ernährung, Familienbanden und Regierungsformen. Wie es Augustin in seiner Analyse der Religion formuliert hat, ist es die historische Dimension der Offenbarung, welche für bestimmte Zeiten und Orte einen Dispens ermöglicht. Muslime werden ihre ethischen Entscheidungen auch künftig unter Berücksichtigung der islamischen heiligen Quellen (Koran und Hadith) und äußerlicher Traditionen (griechischer Philosophie und modernem europäischem Denken) treffen. Werden Europäer und Amerikaner in der Lage sein, in ihrer Mitte die Existenz einer eigenen islamischen Ordnung zu tolerieren? Wird man Muslimen, bei allen bestehenden Unterschieden, erlauben, wie Juden und Christen auf ihren eigenen Traditionen basierende Fragen der Ethik und der sozialen Gerechtigkeit zur Sprache zu bringen? Dies wird in Zukunft ein weiterer Testfall für den Pluralismus sein.

Rührt die besondere Ausprägung der islamischen Tradition – wie jene aller anderen Religionen – von der historischen Dimension der Offenbarung her, dann müssen wir uns mehr als je zuvor mit der zentralen Rolle Mohammeds befassen. Die Einheit der islamischen Offenbarung, wie sie sich im Koran, in der Person des Propheten und in dem zentralen Ritual der Pilgerfahrt nach Mekka manifestiert, wird zugleich auch gebrochen an der Geschichte und an örtlichen Gegebenheiten. Ohne Zweifel werden die Muslime auch künftig darüber diskutieren, ob dieses prophetische Erbe ein System ist, das durch autoritative Erlasse erfasst und ergänzt werden kann, oder ob es auf der Grundlage der Verantwortung des Einzelnen ununterbrochen neu verhandelt werden muss. Über viele Jahre hinweg haben muslimische Denker über die Frage nach Mohammeds Autorität spekuliert. Auf der einen Seite sagte er: „Die Meinungsvielfalt [in] meiner Gemeinde ist eine Gnade", *khilafat ummati rahma*^{tun}. Aber auf der anderen Seite hat er auch gesagt: „Meine Gemeinde wird sich niemals auf einen Irrtum einigen". In dem Bemühen, Ungereimtheiten herauszuarbeiten, nehmen einige Zuflucht zu dem technischen Ausweg, diese Hadithe wegen traditioneller Kritik an deren Überlieferern zurückzuweisen. Zu den Opfern dieser Vorgehensweise gehört auch AL-GHAZALI. Da er für die Verwendung schwacher Hadithe bekannt ist, sind seine Werke neulich in einer gereinigten Form neu publiziert worden, wobei alle fragwürdigen Zitate nach dem Propheten entfernt bzw. als verdächtig gekennzeichnet wurden. Doch für AL-GHAZALI wie für Generationen seiner Nachfolger war die Weisheit des Propheten selbstverständlich größer und wichtiger als der engstirnigste gelehrte Kanon.

Wer ist nun berechtigt, den Islam zu definieren? Der pragmatische Pluralismus historischer Epochen und Orte arbeitet gegen den Willen zur Macht, der den Islam auf eine einzige Stimme reduzieren würde. Analog dazu ließe sich der rituelle Prozess zur Bestimmung des Beginns des heiligen Monats Ramadan anführen, der durch die erste Sichtbarkeit der Mondsichel festgelegt wird. Wegen sich verändernder Wetterbedingungen bedeutet dies in der Praxis, dass die Menschen selbst in ziemlich nahe beieinander gelegenen Orten über den exakten Beginn des Ramadan unterschiedlicher Meinung sein können. Mohammed zu folgen liegt, ebenso wie die Erkennung des Mondes, in der Verantwortung all jener, die sich als Muslime betrachten. Die Verantwortung der Nichtmuslime besteht darin, die Legitimität dieser Haltung anzuerkennen.

Anmerkungen

Kapitel 1

Arabische Überschrift: Aus dem „Lichtvers" des Korans (Sure 24,35) (der hier wiedergegebene Passus ist im Folgenden kursiv gesetzt):

Gott ist das Licht von Himmel und Erde. Sein Licht ist einer Nische (oder: einem Fenster?) zu vergleichen, mit einer Lampe darin. Die Lampe ist in einem Glas, das (so blank) ist wie wenn es ein funkelnder Stern wäre. Sie brennt (mit Öl) *von einem gesegneten Baum, einem Ölbaum, der weder östlich noch westlich ist, und dessen Öl fast schon hell gibt, (noch) ohne dass (überhaupt) Feuer darangekommen ist. Licht über Licht! Gott führt seinem Licht zu, wen er will. Und er prägt den Menschen die Gleichnisse. Gott weiß über alles Bescheid.*

1 Im Jahre 1999 war die Sprache mit der größten Zahl von Sprechern das Mandarin-Chinesisch mit 1,075 Milliarden, es folgten Englisch mit 514, Hindi-Urdu mit 496, Spanisch mit 425, Arabisch mit 256, Bengali mit 215, Portugiesisch mit 194, Malay-Indonesisch mit 179, Französisch mit 129, Deutsch mit 128, und Japanisch mit 126 Millionen (Quelle: The World Almanac and Book of Facts, 1999).

2 Huntington, Samuel P., The Clash of Civilizations, Foreign Affairs 72, no. 3, 1993, 22–28, und The Clash of Civilizations and the Remaking of World Order, New York 1996. Im November 2001 stand Huntingtons Buch lt. Amazon.com auf Platz 18 der US-Bestseller-Liste.

3 Zu einer kenntnisreichen Analyse der zerstörerischen Folgen der Annahme, es gebe vielfältige Welten im Konflikt s. Voegelin, Eric, World Empire and the Unity of Mankind, in: Ellis Sandoz (Hg.), Published Essays, 1953–1965, Columbia 2000. Zu einem zwingenden Argument gegen die Theorie vom „clash of civilizations" s. Halliday, Fred, Islam and the Myth of Confrontation: Religion and Politics in the Middle East, erw. Ausg. London 2002.

4 Zu einer umfassenden Dokumentation der Beziehungen zwischen Europa und Asien s. Lach, Donald F./Van Kley, Edwin J., Asia in the Making of Europe, 3 Bd., Chicago 1965–1993.

5 Eliot, Charles N.E., Asia: History, in: Encyclopaedia Britannica, [11]1910, 2:749–55 (Auszüge). (Eliot war ein ehemaliger Diplomat in

Russland und in Konstantinopel, sowie Kolonialbeamter in Ostafrika, 1888–1904). Alle Übersetzungen von Artikeln aus der Encyclopaedia Britannica: KM.

6 Waco ist ein Ort in Texas, an dem sich in den 90er Jahren ein islamischer Extremist festgesetzt hatte, der die USA vollständig ablehnte. Seither ist Waco zu einer diesbezüglich stehenden Wendung geworden. KM

7 Ältere Schreibweisen des Namens des Propheten (Mohammed, Mahomet) sollten zugunsten der korrekteren Form Muhammad vermieden werden. Übernahme aus dem Original, s. Anm. d. Übers., s. u. *Mohammed.*

8 Im Jahre 1836 scheint Edward Lane der erste Europäer gewesen zu sein, der das Wort „Islam" als den Namen einer Religion eingeführt hat: „Die mohammedanische Religion wird von den Arabern im Allgemeinen el-Islám genannt": Manners and Customs of the Modern Egyptians, London 1836, 1:71. Hier handelt es sich eindeutig um einen Vorschlag, denn Lane behält den bestimmten Artikel „el-" vor dem Wort „Islam" bei und bewahrt so sein fremdes Flair. Später scheint Lane hinsichtlich der Vermeidung des Wortes „Muhammadan", „mohammedanisch" feinfühliger geworden zu sein, denn in der fünften Auflage dieses Werkes (1860) lautet derselbe Satz wie folgt: „Die Religion, welche Mohammad gelehrt hat, wird von den Arabern im Allgemeinen ‚El-Islam' genannt." (65). Für die Beschaffung dieser Zitate danke ich Jason Thompson von der American University in Kairo.

9 Zu einem umfassenden Überblick über die europäischen Vorstellungen vom Islam s. die Werke von Norman Daniel, insbesondere Islam and the West: The Making of an Image, Oxford 1993, und Islam, Europe, and Empire, Edinburgh 1966.

10 Die Declaration on the Relation of the Church to Non-Christian Religions ist verfügbar unter: http://www.vatican.va/archive/hist_councils/ii_vatican_council/documents/vat-ii_decl_19651028_nostra-aetate_en.html.

11 Küng, Hans/Ess, Josef van/Stietencron, Heinrich von/Bechert, Heinz, Christianity and World Religions: Paths of Dialogue with Islam, Hinduism, and Buddhism, Garden City, N. Y. 1986.

12 Lange Zeit war das einflussreichste Werk über Mohammed in englischer Sprache Humphrey Prideaux, The True Nature of Imposture Fully Display'd in the Life of Mahomet, London 1697.

13 Ein lehrreiches Beispiel ist das umfangreiche Buch von Richard Knolles, The generall historie of the Turkes, from the first beginning of that nation to the rising of the Othoman familie; with all the notable expeditions of the Christian princes against them, London 1603. Von diesem Werk erschienen mehrere Auflagen, und es war während der folgenden 200 Jahre sehr populär.

14 S. die ausführlichen Materialien zu Kiplings Gedicht, sowie sein Anti-Imperialism in America, 1898–1935, zusammengestellt von Jim Zwick, verfügbar unter: http://www.boondocksnet.com/ai/kipling.

15 Keddie, Nikkie R., An Islamic Response to Imperialism: Political and Religious Writings of Sayyid Jamal ad-Din „al-Afghani", Berkeley 1968. Der Name al-Afghani war ein Pseudonym, das es Jamal al-Din erlaubte, als Sunnit zu gelten, obwohl er iranischer Schiit war.

16 Der vollständige Text von Macaulays „Minute" ist verfügbar unter: http://www.tc.um.edu/*raley/research/english/macaulay.html.

17 Muir, William, The life of Mahomet and history of Islam to the era of the Hegira, 4 Bd., London 1858, 2:xxi–xxii (Epilepsie), 91–96 (Einfluss des Satans). Dieser Text wurde auf einer antimuslimischen christlichen *Website* veröffentlicht (answering-islam.org) und wurde neulich in Indien von der antimuslimischen hindu-fundamentalistischen *Voice of India* publiziert.

18 S. beispielsweise Hunter, W. W., The Indian Musalmans: Are they bound in conscience to rebel against the Queen?, London 1871, Nachdruck Lahore 1974. Im vorliegenden Fall kam Hunter zu dem Schluss, dass indische Muslime dennoch gute britische Untertanen sein konnten.

19 Said, Edward, Orientalism, New York 1978.

20 S. die anschaulichen und verständigen Ausführungen von Jacques Waardenburg in seinem Artikel über die Orientalisten in: Encyclopaedia of Islam, 11 Bd. u. Suppl., Leiden 1960–2004, 7:735–753, s. v. Mustashrikun.

21 Zu apokalyptischen Glaubensvorstellungen über Jerusalem s. Gorenberg, Gershom, The End of Days: Fundamentalism and the Struggle for the Temple Mount, New York 2002.

22 S. die Berichte der Runnymede Trust Commission, „The Future of Multi-Ethnic Britain" und „Islamophobia", verfügbar unter: http://www.runnymedetrust.org/meb/index.html.

23 Mallat, Chibli, The Middle East in the Twenty-first Century: An Agenda for Reform, Vortrag, gehalten an der School of Oriental and African Studies in London am 22. Oktober 1996 (verfügbar unter: http://www.soas.ac.uk./Centres/IslamicLaw/21st.html).

24 S. die nützlichen Bemerkungen von Robert Harris, Evaluating Internet Research Resources http://www.virtualsalt.com/evalu8it.htm.

Kapitel 2

Arabische Überschrift: Zitat des andalusischen Sufimeister Ibn ʿArabi: „Ich folge der Religion der Liebe; wohin immer ihre Kamele sich wenden, dort ist Liebe meine Religion und mein Glaube." Ibn ʿArabi notiert in seinem Kommentar zu diesem Vers: „Dies betrifft insbesondere die Anhänger Mohammeds, da er (Gott segne ihn und gebe ihm Heil) unter allen Propheten die Eigenschaft der Liebe in Vollendung besaß" (Tardschuman al-ashwaq, Beirut 1966, 44). Mit „Anhänger Mohammeds" meint Ibn ʿArabi nicht den durchschnittlichen Gläubigen: Dieser Vers wendet sich an die fortgeschrittene Seele, deren Herz „alle Dinge aufnehmen kann", die Loslösung von allem Irdischen erreicht hat (Chittick, William, The Sufi Path of Knowledge, Albany, N.Y. 1989, 376 f.).

1 Im Englischen wird für *v. Chr.* häufig der Terminus B.C.E., „before the common era", benutzt, um die allgemeingültige Chronologie zu beschreiben, die nicht ausschließlich auf der christlichen Perspektive beruht. In diesem Sinne entspricht C.E., „common era", dem Gregorianischen Kalender; dadurch werden die theologischen Formulierungen B.C., „vor Christus" bzw. A.D., „anno Domini, im Jahre des Herrn", vermieden, während C.E. etc., von Christen wie Nichtchristen verwendet wird.

2 Es gibt eine andere lateinische Ableitung, die von dem frühchristlichen Autor LACTANTIUS vorgeschlagen wird: Er verbindet die *religio* mit dem Verb *religare*, „zusammenbinden", was ein theologisches Konzept nahe legt, wonach Gott mit der Menschheit „zusammengebunden" sei. Dieses Konzept hat jedoch in dem vorchristlichen Gebrauch dieses Wortes noch keine Rolle gespielt. Eine detaillierte Untersuchung liefert SMITH, WILFRED CANTWELL, The Meaning and End of Religion: A New Approach to the Religious Traditions of Mankind, New York 1963, Nachdruck Minneapolis 1991. Auf dieses Buch stützen sich einige hier wiedergegebenen Kommentare.

3 GROTIUS, HUGO, The True Religion Explained and Defended against ye Archenemies Thereof in These Times, London 1632, 99.

4 Richter Arthur Goldberg, in SCHEMPP (1963), in: HAYNES, HUGO/ THOMAS, OLIVER, Finding Common Ground: A First Amendment Guide to Religion and Public Education, Nashville, TN [3]1998, 4, 8. Verfügbar unter: http://www.freedomforum.org/templates/document.asp? documentID=3979.

5 Zur Vergegenständlichung des Islams in jüngerer Zeit s. EICKELMAN, DALE F./PISCATORI, JAMES, Muslim Politics, Princeton 1996, insbesondere Kapitel 2.

6 MCCUTCHEON, RUSSELL, The Category ‚Religion' in Recent Publications: A Critical Survey, Numen 42, 1995, 284–309.

7 TWEED, THOMAS A., Night-Stand Buddhists and Other Creatures: Sympathizers, Adherents, and the Study of Religion, American Buddhism: Methode and Findings in Recent Scholarship, in: DUNCAN RYUKEN WILLIAMS/CHRISTOPHER S. QUEEN (Hg.), American Buddhism: Methode and Findings in Recent Scholarship, Surrey (U.K.) 1999, 71–90.

8 Zu einer anschaulichen und tiefsinnigen Diskussion von Problemen der Zugehörigkeit zu Religionsgemeinschaften, s. die Sektion „Frequently Asked Questions" der *Website* http://www.adherents.com.

9 Die umfangreiche moderne persische Enzyklopädie von Dihkhuda, ʿAli Akbar, Lughat nama, gibt für das Wort *musalman* vier mögliche Herleitungen: (1) Der Ausdruck der Bescheidenheit, im Sinne von „einem Muslim ähnlich" (*muslim man*) findet sich in mehreren mittelalterlichen Lexika, wird jedoch von Dihkhuda aus linguistischen Gründen abgelehnt. (2) Eine Pluralform von arab. *muslim*, die im Persischen irrtümlicherweise als Singular gebraucht wird. (3) Ein Terminus, der dem Namen Salman al-Farisi, eines Schülers des Propheten entnommen wurde, und den die Perser angesichts des arabischen Ethnozentrismus als Zeichen des Stolzes übernommen haben; und (4) ein von den Arabern für die Perser gebrauchter abschätziger Ausdruck, der von letzteren unbedacht übernommen wurde. Erstaunlicherweise hat lediglich die erste Herleitung, die von Dihkhuda abgelehnt wird, eine vorwiegend religiöse Bedeutung, während der Rest durchweg ethischen und historischen Betrachtungen unterliegt. *Musalman* wird im Türkischen, Persischen und Urdu und sogar in einigen europäischen Sprachen wie etwa Spanisch (*musulmán*) und Französisch (*musulman*) immer noch gebraucht.

10 Zu einer auf diesem „Gabriel-Hadith" basierenden interessanten und lehrreichen Interpretation des Islam s. Murata, Sachiko/Chittick, William C., The Vision of Islam, St. Paul, M. N. 1995.

11 Hodgson, Marshall G. S., The Venture of Islam: Conscience and History in a World Civilization, 3 Bd., Chicago 1974.

12 Zu einer wichtigen kritischen Analyse des salafitischen und wahhabitischen Denkens s. Abou El Fadl, Khaled, The Ugly Modern and the Modern Ugly: Reclaiming the Beautiful in Islam, in: Omid Safi (Hg.), Progressive Muslims on Gender, Justice, and Pluralism, Oxford 2003, 33–78.

13 Lawrence, Bruce B., Defenders of God: The Fundamentalist Revolt against the Modern Age, Charleston, S. C. 1995.

14 Martin E. Marty/R. Scott Appleby (Hg.), The Fundamentalism Project, 5 Bd., Chicago 1994–1995.

Kapitel 3

Arabische Überschrift: „Und wir haben dich nur deshalb (mit der Offenbarung) gesandt, um den Menschen in aller Welt Barmherzigkeit zu erweisen." (Sure 21, 107). Dieser Vers, in welchem Gott den Propheten anspricht, ist eine grundlegende koranische Aussage über die umfassende Rolle des Propheten.

1 Balkhi, Dschalal al-Din Muhammad, *Mathnawi*, 6 Bd., Hg. u. komm. v. Muhammad Isti'lami, Teheran 1991.

2 Zum Leben des Propheten gibt es (in englischer Sprache) folgende Standardbiographien: Rodinson, Maxime, Muhammad, engl. Übers. v. Anne Carter, New York 2002; Cook, Michael, Muhammad, Oxford 1993 (s. u. Weiterführende Literatur).

3 Schimmel, Annemarie, And Muhammad is His Messenger: The Veneration of the Prophet in Islamic Piety, Chapel Hill, N.C. 1985, 34 zitiert Tirmidhi, *Kitab Shama'il al-Mustafa*.

4 Text nach einer doppelten *hilya*-Komposition von Rasheed Butt, in der Permanent Collection of Ackland Art Museum, University of North Carolina in Chapel Hill; die Wiedergabe folgt der Übersetzung des Autors. Eine ausführlichere Beschreibung dieser doppelten *hilya* enthält: http://rasheedbutt.com/gallery.cfm?start=2.

5 Schimmel, And Muhammad is His Messenger, 36, nach Tirmidhi. Zu weiteren *hilya*-Bildern (türk. *hilye*) s. Gunduz, Hüseyin/Taskale, Faruk, Dancing Letters: A Selection of Turkish Calligraphic Art, engl. Übers. v. Mujide Odabasioglu, Istanbul 2000; s. http://www.antikpalace.com.tr/antikas/dancingletters.html. Interessanterweise hat das türkische Außenministerium eine *Website* mit weiteren *hilya*s sowie Informationen dazu eingerichtet: http://www.mfa.gov.tr/grup/cj/cja/holydesc.htm

6 Zu Beispielen zeitgenössischer schiitischer Biographien des Propheten s. al-Sadr, Mohammad Baqir, The Revealer, the Messenger, the Message, engl. Übers. v. Mahmoud M. Ayoub, Teheran 1980, unter http://al-islam.org/revealer; Musavi Lari/Sayyid Mujtaba, Seal of the Prophets and His Message: Lessons on Islamic Doctrine, engl. Übers. v. Hamid Algar, Potomac, MD o. J.; s. http://www.al-islam.org/Seal.

7 Davani, Dschalal al-Din, Akhlaq-i Dschalali, Lahore o. J., Kapitel 5, 260.

8 Zu mystischen Interpretationen der Person Mohammeds s. Ernst, Carl W., Shambhala Guide to Sufism, Boston 1997, Kapitel 2, und Teachings of Sufism, Boston 1999, Kapitel 2.

9 Ein ausgezeichnetes Buch ist die hervorragende Übersetzung von Michael Sells, Approaching the Qur'an: The Early Revelations, Ashland, Ore. 1999, die eine CD-ROM mit Koranrezitationen einer ganzen Reihe von Rezitatoren enthält. Eine nützliche *Website* mit arabischem Text und Tonaufnahmen zur Koranrezitation ist verfügbar unter: http://islamicity.com/mosque/ArabicScript/sindex.htm. Vollständige Koranübersetzungen in englischer Sprache sind: Arberry, A. J., The Koran Interpreted, New York 1955; Ali, Ahmed, al-Qur'an: A Contemporary Translation, Princeton 1988. *Die* wissenschaftlich fundierte deutsche Übersetzung ist Rudi Paret, Der Koran (s. u.: Weiterführende Literatur).

10 EHRMAN, BART D., The Orthodox Corruption of Scripture: The Effect of Early Christological Controversies on the Text of the New Testament, Oxford 1996.

11 So sagt man beispielsweise, das Originalmanuskript des Ibn Mas'ud habe eine interessante Variante zu Sure 3,19 enthalten: „Religion (oder Gottesdienst) mit Gott ist Unterwerfung (*islam*)". [PARET, 3:19: „Als (einzig wahre) Religion gilt bei Gott der Islam. (...)"] Das letzte Wort in seinem Exemplar war *hanafiya*, der Gattungsbegriff für „Monotheismus" (s. Art. *al-Kur'an*, in: Encyclopaedia of Islam, 5:400a).

12 LESTER, TOBY, What Is the Koran?, Atlantic Monthly, Januar 1999; eine *Online*-Version fügbar unter: http://www.theatlantic.com/issues/99jan/koran.htm.

13 WOODWARD, KENNETH L., In the Beginning, There Were the Holy Books, Newsweek, February 11, 2002; die *Online*-Version Artikels ist verfügbar unter: http://www.bintjbeil.com/articles/en/020211_islam.html (28. Februar 2003).

14 GWYNNE, ROSALIND, Al-Qa'ida and al-Qur'an: The ‚Tafsir' [Commentary] of Usamah bin Ladin (unveröffentlichter Aufsatz), *online* verfügbar unter: http://web.utk-edu/*warda/bin_ladin_and_quran.htm.

15 Zu einem Beispiel mystischer Meditation über den Koran s. ERNST, Teachings of Sufism, Kapitel 1, 1–14.

Kapitel 4

Arabische Überschrift: Ein berühmtes Hadith des Propheten Mohammed: „Salbe Dich mit dem Wesen Gottes". Der Terminus „Wesen" (*akhlaq*) ist auch der arabische Standarausdruck für „Ethik" in philosophischen Texten.

1 Zu einer ausführlichen Rechtfertigung des Gebrauchs der Tonscheiben aus Kerbela aus schiitischer Sicht s. http://www.al-islam.org/beliefs/practices/turba.htm.

2 WEISS, BERNARD G., The Spirit of Islamic Law, Athens, GA 1988.

3 AL-TABRIZI, MUHAMMAD IBN 'ABD ALLAH, Mishkat al-masabih, New Delhi 1955, Bab al-Imara, 319; Bab al-Kasb, 241; Bab al-Dschihad, 331. Der Text wurde übersetzt von JAMES ROBSON, Mishkat al-Masabih, Lahore 1963–1965.

4 In den 80er Jahren hat in Kalifornien jemand gegen ein Phantasie-Autokennzeichen protestiert, auf dem „JIHAD" stand. Es wurde unterstellt, das Wort „Jihad, Dschihad" sei eine Aufforderung zur Gewalt. Es stellte sich heraus, dass das Kennzeichen einem Teenager gehörte, der

Jihad hieß. Seine arabisch-amerikanischen Eltern hatten ihm den Namen einer hohen Tugend gegeben: Ringen um Wahrheit.

5 S. Ernst, Eternal Garden: Mysticism, History, and Politics at a South Asian Sufi Center, Albany 1992, insbesondere 29–37.

6 Jahal al-Dinavani, Akhlaq-i Jalali, Lahore, 287 f.

7 Corbin, Henry, The Voyage and the Messenger: Iran and Philosophy, engl. Übers. v. Joseph H. Rowe, Berkeley, C. A. 1998. Eine *Website* mit ausführlichen Informationen zur islamischen Philosophie ist verfügbar unter: http://www.muslimphilosophy.com/.

8 Amira El Azhary Sonbol (Hg.), Women, the Family, and Divorce Laws in Islamic History, in: Contemporary Issues in the Middle East, Syracuse, N. Y. 1996.

9 Zu einer erhellenden Behandlung des Islam in der Politik auf nationaler Ebene s. Lawrence, Bruce B., Shattering the Myth: Islam Beyond Violence, Princeton 2000.

10 Eine *online*-Version der iranischen Verfassung ist verfügbar unter: http://www.uni-wuerzburg.de/law/ir_indx.html.

11 S. Charles Kurzman (Hg.), Liberal Islam: A Source Book, Oxford 1998. Diese Anthologie enthält Beiträge von 32 zeitgenössischen Muslimen zu den Themen Demokratie, Frauenrechte, Gedankenfreiheit und Fortschritt. Beiträge zum liberalen Islam finden sich im Internet unter: http://www.unc.edu/~kurzman/LiberalIslamLinks.htm.

12 Nanji, Azim, Islamic Ethics, in: Peter Singer (Hg.), A Companion to Ethics, Oxford 1991, 106–118. Eine *online*-Version ist verfügbar unter: http://www.iis.ac.uk/learning/life_long_learning_islamic_ethics/islamic_ethics.htm.

13 Martin, Richard C., Woodward, Mark R., Atmaja, Dwi S., Defenders of Reason in Islam: Mu'tazilism from Medieval School to Modern Symbol, Oxford 1997. S. a. Esack, Farid, Qur'an, Liberation, and Pluralism, Oxford 1997.

14 Soroush, Abdul-Karim, The Evolution and Devolution of Religious Knowledge, in: Kurzman, Liberal Islam, 246. Eine *Website* zum Denken dieses Philosophen ist vergfügbar unter: http://www.seraj.org.

15 Bilgrami, M. H., The Victory of Thruth: The Life of Zaynab bint 'Ali, Karachi 1986. Eine *online*-Version ist verfügbar unter: http://www.al-islam.org/victory/.

16 Zu einer ebenso zwingenden wie überzeugenden Diskussion dieser Themen s. Ahmed, Leila, Women and Gender in Islam: Historical Roots of a Modern Debate, New Haven 1922, insbesondere 144–155.

17 Ibid., 41–63.

18 Zayn al-Din, Nazira, in: Kurzman, Liberal Islam. S. a. cooke, miriam, Women Claim Islam: Creating Islamic Feminism through Literature, New York 2001.

19 MERNISSI, FATIMA, The Veil and the Male Elite: A Feminist Interpretation of Women's Rights in Islam, Cambridge 1987.

20 S. die *Website* Islamic Family Law unter: http://els41.law.emory.edu/ifl/ mit einer ausführlichen Dokumetation zum Status des islamischen Rechts und seiner Durchsetzung in verschiedenen Ländern weltweit.

21 MIR-HOSSEINI, ZIBA, Islam and Gender: The Religious Debate in Contemporary Iran, Princeton 1999. S. a. den Film *Divorce Iranian Style* von KIM LONGINOTTO und ZIBA MIR-HOSSEINI, der beschreibt, wie Frauen ihren Weg durch das iranische Rechtssystem finden (verfügbar von Women Make Movies, unter: http://www.wmm.com/Catalog/pages/c454.htm).

22 JASCHOK, MARIA, JINJUN, SHUI, The History of Women's Mosques in Chinese Islam, Surrey (U. K.) 2000.

23 NASR, SEYYED HOSSEIN, Science and Civilization in Islam, Cambridge [2]1987.

24 KING, DAVID A., Astronomy in the Service of Islam, Broomfield, Vt. 1993; In Synchrony with the Heavens, 2 Bd. (1: The Call of the Muezzin; 2: Instruments of Mass Calculation), Leiden/Boston 2004–2005; und World-Maps for Finding the Direction and Distance to Mecca: Innovation and Tradition in Islamic Sciences, London/Leiden/Boston/Köln 1999.

25 Erlass der Mutter des Osmanensultans Süleyman Qanuni („des Prächtigen"); Übersetzung F. GANGUZEL ZULFIKAR.

26 Fazlur Rahman, Health and Medicine in the Islamic Tradition: Change and Identity, New York 1987.

27 LEWIS, BERNARD, What Went Wrong? Western Impact and Middle Eastern Response, Oxford 2001.

28 Eine wichtige kritische Rezension des Buches von BERNARD LEWIS schrieb der bekannte Historiker JUAN COLE, Global Dialogue 4, Nr. 4 (Herbst 2002), *online* verfügbar unter: http://electronicIntifada.net/v2/article1121.shtml.

29 SALIBA, GEORGE, Whose Science Is Arabic Science in Renaissance Europe?, *online* verfügbar unter: http://www.columbia.edu/~gas1/project/visions/case1/sci.1.html.

TAVAKOLI-TARGHI, MOHAMAD, Refashioning Iran: Orientalism, Occidentalism, and Historiography, New York 2001: KNAPPERT, J., Art. Nudjum, in: Encyclopaedia of Islam, 8:97–105.

30 TAVAKOLI-TARGHI, Refashioning Iran, Kapitel 1, *online* verfügbar unter: http://www.history.ilstu.edu/mtavakol/refashion.pdf.

31 S. die Auswahl aus AL-FARABI, IBN SINA und IBN RUSHD, in: RALPH LERNER, MUHSIN MAHDĪ (Hg.), Medieval Political Philosophy: A Sourcebook, New York 1963.

32 Einer der frühesten Versuche dieser Art war das Werk des nordafrikanischen Gelehrten KHAYR AL-DIN AL-TUNISI, Hg., Übers. LEON CARL BROWN, The Surest Path: The Political Treatise of a Nineteenth-Century Muslim Statesman, Cambridge, MA: Harvard Middle East Monograph Series, 1967.

33 STEINBERG, LEIF, The Islamization of Science: Four Muslim Positions Developing an Islamic Modernity, Lund 1996.

34 BUCAILLE, MAURICE, The Bible, the Qur'an, and Science: The Holy Scriptures Examined in the Light of Modern Knowledge, Chicago 1989.

35 HOODBHOY, PERVEZ, Islam and Science: Religious Orthodoxy and the Battle for Rationality, London 1991.

Kapitel 5

Arabische Überschrift: Eine wichtige Koranstelle: Sure 10,62: „Die Freunde Gottes brauchen doch (wegen des Gerichts) keine Angst zu haben, und sie werden (nach der Abrechnung am jüngsten Tag) nicht traurig sein." Dies wird allgemein als auf die Heiligen bezogen verstanden, auf jene, die Gott am nächsten sind und anderen dabei helfen, sich Gott zu nähern.

1 JAMES, WILLIAM, The Varieties of Religious Experience: A Study in Human Nature, Being the Gifford lectures on natural religion delivered at Edinburgh in 1901–1902, London 1906; Nachdruck Cambridge, MA 1985.

2 ERNST, From Philosophy of Religion to History of Religion, in: HAROLD HEWITT JR. (Hg.), Problems in the Philosophy of Religion: Critical Studies of the Work of John Hick, London 1991, 46–50.

3 PSEUDO-DIONYSIUS VON TELL MAHRE: Chronicon anonymum Pseudo-Dionysianum vulgo dictum, gallice vertit Robert Hespel, 2 Bd., Louvain 1989 (CSCO, Bd. 507: Scriptores Syri, Bd. 213). PSEUDO-DIONYSIUS, *The Complete Works*, engl. Übers. v. COLM LUIBHEID, Mahwah, N.J. 1988 (Classics of Western Spirituality). Zu einem umfassenden Überblick über die christliche Mystik, s. die vielbändige Reihe von BERNARD MCGINN, Presence of God: A History of Western Christian Mysticism, New York 1994–2001.

4 SCHIMMEL, Mystical Dimensions of Islam, Chapel Hill, N.C. 1975. Deutsche Ausgabe: Mystische Dimensionen des Islam. Die Geschichte des Sufismus, München 1985; Taschenbuchausgabe: Frankfurt a.M. 1995.

5 Eine neue englische Übersetzung ist: JALAL AL-DIN RUMI, The Soul of Rumi: A New Collection of Ecstatic Poems. Eine weitere englische

Übersetzung hat COLEMAN BARKS publiziert: San Francisco 2001. Eine ausgezeichnete ausführliche Rumi-Biographie stammt von FRANKLIN LEWIS, Rumi: Past and Present, East and West, London 2001.

6 S. ERNST, Shambhala Guide to Sufism, Boston 1997, wo viele in diesem Kapitel behandelte Themen ausführlicher behandelt werden.

7 Die sog. *ahl al-dakka*, die „Leute der Bank [vor der Moschee von Medina]", waren die Ärmsten unter denen, die mit dem Propheten nach Medina gegangen waren. Sie hatten keinerlei Besitz und hielten sich stets vor der Moschee von Medina auf. Der Prophet teilte mit ihnen seine Mahlzeiten. KM.

8 Gelegen zwischen Mekka und Medina. KM.

9 Umfassende Informationen über die Ismailiten (*Isma'iliya*) finden sich auf der *Website* des Institute of Isma'ili Studies, London: http://www.iis.ac.uk/home_lt.htm. S. a . DAFTARY, FARHAD, The Ismailis: Their History and Doctrine, Cambridge (U.K.) 1990, und A Short History of the Ismailis. Traditions of a Muslim Community, Edinburgh 1998; Nachdruck 1999 (Islamic Surveys). Deutsche Übersetzung von KURT MAIER, publiziert als: Kurze Geschichte der Ismailiten. Traditionen einer muslimischen Gemeinschaft, Würzburg 2003 (Kultur, Recht und Politik in muslimischen Gesellschaften. 4).

10 Zu Informationen über die Dawudi Boh(o)ras s. http://www.mumineen.org/. Eine neue Untersuchung ist: BLANK, JONAH, Mullahs on the Mainframe: Islam and Modernity among the Daudi Bohras, Chicago 2001.

11 Eine umfangreiche Sammlung von frühen schiitischen autoritativen Texten und Multimedia-Quellen von Ahlul Bayt Digital Islam Library Project ist verfügbar unter: http://www.al-islam.org/organizations/dilp/.

12 AMIR-MOEZZI, MOHAMMAD ALI/CALMARD, JEAN, Art. Fatima, in: Encyclopaedia Iranica, Costa Mesa, C. A. 1999.

13 AMIR-MOEZZI, The Divine Guide in Early Shi'ism: The Sources of Esotericism in Islam, engl. Übers. v. DAVID STREIGHT, Albany 1994.

14 PINAULT, DAVID, The Shiites: Ritual and Popular Piety in a Muslim Community, New York 1993.

15 CHELKOWSKI, PETER, Ta'ziyeh: Ritual and Drama in Iran, New York 1979.

16 Das Büro des obersten iranischen Führers, Ayatollah Khomeini, hat eine offizielle *Website* unter: http://www.wilayah.org/english/default/htm.

17 Zu dem klassischen Bericht einer amerikanischen Anthropologin über eine Pilgerfahrt nach Kerbela s. WARNOCK FERNEA, ELIZABETH, Guests of the Sheik: An Ethnography of an Iraqi Village, New York 1969; Nachdruck 1989.

18 Bewegende Bilder der Schreine in Medina vor und nach der Zerstörung von 1925 sind verfügbar unter: http://www.al-islam.org./gallery/photos/image2nd.htm.

19 Ibn al-Farid, ʿUmar: Sufi Verse, Saintly Life, engl. Übers. v. Th. Emil Homerin, Mahwah, N. J. 2001 (Classics of Western Spirituality).

20 Burckhardt Qureshi, Regula, Sufi Music of India and Pakistan: Sound, Context, and Meaning in Qawwali, Chicago 1995, mit Audio CD.

21 Friedlander, Shems, The Whirling Dervishes: Being an Account of the Sufi Order Known as the Mevlevis and Ist Founder the Poet ans Mystic Mevlana Jalalu'ddin Rumi, Albany, N. J. 1991.

22 Zu einem Beispiel dieser nordafrikanisch-andalusischen Musik, s. Maroc/Ustad Tazi, Musique classique andalouse de Fes, OCORA Radio France, C559035.

23 Ausführliche Informationen zur Muridiya und dem Islam im Senegal finden sich auf der *Website* des Yale-Absolventen J. Ben Hill, unter: http://www.geocities.com/benhill/religion.html. Die Ausstellung „Passport to Paradies" von Muridiya-Kunst am UCLA ist dokumentiert unter: http://www.fmch.ucla.edu/paradise/main001.htm.

24 Zu Diskographien zur Sufimusik s. Ernst, Guide to Sufism, und The Selflessly Sacred Art of Whooping It Up, in: Spirituality and Health, Spring 2002, 55.

25 Zu einer einfühlsamen und umfassenden Einführung in die islamische Spiritualität und Kunst im weitesten Sinne s. zwei Bücher von Renard, John: Seven Doors to the House of Islam: Spirituality and the Religious Life of Muslims, Berkeley, CA 1996, und Windows on the House of Islam: Muslim Sources on Spirituality and Religious Life, Berkeley 1998.

26 Bloom, Jonathan, Blair, Sheila, Islamic Arts, London 1997, 1, Introduction.

27 Eine Liste grundlegender Nachschlagewerke zur islamischen Kunst und Verbindungen zu wichtigen Museumsbeständen enthält die *Website* der Sloane Art Library an der University of North Carolina in Chapel Hill (http://www.lib.unc.edu/art/islamicart.html).

28 Ausführliches Bild- und Textmaterial zur islamischen Architektur enthält die ArchNet *Website* der MIT School of Architecture and Planning (http://archnet.org/lobby.tcl).

29 Renard, Seven Doors, 44–48.

30 Zu zeitgenössischen Beispielen architektonischer Ornamentik s. http://www.Bonner-design.com/index.htm.

31 Ernst, The Spirit of Islamic Calligraphy: Baba Shah Isfahani's Adab al-mashq, Journal of the American Oriental Society 112, 1992, 279–286 (http://www.unc.edu/~cernst/articles/BABASHAH.htm). Zu Beispielen s. Sakkal, Mamoun, The Art of Arabic Calligraphy (http://www.sakkal.com/ArtArabicCalligraphy.html).

32 ERNST, Eternal Garden: Mysticism, History, and Politics at a South Asian Sufi Center, Albany, N. J. 1992, 32 f.

33 Ciclo Internacional de Exposiciones Sin Fronteras, El Arte Mudéjar: La estética islámica en el arte cristiano, Wien. Engl. Übers.: Spain: Mudejar Art – Islamic Aesthetics in Christian Art, London 2002.

34 VANMOUR, JEAN-BAPTISTE, One Hundred Prints Representing Different Nations of the Levant, Paris 1712–1713, erwähnt bei: SMALL, LISA, Western Eyes, Eastern Visions, in: A Distant Muse: An Orientalist Works from the Dahesh Museum of Art, New York 2000, 9.

35 PIERCE, LESLIE P., The Imperial Harem: Women and Sovereignty in the Ottoman Empire, Oxford 1993 (Studies in Middle Eastern History).

36 EDWARDS, HOLLY, Noble Dreams, Wicked Pleasures: Orientalism in America, 1870–1930, Princeton 2000; http://www.tfaoi.com/aa/1aa/1aa506.htm.

37 Zu einer Bilddokumentation über Frauen aus dem Mittleren Osten in amerikanischen Filmen s. Hollywood Harems, geschrieben und produziert von TANIA KAMAL-ELDIN (Women Make Movies, 1999), verfügbar unter: http://www.wmm.com/catalog/pages/c482.htm; s. a. SHAHEEN, JACK G., Reel Bad Arabs: How Hollywood Vilifies a People, Northampton, MA 2001.

38 Für diese Bemerkungen stütze ich mich auf: ERNST, JUDITH, The Problem of Islamic Art, in: MIRIAM COOKE/BRUCE B. LAWRENCE (Hg.), Muslim Networks: Medium, Method, and Metaphor. Islamic Civilization and Muslim Networks, Chapel Hill 2005.

39 DIBA, LAYLA S./EKHTIAR, MARYAM/ROBINSON, B. W. (Hg.), Royal Persian Paintings: The Qajar Epoch, 1785–1925, London 1998.

40 Manifestation of Feeling: A Selection of Painting by Iranian Female Artists, Teheran 1995.

41 Mehr dazu im Teheraner Zentrum für Bildende Kunst, Ministerium für Kultur und islamische Führung 1995, 89.

42 ERNST, JUDITH, The Problem of Islamic Art, 7 f.

43 SELLS, MICHAEL, Erasing Culture: Wahhabism, Buddhism, Balkan Mosques, verfügbar unter: http://www.haverford.edu/relg/sells/reports/WahhabismBuddhasBegova.htm.

Kapitel 6

Arabische Überschrift: Von einer sehr bekannten Hadith des Propheten Mohammed: „Ich empfinde Meinungsverschiedenheiten in meiner Gesellschaft als Gnade."

1 HAY, STEPHEN, Asian Ideas of East and West: Tagore and His Critics in Japan, China, and India, Cambridge, MA 1970.

2 Eine Untersuchung des Zusammenhangs von Religion und Gewalt weltweit gibt JUERGENSMEYER, MARK, Terror in the Mind of God, Berkeley, CA 2000.

3 Zu einer Zusammenfassung s. http://www.soas.ac.uk./Centres/IslamicLaw/YB1Zaheer-ud-din.html.

4 Bemerkenswerterweise dient gerade der Artikel Coca-Cola islamischen Boykottbewegungen, die die US-amerikanische Außenpolitik kritisieren, als Symbol der Globalisierung. Der Iran betrat dieses Feld mit Zamzam-Cola (benannt nach dem heiligen Brunnen an der Kaʿba in Mekka), während ein Franzose tunesischer Abstammung Anfang 2003 Mecca-Cola auf den Markt brachte.

5 Eine Liste mit Romanen aus Ländern mit mehrheitlich muslimischer Bevölkerung ist verfügbar unter: http://www.unc.edu~cernst/novels.htm.

6 BUNT, GARY R., Virtually Islamic: Computer-Mediated Communication and Cyber Islamic Enviromnents, Cardiff 2000.

Weiterführende Literatur

Grundlegende Werke

ENDRESS, GERHARD, Einführung in die islamische Geschichte, München 1982.

–, Der Islam: Eine Einführung in seine Geschichte, München ³1997 (engl. Übers. Bonn 1998).

ESS, JOSEF VAN, Theologie und Gesellschaft, 6 Bd., Berlin 1991 ff.

GABRIELI, FRANCESCO, Die Kreuzzüge aus arabischer Sicht, Auswahl u. Übers. dt. v. LUTZ RICHTER-BERNBURG u.a., Zürich/München 1973.

HALM, HEINZ, Die Araber, von der vorislamischen Zeit bis zur Gegenwart, München ⁴2004.

–, Geschichte der arabischen Welt, München ⁴2001.

–, Der Islam: Geschichte und Gegenwart, München 2000, ⁶2005.

–, Die Kalifen von Kairo, München 2003.

–, Das Reich des Mahdi. Der Aufstieg der Fatimiden, München 1991.

–, Die Schia, Darmstadt 1988.

–, Die Schiiten, München 2005.

–, Der schiitische Islam, München 1994.

KHOURY, ADEL TH./HAGEMANN, LUDWIG/HEINE, PETER, Islam-Lexikon, 3 Bd., Freiburg i. Br./Basel/Wien 1991; erw. Ausg. Freiburg i. Br. 2006.

NOTH, ALBRECHT, Heiliger Krieg und Heiliger Kampf in Islam und Christentum, Bonn 1964/1966.

PARET, RUDI, Mohammed und der Koran, Stuttgart 1957, ⁹2005.

RODINSON, MAXIME, Die Araber, Frankfurt a. M. 1981.

SCHIMMEL, ANNEMARIE, And Muhammad is his Messenger: The Veneration of the Prophet in Islamic Piety, Chapel Hill, N. C. 1985.

SELLS, MICHAEL, Approaching the Qur'an: The Early Revelations (mit Audio-CD), Ashland, O. R. 1999.

STEINBACH, UDO, Geschichte der Türkei, München ³2003.

STEINBACH, UDO/ENDE, WERNER, Der Islam in der Gegenwart, München ⁵2005.

WEISS, BERNARD G., The Spirit of Islamic Law, Athens, G. A. 1988.

WELLHAUSEN, JULIUS, Die religiös-politischen Oppositionsparteien im alten Islam, Berlin 1927, ³1961; Nachdruck Edingen-Neckarhausen 2007.

–, Das Arabische Reich und sein Sturz, Berlin ²1960.

WÜSTENFELD, FERDINAND, Wüstenfeld-Mahlersche Vergleichungstabellen zur muslimischen und iranischen Zeitrechnung mit Tafeln zur Umrechnung orient-christlicher Ären, Wiesbaden ³1961, neu bearb. v. BERTOLD SPULER, Leipzig 1887; ²1926.

Geschlechterfrage

AHMED, LEILA, Women and Gender in Islam: Historical Roots of a Modern Debate, New Haven 1992.
COOKE, MIRIAM, Women Claim Islam: Creating Islamic Feminism through Literature, New York 2001.
MERNISSI, FATIMA, The Veil and the Male Elite: A Feminist Interpretation of Women's Rights in Islam, engl. Übers. v. MARY JO LAKELAND, Cambridge (U.K.) 1987.
MOTZKI, HARALD, Die Anfänge der islamischen Jurisprudenz, Stuttgart/Wiesbaden 1991.

Koranübersetzungen, Prophetenbiographien

ARMSTRONG, KAREN, Muhammad: A Biography of the Prophet, San Francisco 1993.
GUILLAUME, ALFRED, The Life of Muhammad: A Translation of Ishaq's Sirat Rasul Allah, Karachi ⁸1987
IBN ISHAQ, s. GUILLAUME
–, Das Leben des Propheten, auszugsweise dt. Übers. v. GERNOT ROTTER, Stuttgart 1980 u.ö.
HENNING, MAX, Der Koran, Leipzig 1901 u.ö.
KHOURY, ADEL TH., Der Koran, Gütersloh 1987.
PARET, RUDI, Der Koran, 2 Bd. (Übersetzung; Kommentar), Stuttgart u.a. 1979; Taschenbuchausgabe Stuttgart u.a. 1983 u.ö.
RODINSON, MAXIME, Mahomet, Paris 1968; dt.: Mohammed, Luzern [u.a., ca. 1975].

Der Islam in der modernen Welt

BUSSE, HERIBERT, Gottes- und Weltverständnis in Islam und Christentum, Stuttgart 1993.
–, Islamische Erzählungen von Propheten und Gottesmännern, Wiesbaden 2006.

–, Theologische Beziehungen des Islams zu Judentum und Christentum, Darmstadt 1988 u. ö.

Bunt, Gary R., Virtually Islamic: Computer-Mediated Communication and Cyber Islamic Environments, Cardiff 2000.

Eickelman, Dale F./Piscatori, James, Muslim Politics, Princeton 1996.

Feindt-Riggers, Nils, Islamische Organisationen in Deutschland, Bergisch-Gladbach 1996

Heine, Peter, Der Islam, Düsseldorf 2007.

–, Islam zur Einführung, Hamburg 2003.

–, Terror in Allahs Namen, Freiburg i. Br. 2001, [2]2004.

–, Zwischen Fundamentalismus und Säkularisierung? Islam und islamische Jugend in Deutschland, Bergisch-Gladbach 2001.

Kurzman, Charles (Hg.), Liberal Islam: A Source Book, Oxford 1998.

Lawrence, Bruce, Shattering the Myth: Islam beyond Violence, Princeton 2000.

Rotter, Gernot, Allahs Plagiator: Die publizistischen Raubzüge des „Nahostexperten" Gerhard Konzelmann, Heidelberg 1992.

– (Hg.), Die Welten des Islam, Frankfurt a. M. 1994.

Safi, Omid, Progressive Muslims on Gender, Justice and Pluralism, Oxford 2003.

Steinbach, Udo, Arabien, mehr als Erdöl und Konflikte, Opladen 1992.

–, Politik-Lexikon Nahost, Nordafrika, München [3]1994.

–, Schreckgespenst und reale Bedrohung: Der „Heilige Krieg" und der Fundamentalismus, Köln 1996 (Schriftenreihe der Kölner Juristischen Gesellschaft 20).

Spiritualität und Kunst

Amir-Moezzi, Mohammad Ali, The Divine Guide in Early Shiʿism: The Sources of Esotericism in Islam, engl. Übers. v. David Streight, Albany, N. Y., 1994.

Bloom, Jonathan, Blair, Sheila, Islamic Arts, London 1997.

Ernst, Carl W., The Shambhala Guide to Sufism, Boston 1997.

–, Teachings of Sufism, Boston 1999.

Register

Ein Bindestrich vor arabischen Namen und Begriffen steht im Folgenden für den Artikel *al-*: *-Azhar* steht für *al-Azhar*.

in diesem Buch verwendete Internet-Quellen:

Koranstellen